डूबते मस्तूल

(उपन्यास)

उस मुख को
जो स्मरण कगारे
छोड़ गया है अग्नि-वाक्य यह,

ऽ यातना माँ है
जननि है सत्य को—

ओ अस्तंगामी मृगमुख!
यही वेदना तिलक हमारी!!

डूबते मस्तूल

(उपन्यास)

२३ मार्च, सन् १९५१

लखनऊ के चारबाग रेलवे स्टेशन पर अभी उतरा हूँ। कैसा खूबसूरत स्टेशन है। स्टेशन की गोल घड़ी में दोपहर के १२-३० बज रहे हैं।

आज होली है इसलिए ट्रेन में ज्यादा भीड़-भाड़ नहीं थी, वर्ना लोग-बाग फुटबोर्डों तक पर खड़े-खड़े आते हैं।

इधर उत्तर भारत के लोगों में होली काफी उत्साह से मनाने का रिवाज है, यह मैंने रास्ते भर कानपुर से आते हुए अनुभव किया है।

कुली लोग दौड़-दौड़कर लोगों का सामान ठीक-ठाक करने में व्यस्त हैं—अपनी ऊँची-ऊँची धोतियाँ पहने, रेलवे की लाल कमीजों पर नम्बरों की सफेद पट्टियाँ लगाये, और सिर पर नीला साफा बाँधे हुए—कम्पार्टमेण्ट की खिड़कियों में से ही लोगों की सुराहियाँ, अटैची, बाक्स, बिस्तरे, रंगीन टोकरियाँ उतारने में लगे हुए हैं। उनकी बढ़ी हुई दाढ़ियों पर थोड़ी देर पहले का खेला गया रंग कई रंग-बिरंगी धारियों में सूख गया है और मुँह पर अबीर-गुलाल लपेटे उनकी शक्लें अजीब हो रही हैं। प्लेटफार्म की उस बड़ी-सी गोल घड़ी पर, जिस पर किसी के द्वारा फेंके गये गुलाबी रंग की धारियाँ शीशे पर जमी हुई-सी लग रही हैं, ढेर-सी मक्खियाँ भिनभिना रही हैं। सहमे-सहमे-से लाल गुलाबी सेब-से बच्चे, सामान के पास खड़े हुए कुलियों से मोल-भाव करते हुए अपने माता-पिताओं की ओर निरीह दृष्टियों से देख रहे हैं। प्लेटफार्म पर कोई फेरीवाला नजर नहीं आ रहा है। सामने का ह्वीलर-बुकस्टाल भी बन्द है।

सुबह से ही मौसम उमसवाला हो रहा है। पानी बराबर फुहारों की तरह झींस रहा है, लेकिन गरमी हल्की-हल्की आ चली है, और पसीने की हल्की चिपचिपाहट भी जरूर ही अनुभव की जा सकती है।

अपने हाथ का अखबार और रेलवे टाइमटेबल दो-तीन बार पाजामे पर बजाते हुए मैं तय कर रहा हूँ कि मुझे अब यहाँ से सीधे अपने मित्र पुरी के पास जाना है और रास्ते की थकान, तथा ट्रेन लेट हो जाने के कारण मन की थकान सब दूर करनी है। मैं अब अपनी जेब से पुरी का पत्र निकालूँगा जो कि मेरे जलगाँववाले पत्र का उत्तर है, क्योंकि उसमें पुरी का पूरा पता दिया हुआ है।

मैं उत्तर भारत में पहली बार आ रहा हूँ। विजगापट्टम में पैदा होकर भी पढ़ने अवश्य ही अकोला तथा नागपुर तक गया हूँ क्योंकि मेरे एक चाचा अकोला में तार बाबू तथा नागपुर में मेरे मामा संस्कृत की पुस्तकों की तथा सतारी पेड़े की

दुकान सीताबर्डी में किया करते थे। इतवार के दिन महालवाले जुम्मा-टैंक में हम लोग जलमुर्गाबियों की तरह तैरा करते थे और साँझ को एम्प्रेस-मिल के भोंपू की गिरती हुई परछाईं तथा सूर्यास्त देखा करते थे। पढ़ने-लिखने के बाद बनियान और मोजों की होजरी में काम करनेवाले के पास अवकाश क्या, आवश्यक समय ही कहाँ होता है कि वह यहाँ-वहाँ घूमे, और फिर वह भी शौकिया घूमना!! शौक एक कीमती नाजुक चीज है। पुरी के पिता, जब हम बच्चे थे तब, हमारे विजगापट्टम में लकड़ी का पीठा और टाल चलाया करते थे और उस समय यह पुरी वहीं हमारे साथ पढ़ा करता था।

ताँगा रेलवे अहाते के बाहर अब निकल आया है और वह अब दाहिने हाथ की मोड़वाली खुली लम्बी सड़क पर मुड़ रहा है। सड़कें एकदम सुनसान लग रही हैं। बायें हाथ की खुली जगह में हजारों छोटे-छोटे भूरे-नीले-खाकी रंग के तम्बू तने हुए हैं, जिनमें रहनेवाले काफी हट्टे-कट्टे गोरे-चिकने बतलाते हैं कि वे पंजाबी हैं और शरणार्थी हैं। दाहिने हाथ पर रेलवे के कर्मचारियों के क्वार्टर बने हुए हैं, जिनके पिछवाड़ों की खिड़कियाँ सड़क की ओर दिखायी पड़ रही हैं। इन क्वार्टरों की चिमनियों से हल्का धुआँ निकल रहा है। इन क्वार्टरों की बगल में बड़ा-सा टीन का घेरा बना हुआ है जिनके भीतर या तो मालगोदाम होगा या फिर मैदान। बायें हाथ पर मैदान के पार बहुत-सी इमारतों की दीवारों पर 'डोंगरे का बालामृत' या फिर 'धूतपापेश्वर' के विज्ञापन मोटे-मोटे अक्षरों में दिखायी पड़ रहे हैं।

आसपास के पेड़ लगभग सभी नंगे हो चले हैं, जो बताते हैं कि उत्तर में दक्षिण की अपेक्षा पतझर पहले आता है, क्योंकि जब मैं घर से चला था तो घर की इमली, सामने के शिवाले का बिल्वपत्र तथा सुपारी के पेड़ पतझर की प्रतीक्षा कर रहे थे; पर यहाँ तो जैसे पेड़ों की हड्डियाँ-ही-हड्डियाँ निकल आयी थी। इन पेड़ों के पास ढेर-सारे पीले पत्ते पड़े हैं। सड़क के दोनों ओर के गड्ढे बताते हैं कि पिछली रात यहाँ काफी पानी गिरा है। घास के पीले तिनके कैसे धुले हुए चमक रहे हैं पर वातावरण में फिर भी एक उदासी-सी लग रही है जो कि पानी बरसने के बाद की होती है।

यह शायद मालगोदाम के मैदान का घेरा खत्म हो रहा है। उस पार कोई गाड़ी चली आ रही है। रेलवे क्वार्टरों में लोग होली खेल चुके मालूम होते हैं, क्योंकि तारों पर गीली रंगीन साड़ियाँ, बच्चों के हाफपैण्ट, फ्राक, बड़ों की कमीजें और पाजामें सब सुखाये जा रहे हैं।

पुरी और मैं एक साथ मिशन-स्कूल में पढ़ा करते थे। बेचारे पुरी को उन दिनों हम लोगों से बातें करने में कितनी कठिनाई हुआ करती थी और उसकी बोली की नकल मेरी शैतान बहन किस तरह उतारा करती थी कि बस!! वह हमें टूटे-फूटे तरीके पर अपने बचपन की बातें सुनाया करता था। इन बातों में शिमला, लाहौर, रावलपिण्डी सभी हुआ करते थे। पुरी की बातों में लस्सी और कुल्फियों का जिक्र बहुत होता था। वह अपने माता-पिता से सदा इस बात पर झगड़ा किया

करता था कि वे लोग उसे लाहौर में उसके चाचा के पास क्यों नहीं भेज देते जहाँ दूसरे भाई-बहन भी तो हैं? पुरी को हम लोगों की बोली, खाना—सभी से बड़ी चिढ़ थी, मगर जब वह हाई-स्कूल की परीक्षा देकर हमेशा के लिए पंजाब जा रहा था तब उसे मसालदोसा, साँभर, इडली बहुत अच्छे लगने लगे थे। इमली की खट्टी-खट्टी कोटरों के लिए तब तक भी हम लोगों में बहुत झगड़े हो जाया करते थे पर कुल मिलाकर हम दोनों गहरे मित्र थे और जिस दिन वह जा रहा था मैंने उसे स्टेशन पर कैसे झेंपते हुए सिल्क का एक रूमाल भेंट किया था और फिर हम दोनों हँस पड़े थे।

लेकिन मैं बहुत व्यर्थ का, और जाने क्या-क्या अपने मित्र के बारे में सोच रहा हूँ। इस ताँगेवाले की बीड़ी का कड़ुवा धुआँ मेरे गले में जैसे चुभता-सा लग रहा है, फिर भी मैं अपना सोचना बन्द नहीं कर पा रहा हूँ। घोड़ा बीच-बीच में मुँह से थूक उड़ाते वक्त की आवाज करता हुआ बहुत ही मरियल चाल से चल रहा है। जैसे-जैसे दोनों ओर मकानों की संख्या बढ़ती जा रही है अब उम्मीद करने लगता हूँ कि कोई मुझे साफ कपड़ों में देखकर जरूर ही रंग डालेगा और तब मैं अवश्य ही गीला हो जाऊँगा। मुझे अपने गीले होने का उतना डर नहीं जितना कि इस आज के अखबार और अखबार से ज्यादा कीमती तथा काम की चीज इस रेलवे टाइमटेबल के खराब हो जाने का है, क्योंकि इसमें मैंने विजगापट्टम से चलते समय पत्नी के सामने गाड़ियों की तथा अपने ठहरने की तारीखें तक डाल रखी हैं, और इसमें वह पत्र भी रखा हुआ है जो कि पुरी का है, जिसमें उसने मुझे होली पर बुलाया है।

मैं दोनों ओर की उन गलियों की ओर अब देख रहा हूँ जहाँ कि इस समय छोटे-छोटे बच्चे अपनी पिचकारियाँ लिये हुए आने-जानेवालों पर रंग डाल रहे हैं। रंग में नहाये हुए आवारा कुत्ते तरकारियों के उन ढेरों में मुँह डालते फिर रहे हैं जो घरों के सामने गँजे पड़े हैं। मैं जल्दी से पुरी का पता फिर से याद कर लेना चाहता हूँ जिससे कि कभी किसी ने यदि मुझ पर रंग डाल भी दिया और पत्र भीग भी जाये तो मुझे पते के लिए परेशान न होना पड़े। मैंने इतनी समझदारी जरूर की है कि ताँगेवाले से साफ-साफ कह दिया है कि "मियाँ! मेरे लिये तुम्हारे नवाबों का यह नफीस लखनऊ बिलकुल नयी जगह है और मुझे ठीक १९ नार्थ-एवेन्यूवाले बँगले पर ही छोड़ना होगा।" हालाँकि इस तरह इन ताँगेवालों से साफ-साफ नहीं कहना चाहिए—यह मेरी पत्नी ने चलते समय भी कहा था, क्योंकि ये अजनबी समझकर तब अनाप-शनाप माँगने लगते हैं—पर मैं इसमें कोई हानि नहीं देखता।

मेरे पाजामे पर अब तक तीन पिचकारियाँ चल चुकी हैं। रंग डालनेवाले बच्चों ने किस कदर शैतानी खुशी के साथ रंग डाला है और—'होली है'-कहकर वे कैसे गहरे खुश हुए थे। मेरी चप्पलें भी गीली हो गयी हैं। सड़क पर अकेला ताँगा चला जा रहा है और लोगों की शरारती निगाहें मुझसे अधिक अब इस समय

मेरे इस सफेद कुर्ते पर लगी हुई हैं और मैं किसी भी क्षण उनके हमले की उम्मीद में बैठा हुआ, ताँगे के घोड़े की चाल के कारण हिलते हुए ताँगे में बैठा-बैठा हिल रहा हूँ।

मुझे अपने-आप पर हमेशा चिढ़ हुई है क्योंकि अपनी लापरवाही खुद के लिए दुःखद तो होती ही है, पर दूसरों को भी कम कष्ट नहीं पहुँचाती। इस समय मैं सोच रहा हूँ कि यदि एक जोड़ी कपड़ा और लेकर चलता तो कितना अच्छा था—फिर भले ही कितना ही रंग क्यों न फेंका जाता, मुझे कुछ भी उलझन तब न होती—मगर यह सब आदत का सवाल है।

मुझ पर अब चारों ओर से रंग फेंका जा रहा है और मेरे साथ यह बेचारा मुसलमान ताँगेवाला भी भीगता चला जा रहा है, जिसकी दाढ़ी बराबर कई रंगों में भीगती जा रही है। मेरी बनियान तक शायद अन्दर भीग गयी है, तभी तो वह बराबर मेरे शरीर से चिपकती-सी लग रही है। मेरे हाथ के रेलवे टाइमटेबल पर बनी साड़ी के विज्ञापनवाली महिला भी पूरी तरह रंगों में खो गयी है, भीग गयी है। कितनी खूबसूरत साड़ी इसकी—और वह भी कीमती—खराब हो गयी है—क्या कीमत होगी इसकी? मैं कितना मूर्ख हूँ—अपनी घड़ी की ओर तो मेरा ख्याल ही नहीं गया है। घड़ी का चमड़े का पट्टा पूरा गीला हो गया है, उसका शीशा एकदम रंगीन हो उठा है। मुझे उसे अब रूमाल से पोंछकर अन्दर की जेब में जरूर रख लेना चाहिए वर्ना घड़ी खराब हो सकती है।

मेरे मुँह पर जरूर ही रंग सूख गया होगा और मैं निश्चित रूप से बदसूरत भी लग रहा हूँगा। हो सकता है कि मेरा मित्र पुरी दूर से शायद पहचान ही न सके और उसकी पत्नी—जिसे मैंने अभी तक नहीं देखा है—मुझे इस अवस्था में देखकर कहीं फूहड़ न समझ बैठे। क्योंकि कहीं आश्चर्य में वह ओंठों पर अँगुली रखकर या आँखें फाड़ते हुए कह उठे—"अच्छा, तो ये ही हैं वो आपके मित्र-मतलब कि इन्हीं फूहड़राज को तुम अपना मित्र कहते हो, मुझे तो भई मितली छूटती है; छिः छिः!!" —मगर वह मेरे मित्र की पत्नी है, वह कदाचित् दूसरी महिलाओं की तरह ऐसा सब- कुछ अपने पति के मित्र के लिए कहकर हल्का न बनेगी।

पुरी ने एम० काम० करने के बाद शादी की थी। हाँ, विवाह का निमन्त्रण भी आया था, मगर मैं इतना बीमार हो गया था कि जाना सम्भव न हो सका था। उसके विवाह को दो साल हुए हैं क्योंकि '४९ के दिसम्बर में शादी हुई है—दो साल से कुछ ज्यादा नहीं हुए हैं, तो, जरूर ही उसकी पत्नी सुन्दर होगी अभी तो, और फिर पंजाबी तो वैसे भी गोरे-चिट्टे होते हैं। पुरी ने शायद अपने लिये पत्नी बहुत खोजकर निकाली होगी—या, हो सकता है—क्लास-फेलो रही हो। निश्चय ही, मेरे इस मित्र की पत्नी सुसंस्कृत होगी ही।

मेरे सामने इस समय ट्रकों पर लदे हुए पंजाबी होली मनाते हुए जा रहे हैं।

औरतों के मोटे-मोटे स्तन और पेट इनकी गीली कमीजों से कैसे चिपके दिखायी दे रहे हैं; किस बदसूरती से ट्रक के हिलने के साथ ही हिलते जा रहे हैं। और ये लोग किस कदर शोर करते जा रहे हैं, शायद बहुत ज्यादा खुश दिख रहे हैं। इनके बालों में रंग की परतें पड़ी हुई हैं।

बिजली के खम्भों के तार धीरे-धीरे हवा में झूल रहे हैं। इन हरे और राख रंगों के खम्भों पर लगे हुए सिनेमा के पोस्टरों में बनी हुई सुरैया हर खम्भे पर ठीक उसी तरह हँसती हुई मिलेगी जैसी कि वह पहले खम्भे पर होगी। मैं अब तक चुपचाप बैठा हुआ ताँगे में चल रहा था पर मुझे एकदम हँसते हुए देखकर ताँगेवाले ने भौंचक होकर अपनी नजर मेरी ओर घुमायी है; और जिधर मैं देख रहा हूँ, उधर ही वह हँसी के कारण को जान जाने के लिए देखने लगा है, और वह भी अब कितना खुलकर हँसा है कि बस! हम दोनों जिस बात पर बेवकूफों-से हँस रहे हैं उसमें कोई भी विशेष बात नहीं है; लेकिन फिर भी हम कई बार छोटी-सी बात को लेकर भी खूब सारा हँस दिया करते हैं, फिजूल ही तो। इस समय हम जिस बात पर हँस रहे हैं वह भी बहुत-कुछ ऐसी ही छोटी-सी है और बात सिर्फ यही है कि एक खम्भे पर पोस्टर में बनी सुरैया के चेहरे पर किसी मनचले ने खीझकर दाढ़ी-मूँछ बना दी है और साथ ही तुर्की टोपी भी पहना दी है। औरत के चेहरे पर दाढ़ी-मूँछ!!—वैसे बात कहीं से भी, किसी भी रूप में अजीब नहीं लगनी चाहिए; क्योंकि यदि इस तरह की घटना शरीरविज्ञान में हो गयी होती तो क्या हो जाता? कुछ भी नहीं होता। अगर कोई भी दूसरा इस तरह की बात पर यों ही हँसता, जिस तरह अभी मैं हँसा हूँ, तो मैं इसी प्रकार के न जाने कितने तर्क दे डालता, मगर मैं खुद जो इस समय हँस रहा हूँ। यह बात दूसरी है कि इसका मतलब खुद जानता हूँ कि मैं इस तरह क्यों हँस रहा हूँ। एक बात तो यही है कि रास्ते भर किसी से बोला नहीं हूँ इसलिए घबरा उठा हूँ, यहाँ तक कि अखबार की एक-एक खबर और पंक्ति को इतनी बार पढ़ चुका हूँ कि मैं आँखें बन्द करके पूरे अखबार को बोलकर कम्पोजीटरों से कम्पोज तक करवा सकता हूँ। रेलवे टाइमटेबल में मैंने हर बड़े-छोटे वे सारे स्टेशन खोज निकाले हैं जो रास्ते में मुझे अभी तक मिलते आये हैं या जो आगे मिलने को हैं।

मैं इस समय ताँगे की पीतल की छड़ पकड़कर पुरी के बारे में सोचने का इरादा कर रहा हूँ कि मेरा दोस्त अपनी पत्नी के साथ बैठा हुआ मेरे आने की प्रतीक्षा कर रहा होगा। दिनभर वे लोग भी रंग खेले होंगे और मेरे मित्र की पत्नी आँखें धुली हुई सीप-सी लग रही होंगी। वे लोग जरूर ही मुझे लेने स्टेशन आना चाहते रहे होंगे लेकिन रंग के डर से शायद नहीं आये। मैं अब थोड़ी देर बाद ही एक आरामकुर्सी पर पैर पसारकर बैठा हूँगा। उजली सफेद कमीज और भट्टी का धुला हुआ पाजामा!! मगर मुझे अपनी डायरी में यह नोट कर लेना चाहिए कि मैं निश्चित ही एक लापरवाह व्यक्ति हूँ और आइन्दा कहीं भी बिना जरूरी सामान लिये हुए नहीं जाऊँगा। ठीक है, दोस्त नहीं भी सोच सकता है मेरी इस लापरवाही

पर—लेकिन वह, उसकी पत्नी क्या सोचेगी कि यही है वह दोस्त जो अपने साथ एक जोड़ी कपड़ा तक लेकर नहीं आया? क्या औरतों का ध्यान इन छोटी-छोटी बातों की ओर ज्यादा ही जाता है?

रास्ते में मुझे जो भी मार्गसूचक पत्थर मिले हैं, उन्हें खूब आँखें फाड़-फाड़कर पढ़ता आया हूँ। मैं उम्मीद कर रहा हूँ कि अचानक इस तरह किसी पतली खूबसूरत सड़क पर 'नार्थ एवेन्यू' लिखा मिलेगा और फिर यह ताँगा उस ओर मुड़ जायेगा—तब जल्दी-जल्दी बँगले गिनते-गिनते वह १९ नम्बर दिखायी देगा जिस पर पीतल के नामपट्ट पर पुरी का नाम होगा-श्री हंसराज पुरी एम० काम०!

लेकिन मैं देख रहा हूँ, यह लम्बी सड़क तो लम्बी ही होती चली जा रही है। यह बायें हाथ पर शायद कोई होटल है, इसके बाहर लान में धूप की छतरियाँ अभी तक भी लगी हुई हैं जिनके नीचे कुछ कुर्सियाँ और टेबलें पड़ी हुई हैं। ताँगेवाले ने अपने दाहिने हाथ को, जिसमें चाबुक है, उठाकर बताया है कि यहाँ एम० एल० ए० रहते हैं। कौन्सिल के मेम्बरों के घरों में होली काफी देर पहले खत्म हो चुकी है, यह मैं साफ देख पा रहा हूँ, क्योंकि इस इकहरी बिल्डिंग के सामने के प्रशस्त हरे लान में बच्चों के खेलनेवाले झूले, फिसलनेवाली चिकनी सीढ़ियाँ—सब पर उजले कपड़े पहने हुए बच्चे खेल रहे हैं। फव्वारे का जल हवा के कारण इधर-उधर उड़ता हुआ गिर रहा है। 'यहाँ फिलम बनती है जनाब'—और यह कहते हुए ताँगेवाले ने अपना पीला-पीला कफ उस चिकनी सड़क पर गिरा दिया जिस पर कहीं-कहीं गोबर पड़ा हुआ है, और कौवे आस-पास के पेड़ों से कभी-कभी आकर उस गोबर में किसी दाने के लिए चोंच मार जाया करते हैं। स्टूडियो के लोहे के दरवाजे के पार एकदम खुला-खुला-सा लग रहा है। मद्रास के स्टूडियो मुझे याद आ रहे थे। मैं खूब अच्छी तरह समझ सकता हूँ कि यहाँ पर 'इन-डोर शूटिंग' ही होती होगी, क्योंकि पहाड़, समुद्र वगैरह मुझे कहीं भी नहीं दिखायी दे रहे हैं। यह सामने दैनिक अखबार का साइनबोर्ड लगा हुआ है। बाहर की दीवार में पतली जालियोंवाली लम्बी आलमारी-सी बनी हुई जगह में सुबह का अखबार लगा हुआ है जो आज तो इस समय पूरा रँग उठा है, पर, रोज जब ऐसा न होता होगा, तब इस सामने के स्टूडियो के मेकअप-मैन, कैमरा-मैन और दफ्तर के बाबू जरूर ही पैसे की बचत करने के ख्याल से पढ़ने आते होंगे।

मैं बहुत ही झुंझला उठा हूँ। कितने मरियल तरीके से यह घोड़ा चल रहा है—टप-टप, टिप-टिप! मैं इस ताँगेवाले को कैसे बताऊँ कि यदि एक बजे तक नहीं पहुँच पाता हूँ तो मेरा दोस्त जरूर ही समझ लेगा कि 'अब कौन आयेगा'—और तब जाने क्या हो? मैं अब किस कदर अपनी घड़ी देखना चाह रहा हूँ कि आखिर मुझे चले कितने घण्टे हो गये? ओह! मैंने अपनी घड़ी कितने झुँझलाकर वापस जेब में डाल ली है क्योंकि अभी भी एक बजने में पन्द्रह मिनट बाकी है। मेरा दम घुटने-सा लगा है। जरूर ही यह घड़ी रंग से भीगकर बेकार हो गयी है और अब मुझे इस घड़ी को किसी घड़ीसाज को दिखाना पड़ेगा, और फिर तो घड़ी

गयी समझो। मैं जान रहा हूँ कि ताँगेवाला इस पीली बिल्डिंग को, जो दाहिनी ओर है जिसके सामने से होकर इस समय मेरा ताँगा गुजर रहा है, 'रेडियो' कहकर मुझे दिखाना चाहता है। मैं डर रहा हूँ कि यह पागल ताँगेवाला कहीं इस सीमा तक तो सीधा नहीं है कि इसने मुझे लखनऊ दिखाने का भी काम अपने सिर पर ले लिया हो? किस खरामाँ तरीके से यह ताँगा हाँक रहा है, जैसे आज दिनभर इसे सिर्फ यही सवारी पहुँचानी है और इस सवारी को भी जैसे दिनभर इसी ताँगे में बैठे रहना है।

कोई कार बार-बार हार्न दे रही है। ताँगेवाला अपनी ही धुन में बड़बड़ा रहा है—"किबला! बगल से क्यों नहीं निकल जाते? क्या किसी के सिर पर से होकर जाइयेगा? क्या जमाना आ गया है जनाब! कहाँ वे पहले की सवारियाँ, और कहाँ ये आज की सवारियाँ—तोबह, न बैठनेवाला ही खतरे से खाली, और न रास्ता चलनेवाला ही। अब भला इन्हें कौन समझाये.......?"

मैं सड़क पर जाते हुए हर व्यक्ति को अब पुरी समझ रहा हूँ और इसी गलती में हर आदमी मेरे ताँगे के पास से धीमे-धीमे पीछे छूट जाता है। जाने कितने लोग उधर ही चले जा रहे हैं जिधर मैं जा रहा हूँ, मगर मैंने उन्हें बिना चले ही पीछे छोड़ दिया है और वे लोग दूर-से-दूरतर होते जा रहे हैं। सड़क पर चलनेंवालों के चेहरे पहले धुँधले पड़ते हैं, और फिर एक सीमा तो वह आ जाती है जबकि लगता है जैसे सड़क पर सिर्फ पैण्ट्स और फ्राक, धोती और साड़ियाँ ही चल रही हों। ईसाई औरतें लाल-पीली चैकों के ऊँचे-ऊँचे फ्राक और ऊपर से सफेद खुले गले की कालरवाली ब्लाउजों में बड़ी खूबसूरत लग रही हैं और मुझे अपने आफिस की वह स्टेनोग्राफर याद आ रही है जो हालीवुड की हर ऐक्ट्रेस की तरह बाल रखने के शौक में कई बार बहुत उजबक-सी लगती रही है।

लंच के बाद मैं अक्सर अपना थर्मस उठा होजरी के अहाते में सुपारी और नारियल के पेड़ों के नीचे बैठकर उसके साथ काफी पीना कभी नहीं भूलता हूँ।

मगर मैं इस समय सचमुच इतना भूखा हूँ कि अगर मेरा दोस्त मुझे कपड़े बदलने और नहाने पर जोर नहीं देगा तो मैं जरूर ही खूब सारा पहले खा लेना चाहूँगा।

बिलकुल भी धूप नहीं है, पर फटे दूध का-सा सफेद छिछला प्रकाश आसमान से इस समय गिर रहा है और आस-पास की ये सारी बिल्डिंगें, जो पानी से भीगी हुई हैं, जी उबा देनेवाली सफेदी में खड़ी हुई हैं।

अन्दर की बनियान थोड़ी-थोड़ी सूख चली है और मुझे फिर से पिचकारी चलानेवाले उस लड़के पर गुस्सा आ रहा है जिसने मेरे कान के पास आकर कितने जोरों से रंग फेंका था। वह तो कान का पर्दा फट ही जाता अगर मैं तेजी से अखबार की आड़ नहीं कर लेता तो। सड़क पर जानेवाले अजीब रंगों में पुते हुए आदमियों को देखकर दिल में हल्की-सी मतली छूटती है कि क्या शक्ल है आपकी! बस, बहुत-कुछ इसी तरह मैं भी उजबक लग रहा हूँगा। इसी मनहूस

शक्ल को लेकर मैं पुरी और उसकी उस पत्नी से मिलूँगा जिसे पहली बार देखना है? मुझे अपने पर झल्लाहट आनी स्वाभाविक है, क्योंकि मैं आज के बजाय कल भी तो आ सकता था। कल क्यों? कानपुर कौन दूर है यहाँ से, शाम को यहाँ पहुँचनेवाली गाड़ी भी पकड़ी जा सकती थी।

मेरा ध्यान अब उस बिल्डिंग की ओर जा रहा है जो बहुत बड़ी है। दिल्ली, बम्बई, मद्रास गया हूँ इसलिए यह समझने में देरी नहीं लग रही है कि यह बिल्डिंग यहाँ का काउन्सिल-हाउस है। राष्ट्रीय झण्डा कैसा गुम-सुम डण्डे से लिपटा हुआ मौन है! मैं इस ताँगेवाले के बारे में बहुत ही ईमानदारी से कह सकता हूँ कि अगर कहीं यह बिगड़े नवाबजादे साहब गाइड का काम शुरू कर दे तो ज्यादा अच्छा हो। यह जिस तरह चारों ओर देखता है और रह-रहकर मुझे कनखियों से देखता है उससे मैं साफ समझ बैठा हूँ कि यह मुझे 'मनहूस' या 'अहमक' कह रहा होगा दिल में। क्योंकि इसमें और चाहे जितने भी दुर्गुण होंगे मगर इसके बारे में मेरी पक्की धारणा है कि हजरत की नवाबी तो चली गयी, पर तबीयत में, अन्दाज में ऐंठ वही है अभी, और दूसरे मुसाहिबियत का चस्का। अगर किसी चीज के बारे में कहने पर उतर आयेंगे तब खैर नहीं। उसका ऐतिहासिक सम्बन्ध बता जायेंगे, साथ ही किस छोटे लाट ने कहाँ पर अपना बावर्चीखाना बनाया—फिर खानों की किस्में, मुर्गियों के अण्डे देने के तरीकों पर मौसम के लिहाज से तफसील बयान—तीतरों का अन्दाज, बटेरों के जोड़, वजीर क्यों नहीं घोड़े की चाल चल सकता है—गरज कि गिलौरियाँ ओंठों पर अपना रंग दिखाती होती हैं और यह मियाँ कबूतरों की-सी आँखें बनाते हुए सवारी का मन बहलाते जाते हैं।

वह हर बिल्डिंग के लिए कुछ-न-कुछ कहकर फिर जाने कितनी देर तक बड़बड़ाता रहता है। शायद मेरी शक्ल और कम बोलने से वह यह समझ गया है कि मैं इधर की बोली या तो बिलकुल ही नहीं समझता या फिर कामचलाऊ ही जानता हूँ। लेकिन बात ऐसी नहीं है क्योंकि मैं पुरी को बराबर हिन्दी में पत्र लिखता आया हूँ। अगर इस समय यह ताँगेवाला मुझे बेवकूफ समझ भी लेता है कि मैं लखनऊ की तहजीब और भाषा नहीं जानता हूँ, तो कोई हानि नहीं देखता हूँ। हालाँकि कोई भी आदमी यह सहन नहीं कर सकता है कि आप उसे सरेआम बेवकूफ मानकर चल रहे हों और वह बिना किसी प्रतिकार के आपके साथ-साथ मौन धारण किये हुए चलता रहे।

अच्छा, तो अभी सामने के घण्टाघर में १ बजने में १० मिनट बाकी हैं? और अब मुझे अपनी उस घड़ी पर जाने कितना प्यार उमड़ आया है जिसे मैंने गलत समझकर किस बुरी तरह झुँझलाकर जेब में फेंक दिया था। मैं अब उसे अपनी कलाई पर जरूर बाँधूँगा, वैसे उसका फीता मेरी अन्दर की जेब से रगड़ खाकर सूखा तो नहीं है, क्योंकि अभी तक लिचलिचा हो रहा है, फिर भी बाँधने के काबिल जरूर हो गया है। अखबार पर जहाँ-जहाँ रंग गिरा था वहाँ कैसा सिकुड़

गया है न? कई खबरें तो पिघल गयी-सी लग रही हैं। सवेरे जिस अखबार और टाइमटेबल को लेकर मैं शान से कानपुर के स्टेशन पर घूम रहा था, वही इस समय घिनौना लग रहा है, लेकिन टाइमटेबल पर आफिस की मोहर जो लगी हुई है और आफिस की चीज को यों ही फेंका नहीं जा सकता, दूसरी चीजों की तरह। फिर किसी चीज पर रंग गिर जाने से क्या हो जाता है? ऐसे तो मेरे चेहरे पर, बालों पर—सब पर रंग होगा, लेकिन क्या मैं इन्हें फेंक दूँगा? नहीं।

यह सिनेमा 'कैपीटल' है, जहाँ दिन में मक्खियाँ भिनभिना रही हैं मगर रात में चमकती हुई सलवारें, नीली फ्राकें, रेशमी साड़ियाँ और खुशबू की लहरें दौड़ती होंगी। और वह पोस्टर की औरत, जिसके नीचे लिखा है—'मेरी! गेट युवर गन'—अपनी बन्दूक ताने जाने किसका दूर पर निशाना ताक रही है। उसकी बन्दूक की नली के सामने मेरी आँख अब आ गयी होगी—और फिर फायर!!.... पोस्टर की औरत और पोस्टर की बन्दूक!!

मुझे ऐसा लग रहा है कि अब यह लम्बी सड़क जरूर ही खत्म होगी और मुझे तब बहुत भारी प्रसन्नता होगी। मैं इस पर अगर पैदल चलता होता तो चलता-चलता जरूर ही थक जाता। मुझे पेट्रोल की ये लाल, पीली टंकियाँ बहुत खूबसूरत लगती रही हैं,—बड़ी ही स्मार्ट किस्म की छोटी-छोटी दुकानें होती हैं इनकी, एकदम अप-टू-डेट; बिलकुल टाई की गाँठ की तरह चुस्त!! मेरे दाहिने हाथ पर एक लम्बी लेकिन बहुत खूबसूरत सड़क, जिस पर बड़ी-बड़ी दूकानें हैं, जो कि इस समय बन्द हैं, गुजर रही है। ताँगेवाला इस बार आती-जाती हुई मोटरों में उलझा था और वह अपनी सवारी को यह बताना भूला था कि इस बाजार का क्या नाम है। मैंने जब उससे पूछा तो उसने 'हजरतगंज' कहकर फिर बड़बड़ाना शुरू कर दिया। मगर इस बार वह बहुत झुँझलाया-सा लग रहा था क्योंकि अब वह बहुत निर्मम हो अपने घोड़े को चाबुक मार रहा था।

दूर होते हुए पार्क को उस संगमरमर की छत्री के ऊपर के उस ताज को मैं देखने में लगा हूँ जो कि आसमान के बादलों के पास दिखायी दे रहा है। बादल, अपने पार की रोशनी में बहुत तेज उजले वैसे ही लग रहे थे जैसे आसमान में किसी फोटोग्राफर ने ग्राउण्डग्लास लगा रखे हों। एक-एक साइनाबोर्ड देखते-पढ़ते मेरा दिमाग इतना चकरा गया है कि मैं बिजली का तार तक पकड़ सकता हूँ। बार-बार ताँगे की पीतल की छड़ कस लेता हूँ अपनी मुट्ठियों में। 'बेनबो' के साइनबोर्ड में बिस्कुट कितने अच्छे बने हुए हैं—कदाचित् सोंधे भी हों।

ट्रैक्टर कम्पनी का एक बहुत बड़ा-सा ट्रैक्टर लाल रंग का पुता हुआ बाहर दालान में 'शो' के लिए रखा है, जिस पर एक गन्दा-सा लड़का बैठा रो रहा है, जो बीच-बीच में रुक भी जाता है। मैं इस तरह के बच्चों को बहुत शैतान मानता हूँ क्योंकि वे रोते इसलिए नहीं हैं कि उन्हें किसी बात से या मार से पीड़ा पहुँची है, बल्कि वे देखनेवालों की या घरवालों की सहानुभूति उपजा लें अपने लिये, इसलिए रोते हैं। जब यह सब नहीं होता तो, वे रह-रहकर बीच में देखने लगते हैं

कि कोई सहानुभूति के लिए आ भी रहा है या नहीं और उसी आधार पर वे रोने को लम्बा और छोटा, तथा अन्तराल के साथ जारी रखने मे विश्वास करते हैं।

मैं देख रहा हूँ कि ताँगे ने मोड़ लिया है—अरे, यह तो नार्थ एवेन्यू ही आ गयी और अब मुझे एक क्षण भी इस मरियल ताँगे में बैठना अच्छा नहीं लग रहा है। अब दो-तीन मिनट की बात और रह गयी है, मैं अपने बचपन के गहरे मित्र के साथ बैठा हूँगा थोड़ी देर में—गर्म काफी होगी और होगा मेरा दोस्त अपनी पत्नी के साथ। उस दोस्त की पत्नी की वे धुली-धुली सीप-जैसी आँखें, जिन्हें मैं अपनी काफी के कप में अवश्य देखना चाहूँगा। पत्नी बन जाने पर औरतों की आँखों में रहस्य का नीलापन आ जाता है।

दोनों ओर के बँगलों के सामने आदमी और औरतें हँसते हुए उजले कपड़ों में खड़े हुए हैं। उन लोगों के कुत्ते लान की घास में अपनी नाक से सूँघते हुए घूम रहे हैं। यह पाँच नम्बर का बँगला है, वहाँ किसी सरकारी रीजनल आफिस का बोर्ड टँगा हुआ है। मोटर सर्विस कम्पनी का कितना बड़ा अहाता है जो अभी तक खत्म ही नहीं हुआ है। यह सामने इण्डियन टेरीटोरियल आर्मी का बहुत बड़ा-सा बोर्ड टँगा हुआ है जिस पर नीले शब्दों में 'ज्वाइन दि आर्मी' लिखा है, और मुझे बंगलोर, उटकमण्ड याद आ रहे हैं। बोर्ड में बने हुए इस आर्मी-मैन की मूँछें कितनी काली और घनी लग रही हैं। मगर मैं जानता हूँ कि यह सब इस नेशनल गवर्नमेण्ट का प्रचार है, बड़ी थकान की जिन्दगी सेना की होती है।

और ताँगेवाला एक बँगले के सामने आकर रुका है। मैं समझ रहा हूँ कि ग्यारह नम्बर नार्थ एवेन्यू ही है, क्योंकि यह बगलवाला नौ नम्बर का बँगला है; इस नौ के सामने दस होगा ही। बँगले के अहाते का दरवाजा खोलकर अब मेरा ताँगा अन्दर आ गया है। लकड़ी के इस दरवाजे पर पुरी का नामपट्ट जरूर है, लेकिन पीतल का नहीं—काली दफ्ती पर सफेदी से लिखा हुआ नाम जो कि बहुत पुराना पड़ चुका है। अहाते का फाटक जरूर ही पुराना है हालाँकि तारकोल पोतकर चमचमा दिया गया है। लेकिन खुलते वक्त 'चूँ-चूँ' की अवाज की थी।

मैं अहाते में लगी चमेली के सफेद फूलों के पास कल्पना कर रहा हूँ अपने दोस्त पुरी और उसकी पत्नी की, वे लोग खड़े हुए मेरी प्रतीक्षा कर रहे हैं। स्त्रियों की पतली लम्बी उँगलियों की तरह कनेर की पत्तियों पर पीली केसरिया तितलियाँ उड़ रही हैं। मेरा मित्र लाहौर का है और उसे नरगिस के फूलों से अनुराग है। शायद पुरी की पत्नी को भी नरगिस ही प्रिय हो। ताँगे के पहिये के रबड़ के पास रंग-बिरंगे फूलों की क्यारियाँ लहरा रही हैं—और मैं हिल रहा हूँ।

मैं बँगले की बरसाती में आ गया हूँ। बरसाती पर बेगमबेलिया के लाल फूलों की लताएँ खूब सारी घनी हरी होकर फैली हुई हैं; किन्तु मुझे इस अहाते में जो सबसे ज्यादा नफरत पैदा कर देनेवाली चीज लग रही है वह है—इसकी गंजी सड़क। सोच रहा हूँ कि गिट्टियों की तेज नोकें पैरों में, जबकि विशेषकर वे नंगे हों, कितनी निर्ममता से चुभ सकती हैं, इसका अन्दाजा लगाया जा सकता है। मैं

ज्यामिति की थ्योरम की तरह मानकर चल सकता हूँ कि मेरे मित्र की पत्नी कभी इच्छा हो आने पर भी नंगे कदमों से इस लान पर न आती होगी, इस गंजी सड़क के कारण। मेरे दिमाग में यह शक्ल बिलकुल फैलती ही जा रही है—एक नहाया हुआ, एकदम गोरा, नर्म, रबर की तरह मुलायम और साँप की तरह फैल जानेवाला, बच्चों के पैरों से बहुत-कुछ मिलता-जुलता चरण और उसके ठीक नीचे चाकू की धार की तरह दो गिट्टियाँ—पैर यदि जल्दी से नहीं हटाया गया तो—मैं आगे भी सोच सकता हूँ, लेकिन सोचूँगा नहीं; क्योंकि ऐसा सोचकर मैं अपने मित्र की उस पत्नी का वह सुन्दर पैर बिगाड़ दूँगा जिसकी कि आँखें सीप-जैसी धुली हुई होंगी।

मैं ताँगे से उतरकर सीढ़ियाँ चढ़ चुका हूँ। ताँगेवाला पैसा लेकर कान में खुँसी हुई बीड़ी निकालकर सुलगाने में लगा है। कुछ ही देर में यह ताँगेवाला इस अहाते से निकलकर इस नार्थ-एवेन्यू से होता हुआ पहले तो बड़ी सड़कों पर और फिर जाने कहाँ आदमियों के समुद्र में खो जायेगा, और तब मैं चाहूँगा तो भी यह चेहरा मुझे देखने को नहीं मिलेगा। दो-चार चिड़ियों की चहचहाहट के अलावा बँगले में शान्ति है। मगर अब ताँगे के जाते हुए पहियों और घोड़े की ढीली नालों की आवाजें शुरू हो गयी हैं। किन्तु इस ताँगे के चले जाने के बाद तो फिर चिड़ियाँ होंगी, मैं हूँगा और होगा मेरा मित्र तथा उसकी वह पत्नी जिसे मैंने अभी नहीं देखा है।

मैं उम्मीद कर रहा हूँ कि मित्र को मेरे आने की सूचना हो गयी होगी और अभी वह हँसता हुआ आ रहा होगा। आप सच मानें, मैं अपने इस पुरी को बहुत प्यार करता हूँ। इस प्यार के पीछे हमारे बचपन की बेवकूफियाँ ज्यादा हैं। मैं समझता हूँ कि यदि बेवकूफियाँ प्यार को जन्म देती हैं, तो मूर्खता प्रेम को। हम दोनों आज चाहें तो काफी की चुस्कियाँ लेते हुए इन बेवकूफियों को याद करते हुए बहुत-सारा हँस भी सकते हैं, लेकिन उन दिनों हमने ये बेवकूफियाँ कितनी लगन और ईमानदारी से की थीं। मगर अब मैं ज्यादा देर बिना आवाज दिये खड़ा नहीं रह सकूँगा। आखिर पुरी अन्दर होगा ही; उसे क्या मालूम हो पायेगा कि उसका दोस्त, मैं आ गया हूँ और उसके बँगले की छत के नीचे रंग में नहाया हुआ खड़ा हूँ। मैंने आवाज देने की पूरी तैयारी कर ली है। गले में दो-तीन बार थूक घोंटकर उसे गीला भी कर लिया है और मैंने नाक से साँस लेकर यह भी देख लिया है कि मैं पूरी तरह बहुत ही भद्रता से आवाज लगा सकूँगा। हो सकता है मेरा मित्र किसी जरूरी काम से कहीं गया हो और उसकी पत्नी इस आवाज को सुनकर बाहर आये तो मेरे पुकारने के ढंग पर यह समझ सके कि मैं ही वह व्यक्ति हूँ जिसका रास्ता उसका पति देख रहा था और उसके पति ने जरूर ही चर्चा की होगी। मगर मैं देख रहा हूँ कि दरवाजे सब अन्दर से बन्द किये हुए लग रहे हैं। दरवाजों के शीशे हल्के चमक रहे हैं। बीच-बीच में लकड़ियों के टुकड़े आ जाने से उन दरवाजों के शीशों में अहाते का लान, चमेली, कनेर, लताएँ—

सबकी छायाएँ गिर रही हैं। मगर शीशे में छायाएँ टूटे बेंत की तरह लग रही हैं।

नहीं, मैं निश्चय कर रहा हूँ कि आवाज नहीं दूँगा। क्योंकि इन बन्द शीशों के दरवाजे के पार बैठा हुआ मेरा दोस्त आवाज सुनने के बाद समझ जायेगा कि मैं आ गया हूँ, और मेरा पुकारना उसकी प्रतीक्षा या उत्सुकता पर पानी फेर देगा। मैं इन दो हरे पुते हुए बेंत के मोढ़ों में से किसी एक पर टाँग-पर-टाँग रखकर चुपचाप बैठ जाऊँगा। और बाहर की सड़क, सामने के बँगले के उन चमकते हुए पीतल के गमलों को देखते हुए प्रतीक्षा करूँगा कि मेरा दोस्त बाहर आये और मुझे बैठा देखकर एकदम चीख पड़े—अरे, तुम कब आये? अजीब आदमी हो!! कब से राह देख रहे हैं हम; चलो, चलो, अन्दर चलो—और फिर वह अपनी पत्नी को पुकारेगा—क्या नाम होगा उसका? यही कोई अमृत, सन्तोष! —जैसा ही, और मैं सचमुच एक हरे मोढ़े पर बैठा हूँ। मोढ़ा, जब मैं बैठा, चड़-चड़ की हल्की आवाज कर रहा था। मैं अब पुरी के बँगले के मोढ़े पर बैठा सामने के लान, कनेर, चमेली और पानी की तरह मीठी हरी दूब, मेंहदी की झाड़ियाँ देख रहा हूँ।

तीन-चार पीली-पीली कागज की-जैसी हल्की तितलियाँ फूलों पर उड़ रही हैं। एक झबरा कुत्ता उन तितलियों को मुँह में भर लेने के लिए क्यारियों में गिरता-पड़ता दौड़ रहा है। आज के इस उत्सव की दोपहरी में दूर से आती हुई किसी कौवे की फटी हुई आवाज कैसी अजीब उदासी-सी भर रही है। मगर मैं इस तरह चुप बैठकर अधिक बेवकूफ नहीं बन सकूँगा। मैं अब अपनी गीली चप्पलों की भद्दी आवाज दालान में करता हुआ बरसाती में खड़ा होकर फिर से किसी नये निर्णय को लेना चाहने लगा हूँ। सामने के उस बँगले में कोई बंगालिन मुझे घूर-घूरकर देख रही है। उसके लम्बे बाल पीठ पर फैले हुए सूख रहे हैं, शायद वह बहुत देर पहले के नहाये बालों की नमी अन्तिम रूप से दूर कर लेना चाह रही होगी ताकि फिर उनमें तेल डालकर जूड़ा बाँधा जा सके लेकिन मुझे किसी दूसरे के जूड़े से कोई मतलब नहीं।

मेरे सामने इस समय एक आदमी क्यारियों की ओर मुँह करके मिट्टी खोद रहा है। जरूर ही यह माली होगा, क्यारियों में गड्ढा करता हुआ फिर रहा है। मैं जिस समय बँगले में आया था यह आदमी तब पीछे रहा होगा। बँगले के पीछे जरूर ही टमाटर, गोभी लगी होंगी और यह उधर का काम समाप्त कर अब इधर आया है।

जब मैंने माली को पुकारा, वह अपने हाथवाली खुर्पी, जिसमें मिट्टी लगी हुई थी, कमर में खोंसता हुआ बोला कि 'मालिक आज सुबह तार पाकर बरेली चले गये हैं।' मैं बहुत अधिक झुंझला गया हूँ। मैं इस दो पैसे पानेवाले माली का जरूर ही गला घोंट सकता हूँ जो झूठ बोल रहा है। लेकिन मैं फिर सोचता हूँ कि यह क्यों झूठ बोलेगा?—तो, मुझे यहाँ से एकदम चल देना होगा? मुझे अपनी धुँधली पड़ी हुई दृष्टि में ताँगेवाला याद आ रहा है जिससे थोड़ी-सी जान-पहचान हुई थी और किसी कदर अब तो मैं इस पूरे लखनऊ में उसी को जाना-पहचाना कह

सकता हूँ। वह चला गया है और मुझे भी जब चल देना होगा। टाइमटेबल पर सिकुड़न पड़ी हुई साड़ियों के इश्तहारवाली औरत इस समय बहुत बुरी लग रही है, क्योंकि उसके हँसते हुए चेहरे को मूर्खतावश मान रहा हूँ कि वह मेरी परेशानी पर हँस रही है। जल्दी से एक उँगली को ओंठ से थोड़ा गीलाकर टाइमटेबल के पन्ने-पर-पन्ने पलटता जा रहा हूँ। मैं एकबारगी ही जान लेना चाहता हूँ कि वह कौन-सी गाड़ी है जो मुझे कानपुर के लिए इस समय मिल सकती है। मैं दिनभर चुप रहा हूँ, अब मेरी तबीयत चीख पड़ने को हो रही है। लौटते में इस बार खिड़की के बाहर सिर निकालकर जरूर गाऊँगा, चाहे मेरी आँखों में कितनी ही बार रेल का कोयला गिरे। इस चुप रहने से ज्यादा कड़वा अनुभव वह नहीं होगा।

मैं अब बरसाती के बाहर निकल आया हूँ। पुरी के बँगले की यह बाहर निकली बड़ी-सी फ्रेंच खिड़की जो कि बन्द है, मैं समझ सकता हूँ कि इसी खिड़की के पास दोपहरी में पुरी की पत्नी खड़ी रहती होगी और यही कमरा इस दम्पति का ड्राइंगरूम होगा। इसी ड्राइंगरूम में फ्रेम किया हुआ वह हँसता हुआ फोटोग्राफ भी होगा जो कि ठीक विवाह के समय लिया गया होगा।...शादी के बाद फोटो लेना भी प्रथा है।.......कुर्सियाँ होंगी, सोफा होगा और पुरी का सबसे प्रिय अखबार वह 'माडर्न रिव्यू' भी कई फाइलों में होगा, जिसके बल पर उसके-जैसा व्यापारी आदमी भी कला और साहित्य पर बोल-बोलकर क्लबों में रोब झाड़ता होगा। मगर मैं अब इस अहाते के बाहर के फाटक पर पहुँच रहा हूँ। रेलवे टाइमटेबल ने मुझे कोरा जवाब दे दिया है कि चाहे जो हो, छह बजे के पहले कोई गाड़ी नहीं मिल सकती है। और मैं पाँच घण्टे तक अपने ये बदतमीज कपड़े और रंगों-भरा बदसूरत चेहरा लिये लखनऊ की इन साफ-सुथरी सड़कों पर मारा-मारा फिरूँगा? मैं बहुत थक चुका हूँ। किसी पार्क में पैर फैलाकर सोने का इरादा मैं करना चाहता हूँ, और इस भीगी उदास दोपहरी की नींद में मैं जरूर ही धोबियों को स्वप्न में देखना पसन्द करूँगा कि वे एक साथ हजारों पाजामें, बनियानें सुखा रहे हैं—साथ ही मेरे चारों ओर साबुन की सफेद खूबसूरत टिकियाएँ होंगी। दो फर्लांग लम्बी रस्सी पर बरेठे बहुत-सारे उजले धुले कपड़े सुखा रहे होंगे, जो कि हवा में उल्टी टँगी हुई फूली बतखों-जैसे लगेंगे। मेरे चारों ओर स्वप्न में तब उजले कपड़ों का वरदान होगा।

मैं अब बहुत शिष्टता के साथ अहाते के इस फाटक को बन्द करूँगा पहले और तब सोच सकूँगा कि किधर चलना शुरू करूँ जिसमें पहले किसी म्युनिसिपैलिटी के बम्बे से पेटभर पानी पी सकूँ, और तब पार्क की किसी ऊँची बेञ्च पर पैर हिलाते हुए शाम तक के लम्बे-लम्बे खाली घण्टों का हिसाब लगा सकूँ। फाटक मैं खुला भी छोड़ सकता हूँ, मगर कोई गाय घुसकर नरगिस के इन फूलों को खा भी तो सकती है, जबकि बहुत-से आदमियों को नहीं मालूम कि इतने सुन्दर फूलों का क्या उपयोग है, तब भला गाय तो जानवर ठहरी। गाय को हालाँकि माली अन्दर नहीं घुसने देगा, मगर मैं इस समय ही जैसे देख रहा हूँ कि

वह माली मुझसे बातें करने के बाद पीछे की ओर जाने क्यों चला गया है।

मैं फाटक बन्द भी कर चुका हूँ और अब मेरा पहला कदम उठेगा, उसके बाद दूसरा तथा उसके उपरान्त तो इस अजनबी शहर में मेरे जाने कितने कदम उठते ही चले जायेंगे।

लेकिन मैं देख रहा हूँ कि माली दौड़ता हुआ आ रहा है और वह मुझे ठहरने के लिए अपना दाहिना हाथ ऊँचा करके सम्भवत: पुकार भी रहा है। मेरा पहला कदम जो कि दिमाग में तो उठ चुका था हठात् मुझे उसे रोक देना पड़ा है और मैं इस माली की बात को बहुत रोब से सुनना चाहता हूँ, इसलिए गोल किये हुए अखबार को बराबर पाजामे पर बजा रहा हूँ—जैसे मैं दोस्त के न होने की बात को सुनकर किसी भी तरह की दिमागी उजलत में नहीं हूँ, जैसे मेरे लिये इस तरह की बातों से कोई भी परेशानी नहीं है, क्योंकि अगर कहीं मेरी हालत पर इस माली को तरस आ गया तो सचमुच कहीं का न रहूँगा।

"चलिए, आपको मेम साब बुला रही हैं"—खींसे निपोरते हुए माली ने कहा।

तो क्या पुरी तार पाकर अकेला ही गया है? मैं बहुत उजलत में और जल्दी में हमेशा ही जाने क्या-क्या सोच जाया करता हूँ। यही देखिये, बात कितनी साफ हो गयी है अब। पुरी को जो तार मिला है सुबह, वह जरूर ही दूसरी तरह का तार होगा तभी तो वह अकेला गया है, क्योंकि उसे मालूम है कि मैं आनेवाला हूँ। साथ ही पत्नी से भी कह गया है कि मैं आनेवाला हूँ। और अब मैं बहुत प्रसन्न हूँ। मैं चाहता हूँ कि लम्बे-लम्बे डग मारकर जल्दी से पुरी की पत्नी के पास पहुँचकर हँसता हुआ कहूँ कि,

— मैं आ गया हूँ।

वापस मेरे कदम उठ रहे हैं—क्यारियाँ, रंग-रंग के फूल मेरी नीची नजरों के नीचे से गुजर रहे हैं। लता की मोटी जड़ और खुरदरी सड़क पर मेरे भद्दे मोटे पैर—जिन पर रंग जमकर चीठा हो गया है—मैं चल रहा हूँ। वे तीनों सीढ़ियाँ—और माली ने मुझे बायें हाथवाले कमरे की ओर इशारा किया है, जहाँ एक परदा हिल रहा है। परदे और दरवाजे के नीचे की चौखट के बीच जो दरार है वहाँ ऊँट की खाल के रंग का पाँवपोश, जिस पर लाल अक्षरों में 'वेलकम' दिखायी दे रहा है। दरवाजे पर एक सुनहरी नामपट्ट लगी हुई—'श्रीमती रंजना—', इसके आगे मेरे दिमाग ने आँख बन्द करके पूरा पढ़ लिया है—'श्रीमती रंजना पुरी' और अब मैंने बहुत धीमे से भद्रता के साथ परदा ऊँचा किया है।

मेरे सामने हरी साड़ी, जो कि खास किस्म की है और जिसे दक्षिणी महिलाएँ पहनती हैं, पहने हुए, बाफकट में घुँघराले बाल, हँसती हुई आँखें, गोरा रंग और प्रणाम करते हुए दोनों हाथ—तो मेरे मित्र की पत्नी रंजना यही है।

"आइए, शायद अभी आ रहे होंगे आप कानपुर से?"

"जी हाँ, इसी साढ़े बारह की गाड़ी से आया हूँ।"

मगर, मैं यह विश्वास क्यों कर रहा हूँ कि यह महिला पंजाबी भी है और बंगालिन भी? लेकिन मुझे इस समय दूसरा और कुछ न सोचकर यह कहना है कि कैसी अजीब परिस्थिति है कि पुरी आज चला गया सुबह ही।

— देखिये, पुरी ने आपके बारे में इतना सारा पत्रों में लिखा है कि बस देखने भर की ही देर थी।

मुझे लग रहा है कि मैं बहुत अच्छे तरीके के साथ व्यावहारिक बातें कर सकता हूँ।

मेरे मित्र की पत्नी रंजना बहुत जोरों से हँसती हुई बगल के सोफे पर बैठ रही है। मुझे अपने बारे में इतनी जल्द धारणा बदलनी पड़ जायेगी, इसकी मैं कल्पना नहीं कर रहा था। मुझे पुरी को बधाई देनी होगी कि वह इतनी हँसमुख पत्नी पा गया है, नहीं तो पत्नी के नाम पर मुझे जाने क्यों गूँगे व्यक्तियों का ही स्मरण आता है, या फिर बड़े-बड़े अस्पतालों में जो अस्थि-पंजर खड़े रहते हैं—उन्हें आप कपड़े पहना दीजिए, जूड़ा बाँध दीजिए, पाउडर लगा दीजिए—और आप चाहें तो उन्हें पत्नी की संज्ञा भी दे सकते हैं। लेकिन मेरे मित्र की यह पत्नी वैसी सब-कुछ नहीं है। यह पुरी भी कितना मूर्ख है कि 'रंजना' सरीखे मीठे नाम को वह मुझे पत्रों में 'तुम्हारी भाभी', 'तुम्हारी भाभी' कहकर लिखता रहा है। रंजना ने दो-तीन बार मेरी ओर देखकर अब अपनी पलकें नीची कर ली हैं; मैं जान रहा हूँ कि वह जरूर ही कुछ बोलना चाहती है।

"पुरी कल तक तो आ ही जायेगा रंजनाजी!"

वह फिर हँसी।

मुझे इस बार यह हँसी उतनी नहीं भायी। नहीं जी, साफ बात यह है कि बिलकुल ही अच्छी नहीं लगी। अब समझा। इनको मेरी शक्ल पर हँसी आ रही होगी। ठीक है, खराब और उजबक शक्ल देखकर सबको हँसी आती ही है, मगर मेरी इस समय की शक्ल को देखकर हँसना तो मेरे ऊपर सरेआम ज्यादती है। लोगों ने रंग इस बुरी तरह से डाल दिया है कि कोई दूसरा ही क्यों, मैं खुद अपने को पसन्द नहीं कर सकता हूँ। लेकिन फिर भी क्या रंजना को ऐसे हँसना चाहिए?

"आपके मित्र आज सुबह तार पाकर बरेली चले गये हैं—"

अब की बार हल्के हँसते हुए रंजना कह रही थी।

— जब वह आपको यहाँ छोड़ गया है तो इसका मतलब हुआ कि वह एक-दो दिन में आ ही जायेगा।

और फिर हँसी।

मुझे यह नहीं मालूम था कि कभी मुझे ज्यादा हँसनेवालों के बारे में यह धारणा बनानी होगी कि मैं ऐसों से घृणा करता हूँ, जबकि हँसना हमारा राष्ट्रीय गुण नहीं है। हम भारतवासी वैसे ही गम्भीर हुआ करते हैं, तब हमारी महिलाओं का इस प्रकार हँसना क्या स्त्रियोचित है?—क्या मैं सचमुच बराबर बेवकूफी की बातें

कर रहा हूँ जो यह रंजना इस इतने बड़े कमरे को अपने सफेद दाँतोंवाली हँसी से भर रही है? मैं अब अपनी घड़ी निकालकर सामने बैठा हुआ रंजना पर यह प्रदर्शित कर देना चाहता हूँ कि मैं चलकर आया हूँ और थक भी तो सकता हूँ। जिस समय मैंने घड़ी अन्दर की जेब से निकाली—(मुझे याद नहीं पड़ता कि कब उसे कलाई से छोड़कर अन्दर की जेब में रख लिया था)—एक बजकर पचीस मिनट हुए थे, और मैं स्पष्ट रूप से यह सोच भी चुका हूँ कि या तो सब घड़ियाँ खराब हो गयी हैं या फिर मेरा दिमाग। घड़ियाँ गैरण्टीड होती हैं, किन्तु आदमी का दिमाग नहीं।

अब की बार उसने एक अलमारी का पल्ला खोलते हुए कहा—

"क्या सोच रहे हैं आप?"

हालाँकि हँसी का पुट इस बात में भी था लेकिन मैं इस बार हँसी को बात से काटकर गम्भीर कथन मान सकता हूँ। यह महिला बहुत खुले और मीठे स्वभाव की है, अच्छी आयवाले पति की सुन्दर पत्नी है और चिन्ता के नाम पर शायद यह रहती होगी कि ..की का पैसा कहाँ और कैसे खर्च किया जाये?

उसने 'थ्री-केसल्स' का हरा टीन काटते हुए लाइटर के साथ मेरे सामने की छोटी-सी टेबल पर रख दिया जिस पर मीने की एक राखदानी पहले से ही रखी हुई थी।

"आप सिगरेट पीजिए, तब तक प्रबन्ध हुआ जाता है।"

तम्बाकू की कीमती गन्ध में मेरा दिमाग सुगन्ध बनता जा रहा है और मैंने लाइटर कितने स्मार्ट तरीके पर जीवन में पहली बार जलाया है कि मेरी तबीयत एकदम खुश हो गयी है।

पहला कश, गन्धभरा कश!!

और, फिर तो पूरी सिगरेट। कमरे में तम्बाकू के गन्धवाले छल्ले-ही-छल्ले तैरने लगे हैं। मेरे दोस्त का कमरा और सुगन्धित सिगरेट। मेरा दोस्त भी आज सुबह तक सिगरेट के छल्ले छोड़ता हुआ, कमरे में बैठा होगा और इसी तरह हँसती हुई यह रंजना, मेरे मित्र की पत्नी, बस हँसती रही होगी उसके साथ।

दोनों कितने अच्छे हैं। इन्हें कदाचित् किसी तीसरे की कोई आवश्यकता अनुभव नहीं होती होगी।

मैंने कितनी फुर्ती के साथ उस बड़े छल्ले में से दूसरा छल्ला निकाला है।

सिगरेट की सुगन्ध, मित्र का कमरा!!

रंजना की हँसती हुई आँखें—धुएँ के गोल-गोल छोटे-बड़े छल्ले कमरे में तैर रहे हैं।

रंजना सम्भवत: कमरे में अभी थोड़ी देर के लिए नहीं थी। वह फिर लौट आयी है, लेकिन हँसती हुई—

"सुनिए, अब आप गुसल ले लें—लेकिन एक बात कह दूँ कि मैं आपके मित्र की पत्नी नहीं हूँ।"

और फिर हँसी—

मेरे गले में सुगन्धवाले धुएँ के गोल-गोल छल्ले घूम रहे हैं। मुझे सचमुच चक्कर आ जायेंगे। मैं अनुभव कर रहा हूँ कि आज मेरे साथ कोई बहुत बड़ा मजाक करने पर तुला हुआ है। माली ने जिस समय कहा था कि पुरी नहीं है, मुझे अपनी गीली चप्पलों के साथ तेज कदम बढ़ाते हुए चले जाना चाहिए था। यह रंजना कहती है कि वह पुरी की पत्नी नहीं है। और अब मैं रंजना के बाल, आँखें नाक, नीचे-ऊपर के ओंठ, ठोड़ी, कण्ठ सब-के-सब खूब घूरकर देख लेना चाहता हूँ जिसमें मैं यह स्पष्ट कर लूँ कि यह औरत—जो केवल हँसना जानती है, मेरे पुरी की पत्नी कदापि नहीं है।

जलती सिगरेट यदि मैं फेंक नहीं दूँगा तो वह उँगली को अवश्य जला देगी। मगर मैं इस समय सिगरेट के बारे में सोचने से ज्यादा महत्त्व का काम कर रहा हूँ कि दूसरी बार सामने बैठी हुई रंजना को ऊपर से नीचे तक देख रहा हूँ। यह कौन है? यह हरा ब्लाउज पहने है जिसके अन्दर उसका शरीर गुसल किया हुआ, किसी खुशबूवाले साबुन से धुला और मुलायम तौलिये से पुँछा हुआ बन्द है। केले की तरह चिकनी बाँहों में यह ब्लाउज कैसा फँसा-फँसा-सा लग रहा है। गले में मोतियों की माला पड़ी हुई है। कलाइयाँ—मैं मानता हूँ कि इतनी सुडौल दक्षिणी महिलाओं की भी नहीं होती हैं, उनमें एक तरफ लेडीज-रिस्ट-वाच के नाम पर सोने की एकदम छोटी घड़ी बँधी हुई है और दूसरी कलाई में सोने का एक कंगन। रंजना के उजले पैरों में बहुत उम्दा-सी चप्पलें हैं और नाखूनों पर क्यूटेक्स सूखकर जम गयी है जो कि अब इस समय छोटे-छोटे लाल रंग के दस शीशों की शक्ल ले बैठी है। ऊपर चलता हुआ पंखा पैरों के इन दस लाल शीशों में चलता हुआ दिखायी दे रहा है। मैं बेवकूफों की तरह जाने क्यों परियों की कहानीवाली बात सोचने लगा हूँ कि रंजना के पैरों में लाल रंग के ये क्यूटेक्सी शीशे-जैसे दस लाल पंख हैं, और मैं इस समय अपने विजगापट्टमवाले सीलनभरे मकान में बाँस की कुर्सी पर बैठा हुआ सिगरेट पी रहा हूँ, और यह रंजना अपने लाल पंखों को फैलाती हुई मेरे नजदीक उतर आयी है, जबकि मैं जानता हूँ कि ये कल्पना के छोटे-छोटे लाल पंख कुछ नहीं हैं, जो कि पैरों के धुल जाने पर कहीं नहीं रहेंगे। कमरे में पंखा चल रहा है और मुझे ऐसा लग रहा है कि मेरी बनियान अभी तक गीली है और मुझे हल्का जाड़ा लग रहा है। मैं चाहता हूँ कि पंखा बन्द कर दिया जाये।

"क्या देख रहे हैं आप इतने गौर से?"

रंजना यह कहते हुए उठी है। मैं अपने दिमाग को एकबारगी पूरी तरह उसी भाँति झकझोर लेना चाहता हूँ जैसे मिट्टी में लोट लगा लेने के बाद गधा उठकर पूरी तरह अपने शरीर को झकझोर लेता है।

तो, रंजना मेरे मित्र की पत्नी नहीं है। यह कोई और है, जिसे मैं नहीं जानता। इसकी इस हँसी का कारण अब मेरी समझ में साफ आ रहा है कि यह दिल में

कितना बेवकूफ समझ रही होगी। लेकिन मैं अपनी गलती कहीं से भी नहीं समझ पा रहा हूँ। बस, एक जगह मैं जरूर चूका हूँ, जब रंजना की मैं नेमप्लेट पढ़ रहा था। कितने विश्वास के साथ आँखें बन्द करके रंजना के नाम के साथ 'पुरी' और जोड़ गया था। मुझे अब स्वयं पर कितना तरस आ रहा है कि जब मैं चला जाऊँगा और यह रंजना नाम की तेज औरत, पुरी और पुरी की वास्तविक पत्नी के सामने कितना सारा हँस-हँसकर मेरा मजाक बनायेगी, और तब पुरी की वास्तविक पत्नी शायद यह धारणा बना ले कि पुरी का दोस्त सचमुच ही कोई मूर्ख व्यक्ति है। यह औरत तो मुझे कहीं का भी नहीं रहने देगी। कितने बेलाग तरीके पर हँसती है। दूसरों की पत्नियों के सामने बेवकूफ सिद्ध हो जाने से बढ़कर दयनीय अवस्था कोई और नहीं हो सकती।

मुझे अब अपने-आप पर से विश्वास उठता जा रहा है। गुस्से के साथ जो सिगरेट राखदानी में बुझायी थी वह अभी तक धुआँ दे रही है। धुएँ की एक पतली-सी डोरी छत की ओर उठती है लेकिन पंखे की हवा धुएँ की डोरी को और अधिक ऊपर न आने देने के लिए फैला दे रही है। यह मैं क्या सोच रहा हूँ, बिल्कुल ही फिजूल की बात दिमाग में जाने कहाँ से आ रही है। मुझे इस महिला का आतिथ्य स्वीकार न कर यह प्रदर्शित करना होगा कि नहीं, तुम जिस व्यक्ति को इतना असहाय और दयनीय माने बैठी हो, वह वैसा नहीं है। बनियानों का विज्ञापन कितने तरीकों से और किस-किस तरह से किया जाना चाहिए, इस पर वह पूरे व्यापारी त्र्ग में मशहूर है। और तो और, तुम्हारे सामने बैठा हुआ यह व्यक्ति, बनियानों के विज्ञापन के सम्बन्ध में किताब लिखने तक की कई बार सोच चुका है। मेरी पीठ पीछे के दरवाजे पर जो परदा है उसके पास से रंजना की आवाज आ रही है। मैं अब समझ पा रहा हूँ कि मैं क्यों चुप हूँ—क्योंकि उसके आने का रास्ता जो देख रहा हूँ। उसके आते ही मैं उसे हँसते हुए धन्यवाद दूँगा और 'कोई आवश्यकता नहीं' कहकर तथा अपने दोनों हाथों को उठाकर नमस्कार करके यहाँ से चल दूँगा—इस ड्राइंगरूम से दूर, परदे के पार, बरसाती, लान, अहाते का फाटक और फिर तो यह नार्थ एवेन्यू जल्दी से पार करने पर ही सोचूँगा कि कहाँ और किधर जाना होगा। खैर, अब मैं अनुभव कर रहा हूँ कि अगर तेजी से सोचता रहूँ तो काफी ठीक सोच सकता हूँ। जब इस औरत से मेरा कोई सम्पर्क नहीं, तब क्यों उपकार लूँ? न तो यह मेरी मित्र है, और न मित्र की पत्नी ही।

रंजना को देखते ही मैं खड़े होने की सोच चुका हूँ और खड़ा हो भी गया हूँ। मैं एक साँस में बोल जाऊँगा ताकि यह फिर कहीं हँसकर मुझे चिढ़ा न दे। मैं विचारों में फिर वैसे ही नहीं उलझना चाहता हूँ जैसे कपड़ा बेर की जालियों में उलझ जाता है—कपड़े को इधर से निकालो तो उधर अटक जाये, और बस कपड़ा फटता चला जा रहा है—बेर और काँटों का क्या नुकसान इसमें?

"तो मैं अब आज्ञा लूँ...."

और मैंने आज से दस वर्ष पहले उदयशंकर को जिस नाटकीय, कलात्मक

ढंग के साथ हाथ जोड़ते हुए मद्रास के आर्ट स्कूल में देखा था, ठीक वैसे ही व्यावहारिक मुसकान के साथ अपने हाथ जोड़ लिये हैं। अब यह जरूर मुझसे कहेगी कि—"अच्छा, तो फिर?—लेकिन,

"कहाँ? क्या नहाइयेगा नहीं!"

मैं मन-ही-मन बहुत खुश हो रहा हूँ कि यह महिला उतनी समझदार नहीं है जितनी कि मैं इसे थोड़ी देर पहले समझ रहा था, क्योंकि यह अभी भी विश्वास कर रही है कि मैं ठहरूँगा, लेकिन अब की बार मैं उतनी सरलता के साथ नहीं कहूँगा—कुछ कड़ा पड़ सकता हूँ।

— देखिये, अधिक कष्ट की कोई जरूरत नहीं है, क्योंकि आपसे कोई परिचय तक नहीं और....

— ओह! तो आप मेरा परिचय न मिलने के कारण गुस्सा होकर जाने की बात तक सोच चुके हैं?

अब की बार वह हँसी नहीं वरन् गम्भीर होकर पास के एक सोफे पर बैठकर अपने दोनों हाथों की कलाइयों को फँसाकर उस पर ठोड़ी टिकाकर बोलने लगी है—

इसके पहले कि मैं अपना परिचय दूँ—हो सका, तो आप आज शाम की गाड़ी से चले जायेंगे, इस बात का विश्वास दें तो कुछ कह सकूँगी—और फिर आपको तो परिचय देना ही होगा—

कहती हुई वह अनायास ही बहुत गम्भीर हो गयी है।

मुझे अपने कानों पर विश्वास नहीं रहा है कि मैं क्या सुन रहा हूँ। मुझे लग रहा है कि मेरे दिमाग में हजारों चींटियाँ, बालों के-से बारीक कदमों के साथ दौड़ रही हैं और अब मैं कभी भी ठीक तरह नहीं सोच सकूँगा। कोई अपने अतिथि से इस तरह कहता है? मैं जरूर ही गलत सुन रहा हूँ। रंजना सरीखी हँसमुख महिला एक अपरिचित व्यक्ति से जो थोड़ी देर पहले कहीं से आया है (कम-से-कम उसके लिए जरूर ही) और थोड़ी देर बाद अपने-आप चला ही जानेवाला है—बल्कि सच तो यह है कि वह जा ही चुका था, बस कदम उठ जाते तो अब तक तो न जाने वह किस पार्क में सोता रहता; इस रंजना को यह सब कहना ही न पड़ता। किन्तु प्रश्न इस समय यह नहीं है कि इसने ऐसा क्यों कहा मुझसे, बल्कि यह ऐसा अपनी ओर से इस तरह कहकर मेरी दृष्टि में क्यों छोटा बन रही है? क्या यह न समझेगी कि इसके इस वाक्य से उसका पूरा चरित्र, जो कि मुझे तो कम-से-कम रहस्यमय—जाने कैसा लग रहा है, कोई गलत भी सोच सकता है!

— आपने कुछ कहा नहीं मेरी बात के जवाब में—शायद आप बहुत थक गये हैं।

रंजना कितनी बनावट की हँसी के साथ यह बात कह रही है इसे मैं तक समझ रहा हूँ।

— देखिये, मेरी बात आपको बुरी लगी है और अपनी इस बात का प्रभाव नहीं

जानती थी सो भी नहीं—किन्तु—

मैं यह समझ रहा हूँ कि बोलकर इस समय ठीक नहीं होगा, क्योंकि जिस सीमा तक मैं इस नारी को देख पा रहा था अभी थोड़ी ही देर पहले, यह नारी उससे कहीं अधिक गहरी है।

— ठीक है, आप उठकर नहा लीजिये, लेकिन मुझे मालूम नहीं था कि पुरी के मित्र के रूप में आप आयेंगे!!

मैं बिलकुल सच कहना चाहता हूँ कि यह वाक्य मेरे सिर पर से निकल गया है, कुछ भी समझ में नहीं आया। मगर मैं इतना अवश्य समझ सका हूँ कि मुझे वाक्य के आखिरी अंश का विरोध करना है और मैं कर रहा हूँ।

"क्या? मैं समझा नहीं!!"

"यह मैं पहली बार नहीं सुन रही हूँ।"

रंजना यह कहकर उठी और आसमान में शायद बादलों के ग्राउण्डग्लास काले हो गये थे इसलिए कमरे में अँधेरा घुप हुआ जा रहा था। वह खिड़कियों के पल्ले खोलने में बझ गयी।

खुली खिड़की से आते हुए भीगे प्रकाश में रंजना को खड़ा देखना चाह रहा हूँ जो मेरे इस सहज कथन पर अपना निचला ओंठ सफेद दाँतों में दबाकर मन का सहज अविश्वास कितने दर्प के साथ व्यक्त कर रही है। बचपन के इतिहास में देखी मेरी 'क्वीन आफ स्काट्स', नूरजहाँ, रजिया आदि के चेहरों से लेकर गलियों में तरकारी बेचनेवालियों तक के चेहरे मेरी आँखों के सामने इस तेजी से गुजर-गुजरकर कह रहे थे—"कहीं हममें से तो कोई नहीं है?—सोचो, शायद मैं ही होऊँ, कल की वह—आज की यह रंजना!!—"

"तुम पहले से दुबले हो गये, ऐसा क्यों?"

गुसलखाने के परदे के पार नौकर धुले हुए कपड़े, तौलिया और शायद साबुन वगैरह रख चुका है। रंजना, यह वाक्य कहकर मेरी आँखों की ओर देखने लगी है। मुझे अपनी बढ़ी हुई दाढ़ी के बाल बहुत बुरे लग रहे हैं। मेरी हथेली उन बालों पर धीरे-धीरे फिर रही है जिससे मुझे सोचने में सहायता मिल सकती है। मगर जो बात मैं अन्तिम रूप से सोच चुका हूँ, वह है कि मुझे अब नहाना है और टब के ठण्डे पानी में खूब सारा उन्मुक्त सोचना चाहूँगा। उस समय यह रंजना मेरे सामने न होगी और न होंगे इसके ये मेकलिन किये हुए सफेद सीप की तरह चमकते हुए दाँत, जो कि मुझे हाथीदाँत के मोह के बन्धन में बाँध लेना चाहते हैं। यह चमेली के फूलों की तरह खूबसूरत टाप्स भी न होंगे, जो काले घुँघराले बालों में और भी सफेद हो जाते हैं, नक्षत्रों की तरह।

मैं अब उठकर कैसे अपराधी की भाँति चलकर इस गुसलखाने में आया हूँ। मैंने अपनी घड़ी बाथरूम की खिड़की में रख दी है, जो आज जाने किस मनहूस की तरह चल रही है।

पानी की धारा सफेद चीनी के इस टब में गिर-गिरकर पिघली हुई चीनी की तरह लग रही है। मैं कल्पना कर रहा हूँ कि अभी थोड़ी ही देर में साबुन के झाग से भरे इस टब में रहूँगा और मेरे सिर पर शावर की ठण्डी बूँदें होंगी और मेरा पूरा बदन जो कि रंग की चिपचिपाहट से भर गया है—जिसके कारण मुझे अपने-आपसे घृणा तो नहीं फिर भी कुछ अच्छा नहीं लग रहा है—वर्षा-धुले हुए चीड़-सा चिकना निकल आयेगा। बाथरूम की खूँटियों पर भट्टी के धुले हुए कपड़ों को देखकर एक बार फिर मेरा दिमाग वैसे ही तेजी से सोच जाना चाहता है जैसे कि प्रदर्शनियों में जो आतिशबाजी के लिए चकरियाँ चलायी जाती हैं—कैसी रंग-बिरंगी चलती हुई घूमने लगती हैं। मैं यह मानकर चला हूँ कि यह जो शेविंग सेट और ब्लेड हैं, सब-के-सब इसके पति के हैं।

मैं कितनी तेजी के साथ अपनी दाढ़ी पर एक तरफ साबुन लगा चुका हूँ। मेरा साहस नहीं हो पा रहा है कि इस सामने के बेल्जियम शीशे में झाँककर अपनी यह शक्ल देखूँ, जो कि मनहूस लग रही है। ठीक इसी शीशे में यह रंजना अपना रूप देखती होगी। वह रूप जो पूरे भुवन को मोह सकता है, पागल कर सकता है। उसके बालों की वे धुली हुई नील लहरें, दर्पण की इस नीली झील को पूरा भर लेती होंगी। कहाँ तो इस शीशे में दर्पा-श्री की तरह इस नारी के लहर कुन्तलों का रंग-मण्डल और कहाँ इस समय शीशे में मिलिटरी टामियों की तरह कटे-छँटे बाल और साबुन से भरे मुँह को लेकर मैं हँसना चाह रहा हूँ। रेजर पर साबुन, बाल और रंग तीनों एक साथ देखकर मैं खूब प्रसन्न हूँ कि नहीं, अब थोड़ी देर की बात और है जब मैं अपने गालों पर हाथ फेरूँगा और जब उन्हें चिकना पाऊँगा तो मुझे गहरी प्रसन्नता होगी. और जाने क्यों मैं जब प्रसन्न होता हूँ तो मेरी आँखें छोटी हो जाती हैं जैसे कोई पुतलियों पर फूँक मार रहा हो और मैं उन्हें मिचमिचाने लगता हूँ। मेरी पुतलियाँ प्रसन्नता में उसी तरह गोल-गोल घूमती हैं जिस प्रकार माता के स्तनों को चूसते समय बच्चे अपनी पुतलियाँ घुमाते हैं और खुश होते हैं।

मगर यह मुझे क्या सचमुच कोई परिचित समझ रही है या फिर मुझे ही भ्रम हो रहा है? मुझे नामपट्टवाले अपने भ्रम का एक बार फिर स्मरण हो रहा है कि किस प्रकार मैंने आँखें बन्द करके इसे अपने मित्र की पत्नी मान लिया था। मैं दाढ़ी बना चुका हूँ, बस कलम जरा साफ तरीके पर काटनी बाकी है, मगर मेरा मन हमेशा की भाँति फिर कड़वा हो रहा है कि अपनी इन्हीं कुछ गन्दी आदतों के कारण, प्रेम या रोमांस नाम की गम्भीर बातों में कभी सफल नहीं हो सका। मुझे फिर अपने आफिस की स्टेनो याद आ रही है जिसके साथ मैं कितने गहरे तरीके पर प्रेम में था, जिसे मेरी कुछ छोटी-छोटी बातें नापसन्द थीं। उनमें से एक तो इतनी हल्की और छोटी बात थी कि प्रेम-जैसी गम्भीर बात मात्र उस बात को लेकर टूट सकती है, इसकी कल्पना करना भी मूर्खता है—जैसे खाना खाते वक्त मुँह से 'चप', 'चप' की आवाज का होना; वह उसे नापसन्द थी और वह कई बार

'अनसिविलाइज्ड' कहकर तौलिये से अपना मुँह छुलाकर खड़ी हो जाती थी। किसी के बारे में मानकर चलना भी एक वैसी-ही गन्दी आदत थी, जो कि मुझमें अभी भी बाकी है। जिसके कारण अभी तक व्यापार में धोखा खाया है, मगर वह बात दूसरी है। किन्तु मुझे यह कभी बर्दाश्त नहीं कि कोई स्त्री, उस पर सुन्दर; मेरे बारे में छोटी-छोटी धारणाएँ बनाकर मुँह बिदकाना शुरू कर दे।

तौलिये से अपना मुँह पोंछकर अपने चिकने गालों पर हाथ फेरकर खुद ही खुश हो रहा हूँ। मगर यह औरत कहीं मुझे बेवकूफ तो नहीं बना रही है? मैं इस दरवाजे की चीर में से झाँककर देखना चाहने लगा हूँ कि वह क्या कर रही है?

पतली-सी चीर में से उसका आधा चेहरा, जिसके आगे निकली हुई तीखी गोरी नाक, दो बारीक तराशे हुए ओंठ, गाल, चिकनी ठोड़ी—उसके बाद तो कुछ भी नहीं दिखायी दे रहा है—बस, उसके बाद तो टेबल पर राइटिंग-पैड पर कुछ लिखते हुए एक मोती के रंगवाला हाथ तेजी से चलता हुआ दिखायी दे रहा है।

मैं जान रहा हूँ कि आँखों में साबुन घुस जाने के कारण हल्की जलन और कड़वाहट भर गयी है। मगर यह है कौन? मुझे इस अपरिचित का अतिथि कभी नहीं बनना चाहिए था। भला यह क्या सोचती होगी कि यह व्यक्ति भी अजीब तरीके से सीधा है—मैंने कहा, ठहर जाओ, और ठहर गया—मैंने कहा, नहा लो, और नहा रहा है।

मुझे अब निश्चय हो जाना चाहिए कि वह मुझे खासा बेवकूफ बना रही है। मगर वह ऐसा क्यों कर सकती है? इसका कारण मुझे नहीं मिल पा रहा है और मैं तेजी के साथ अपना सिर मल रहा हूँ। ओह! पानी कितना ठण्डा लग रहा है। मुझे अपनी जलती हुई इन आँखों में यह औरत अब बहुत सुन्दर लग रही है। मेरा मन कर रहा है कि जल्द-से-जल्द उसके सामने पहुँचकर कहूँ....मगर क्या कहूँगा? बिना कुछ कहे भी तो रह सकता हूँ। और मैं अब साफ पानी से नहाकर बिल्कुल तय कर चुका हूँ कि कुछ नहीं कहूँगा, उसे जो कहना हो कहे। चाहे जिस व्यक्ति के भी ये कपड़े हों किन्तु मुझ पर एकदम फिट हैं। मगर खद्दर का कुर्ता और यह सुन्दर स्त्री? दो समानान्तर रेखाएँ !! तब क्या इसका पति राजनीति से सम्बन्धित है?

मैं ज़िस समय नहानघर से बाहर आया वह खिड़की के पास परदा पकड़े बाहर बरसती हुई बूँदों को देख रही थी। पानी भीगी हवा में उसके कन्धे से झूलता हुआ रेशमी साड़ी का पल्ला, जो कि जरी का था और देखनेवाला कह सकता था कि वह बंगलौरी साड़ी है, हिल रहा था। उस ड्राइंगरूम के सूनेपन को मेरी चट-चट की आवाज करती चप्पलें भर रही थीं, जो कि मेरे कानों को खुद बुरी लग रही थीं।

"तो तुम आ गये—ओह, फ्राम बीस्ट टू मैन।"

यह कहते हुए वह कितने जोरों से हँस रही है।

प्रत्युत्तर में मैं कितनी सधी मुस्कान देना चाह रहा हूँ जिससे उसे पता लग जाये कि मैं अब पहले से बदल चुका हूँ। मुझे उसका 'बीस्ट' कहना बिल्कुल नहीं सुहाया। वह इस समय उस राइटिंग-पैड को वापस सागौन की उस लम्बी आलमारी में रख रही है जिस पर शीशे का खासा बड़ा एक्वेरियम रखा हुआ है, जिसमें रंग-बिरंगी छोटी-छोटी मछलियाँ तैर रही हैं। मछलियों के गोल-गोल छोटे-छोटे मुँह, पानी की पारे-जैसी चमकती हुई गोलियाँ ऊपर पानी की सतह पर फेंक रहे हैं।

— मैं देख रही हूँ कि नहाने के बाद तुम्हारी आँखें कितनी साफ हो गयी हैं। और तो और, उनमें के प्रश्न भी एकदम धुले-से लग रहे हैं, कोई भी उन्हें पढ़ सकता है—

और वह यह कहती हुई आलमारी में लगे शीशे के सामने खड़ी होकर कितने मोहक ढंग से हँस रही है।

मुझे उत्तर देना होगा, मगर मैं अनुभव कर रहा हूँ कि मुझे भूख बहुत ही ज्यादा लग रही है। सामने का परदा ऊँचा करके बैरा खड़ा था।

— चलो, आज फिर बरसों के बाद हम लोग साथ-साथ खाना खायेंगे।

— क्या मतलब?

और मैं उसके लाल स्लीपरों में चमकती हुई गोरी चिकनी एड़ियों को देखते हुए चल रहा हूँ। दिमाग पर फिर जोर देना चाहता हूँ कि क्या यह सच है कि मैं रंजना नाम की किसी स्त्री से पहले कभी मिला हूँ? पर डाइनिंग-टेबल की उजली शीट पर रखी हुई उजली तश्तरियों में खुशबूदार चीजों की कल्पना करने लगा हूँ—क्योंकि मैं भूखा हूँ।

— क्या सोच रहे हो?—अच्छा यह बताओ अब पहले-जैसी मैं नहीं लगती क्या? और वह यह कहती हुई डाइनिंग-टेबल की उस कुर्सी पर बैठ गयी जिधर से शीशे की हरी रोशनी आ रही है।

— रंजनाजी! आप अत्यन्त मधुर स्वभाव की हैं।

— बस!!

और इतने जोरों से हँस पड़ी है कि खिड़की के पास बाहर लगी हुई बेर पर जो गौरैया अभी आकर बैठी थी, वह घबराकर अपने छोटे-छोटे परों को फड़फड़ाती हुई उड़ गयी और बेर की वह पतली डाली धीरे-धीरे हिलने लगी है। जाने क्यों, मेरा मन इस नारी को होली के रंग में डुबो देने को कर रहा है।

— आज तो होली है रंजनाजी!

और मैं उसकी आँखों को पढ़ जाने के लिए कितना सतर्क एवं तत्पर होकर उसकी ओर एकटक देख रहा हूँ।

— हाँ, है तो,

और यह कहते उसने मेरी आँखों में अपनी आँखें डाल दी हैं, जैसे दो पानी मिल रहे हों। रंजना का यह प्रश्न 'है तो' कदाचित् मेरे पूरे मन को जान लेने की चेष्टा थी। मुझे अब क्या कह देना होगा वह सब-कुछ, जो मेरे मन में उसी भाँति ऋतुहीन घिर आया-सा लग रहा है जैसे मार्च का यह मानसून? मैं देख रहा हूँ, हथेलियों के बीच में उसकी गोरी चिकनी ठोड़ी कैसी लाल होती जा रही है!

बैरा प्लेटों पर प्लेटें लाता जा रहा है और टेबल पर थोड़ी ही देर में, ऐसा लगता है, बिल्कुल भी जगह बाकी न रहेगी।

— तुमने कही नहीं वह होलीवाली बात, जो तुम्हें परेशान कर रही है?

और रंजना ने यह कहते-कहते मेरी प्लेट में शोरबे में सनी मछली का एक टुकड़ा रखा।

— कौन-सी बात?

और यह कहते हुए मैंने मछली के टुकड़े को अपनी चम्मच से काटा। मछली अन्दर से गुलाबी सफेद लग रही है।

अकलंक! मैं तुम्हें न जानती हूँ सो तो नहीं है।

रंजना ने रोटी का कौर बात खत्म करते हुए खाना शुरू कर दिया।

— रंजनाजी! मेरा नाम अकलंक तो नहीं है।

और मैं उसकी आँखों में इस नये रहस्यमय सम्बोधन को जान पाने के लिए अपने उसी पुराने कौर को चबाता हुआ रंजना को देखने लगा।—नहीं, घूरने लगा हूँ।

— अकलंक! मुझे खाना खा लेने दो, इतना न हँसाओ, वरना मछली का कोई काँटा गले में फँस सकता है।

और वह जोरों से हँस रही है।

देखिये रंजनाजी!.....?

— अकलंक ! मैंने अपनी बंगालिन माँ से चाहे और कुछ न सीखा हो किन्तु तीन बातें निश्चय ही सीखी हैं—एक तो गान, दूसरे हँसी और तीसरे मछली को खूब सम्हलकर खाना—समझे?

वह बोलती चली जा रही है और मेरा सिर ऊपर नहीं उठ पा रहा है। मछली के इस पीले हल्दी डले शोरबे में उसकी चमकती हुई आँखें मुझे दिखायी दे रही हैं—केसरिया झील में हलदिया नयन!!

— देखो, इस समय मैं दो काम कर रही हूँ, खाना और हँसना—तुम कहोगे तो खाने के बाद मैं गाने भी सुना दूँगी, किन्तु इस समय मुझे बेवकूफ बनाने की चेष्टा छोड़कर कुछ तुम भी खाओ और मुझे भी खाने दो।

— खाने के बाद तुम आराम करोगे?

रंजना सामने के सोफे पर बैठती हुई बोली। भोजनोपरान्त की वेशभूषा में भी वह सुन्दर लगती है।

— नहीं, ऐसी तो कोई जरूरत मुझे अभी तक नहीं लग रही है।

अपनी सिगरेट का धुआँ छोड़ते हुए मैंने कहा।

— नहीं, आवश्यकताएँ तो व्यक्ति के मन पर निर्भर होती हैं—यही देखो न, तुम्हारे आने के पहले तक तुम मेरी आवश्यकता की सीमा के पार हो गये थे कभी के, और शाम की गाड़ी से चले जाकर फिर मुझे मानना होगा कि तुम मेरी आवश्यकता के आकाश में नहीं हो; परन्तु इस समय, इस क्षण तो तुम सबसे ज्यादा जरूरी हो: क्योंकि जानते हो अकलंक ! प्रत्यक्ष क्षण का सत्य ही सत्य है, और पूरा जीवन इन छोटे-छोटे सम्पूर्ण खण्ड-सत्यों का यौगिक विस्तार—फैलाव—और क्या??

और यह कहते हुए वह दूसरे कमरे में चली गयी।

बादलों में साँवलापन घिरता जा रहा है। आज खूब सारा पानी गिरकर रहेगा, यह कोई भी सोच सकता है। हवा के बहाव में लताएँ धुली हुई झूल रही हैं। यह रंजना का ड्राइंगरूम है, लेकिन रंजना का पति कौन है? और वह मेरे आने के पहले ऐसा कहाँ चला गया जो अभी तक नहीं लौटा? किन्तु यह मुझे मान लेना चाहिए कि वह या तो और कहीं रहता है या फिर कहीं बाहर गया है, तभी तो रंजना ने खाती वेला भी, पति के लिए रास्ता देख लिया जाये—का भी भाव प्रदर्शित नहीं किय।

रंजना को सुररिएलिस्टिक या फिर इम्प्रेशनिस्टिक चित्र ही पसन्द हैं। मैं जहाँ बैठा हूँ, ठीक सामने चित्र में एक बहुत बड़ा सिर बना है, जो एकदम कुरूप, काला-सा लग रहा है। मोटे-मोटे ओंठ, चपटी-सी नाक, अपराधियों की-सी आँखें, मोटी काली भवें, छोटा सिर, घने-घुँघराले भेड़ों की तरह बाल, चपटे आकार का सिर, ऊँचे भरे जबड़े—देखकर एकदम डर महसूस करानेवाला यह चित्र जिसके नीचे अंग्रेजी में 'ही-मैन' लिखा हुआ है। मैं अब उठकर उस 'ही-मैन' को पास से देख लेना चाहता हूँ जो कि मुझे एकदम भेड़िये की तरह घूर रहा है। उसके गालों के पास जो ताँबे के रंग की रेखाएँ आँखों की ओर जाती हुई दिखायी पड़ रही हैं, वे उस चेहरे को और भी भयानक बना रही हैं। उसके मोटे

ओंठों में से आगे के दो गन्दे दाँत पीले-से दिखायी पड़ रहे हैं—जिनसे मुझे कच्चे मांस की बदबू तक आती हुई-सी लग रही है। आँखों के पास जो करौंदे की झाड़ियों-सा कालापन दिखायी दे रहा है मैं उसे हाथ फेरकर देखना चाह ही रहा हूँ कि मुझे रंजना की हँसी सुनायी पड़ रही है।

— क्या देख रहे हो, अकलंक?

— कुछ नहीं, इस 'ही-मैन' वाले चित्र को।

— क्यों, कैसा है?

रंजना ने ताने से पूछा है यह।

— हाँ, एक भाव-विशेष का है, किन्तु चित्रकार के मन की सारी कुरूपता इसमें अभिव्यक्त हुई है।

उस चित्र के मुँह रर अपनी सिगरेट का धुआँ छोड़ते हुए मैंने जवाब दिया।

— जानते हो, जिस चित्रकार से मैंने यह लिया था तो उसने क्या कहा था?

— हाँ, अवश्य ही कोई छोटी-सी बात को बड़े रहस्यमय ढंग से कहा होगा।

और मैंने यह बात कहकर अनुभव किया कि मैंने खासा गहरा व्यंग्य, चित्र के कलाकार और इसके खरीदार दोनों पर किया है।

व्यंग्य छोड़ो, और बात सुनो—वह कह रहा था कि नारी के द्वारा तिरस्कृत कर दिये जाने पर पुरुष के अन्दर का पशु खूँखार हो जाता है; उसी भाव को इसमें चित्रित किया है और जानते हो, नारी आदर्श भले ही न हो पर नारी की भावना ही आदर्श है, कला है।

और रंजना फिर हँसी।

मैं देख रहा हूँ उस चित्र को, जो कि गुर्राते हुए जंगली भैंसे की तरह मुँह से झाग डालता हुआ जैसे मेरी ओर बेतहाशा दौड़ता हुआ चला आ रहा है। वह उस दीवार पर से अभी एक क्षण में कूदकर मेरी ओर झपट सकता है और साथ ही उसके पुरुष को तिरस्कृत करनेवाली इस नारी को किसी भी क्षण फाख्ता के परों की तरह नोच फेंक सकता है—जिसे अपने आदर्श होने की चेतना है, प्रज्ञा है, और इस प्रज्ञा को हँसकर अभिव्यक्त कर देने का साहस भी जिसके पास है, भले ही वह प्रज्ञा मिथ्या क्यों न हो। कितने ही ऐसे हैं जो मिथ्या की अभिव्यक्ति को भी अपना साहस मानते हैं।

— मेरे पति को यह चित्र बिल्कुल भी पसन्द नहीं हैं, अकलंक।

— देखिए, मैं अकलंक नहीं हूँ......

और मैंने देखा कि वह इस वेशभूषा में मेरे सामने एकदम हरिण की तरह भुवनमोहिनी बनी खड़ी हुई है। ताम्र-वर्ण का उसका कुर्ता एवं सलवार तथा झीनी-सी उसी रंग की ओढ़नी—और मेरा मन अनचाही बात के लिए लालायित होने लगा है।

— तुम कहते हो, तुम अकलंक नहीं हो और मैं कहती हूँ कि तुम हो। मेरे विश्वास को हरा ले जाओगे ऐसा शक्तिसम्पन्न तुम्हें कभी माना था, पर आज

नहीं। मुझसे अब छिपाने से क्या फायदा—मैं कहती हूँ कि अकलंक! मैं अब विवाहिता हूँ—मेरे पति फौज में कर्नल हैं, मैंने उस मराठे युवक से विवाह कर लिया है—जानते हो, अपने चारों ओर कँटीले तारों की बाड़ लगा ली है, घबराओ नहीं।

अभी हम लोग सोफे पर बैठे ही हैं कि बैरा ने ड्रिंक्स लाकर रख दिये। मैंने दो-एक बार ही ड्रिंक किया है पर आसानी के साथ कह सकता हूँ कि मैं ड्रिंक नहीं करता।

— रंजनाजी! मुझे आदत नहीं हैं ड्रिंक की।

रंजना ने फिर अपनी पुरानी हँसी हँस दी है, जिससे मुझे चिढ़ हो गयी है।

— मैं भी आदत नहीं डलवाना चाहती, किन्तु मैं तो आज के तुम्हारे इस अनायास आने के क्षण को उत्सव में परिणत करना चाह. रही हूँ। केवल साथ दूँगी और साथ चाहूँगी—लो....

और यह कहते हुए सारस की तरह पतले शीशे के पेग में रंजना ने ड्रिंक बढ़ाया।

रंजना के पतले ओंठों से मदिरा उसके चमकते हुए दाँतों को छूती हुई गले के नीचे उतर रही होगी और मैं उसकी आँखों की ओर देख रहा हूँ जिनमें सेब की-सी लाली है; वे आँखें मेरे दाहिने हाथ की ओर रखी हुई ताँबे की मूर्ति को देख रही हैं। फायर-प्लेस की पीतल की अँगीठी की छड़ें इस समय चमक रही हैं। फायर-प्लेस के ऊपर रखी हुई ताँबे की वह 'लैकून्सक्राइ' की बड़ी-सी मूर्ति मेरे दिमाग पर छाती चली जा रही है।

— जानते हो अकलंक! तुम्हारे जाने के बाद मैंने इस मूर्ति को खरीदा था।

— रंजनाजी! मैं कुछ स्पष्ट कर देना चाहता हूँ...

और मैंने पेग टेबल पर रख दिया।

— अकलंक! क्या स्पष्ट करने को कहते हो? देखो, तुम अपना विश्वास स्पष्ट क्यों करना चाहते हो? इसीलिए न कि अपने लिये मैं तुमसे तुम्हारा विश्वास, ऋण के रूप में ग्रहण कर लूँ और अपने विश्वास को थोथा या अनदेखा कर ले जाऊँ? ऐसा आग्रह न भी करो तो भी समझौता सम्भव है, क्योंकि रंजना के लिए न तब न अब, समझौता मन को चुभनेवाला रहा हो, सो नहीं; और अब तो कुछ भी नहीं। हम चाहें तो अपना-अपना विश्वास समानान्तर भी चला सकते हैं। किसी का विश्वास किसी में समाहित न होगा, इसका जिम्मा कहो तो मैं ले सकती हूँ। वह देखो, मूर्तिवाले दार्शनिक की अपने पुत्रों के साथ कराह सुन रहे हो जो कि उस ताम्र-मूर्ति में से उठ रही है? कराह कितनी स्पष्ट है, पर मौन! ओह! कितनी वेदना, नरक की मशालें-जैसे अनगिनत-अनगिनत जल रही हों; परन्तु उनकी आँच तुम और हम तक नहीं आ पा रही है। जल रहा है, जल रहा है तो बेचारा वह दार्शनिक, और वे उसके दोनों बच्चे!! बचाओ अकलंक ! साँप की वे विषैली भुजाएँ उन सबको अपने

केंचुल में चूर-चूर कर देंगी।

— क्या कहूँ रंजनाजी!

मैं बहुत घबराकर बोल रहा हूँ। मेरी पेशानी पर ओस की बूँदों की तरह पसीना जरूर आ गया होगा, जिसे मैं कायरता के कारण पोंछना भी पसन्द नहीं कर रहा हूँ। क्योंकि मैं कायर हूँ, तभी तो समानान्तर पर भी समझौता करने को अन्दर से उत्सुक हूँ।

— तुम नहीं सुन पा रहे हो उस मूर्ति के दार्शनिक की चीखें; ओह! कितनी वेदना है जीवन में अकलंक! तुम गये मेरे आकाशों के पार और मैं, मैं कुछ नहीं...।

— रंजना! क्या कहना चाहती हो? सच कहता हूँ मैं अकलंक नहीं हूँ, मैं इस मूर्ति की उपमा से सचमुच डर गया हूँ।

— तुम इसे उपमा कहकर डर सकते हो? मगर मेरे निकट यह सत्य बनकर मुझे प्रतिक्षण जला रही है। मैं जल रही हूँ अकलंक।

और रंजना ने यह कहते-कहते पेग समाप्त किया। वह अन्य पेग भरते हुए बोली।

— तुम अगर अकलंक नहीं हो तो फिर मैं तुम्हें अकलंक क्यों मान रही हूँ? मुझे सब धोखा दे सकते हैं लेकिन मेरी आँखें कभी भी नहीं। तुम्हारा यह दाहिना पैर क्यों लँगड़ाता है, बोलो? कह दो? कहीं गिर पड़ा था।

रंजना ने मेरी ओर पीड़ित नेत्रों से देखते हुए कहा। और मैंने देखा कि मेरा दाहिना पैर, जो कि सचमुच लँगड़ाता है, मुझे जाने किन-किन मुश्किलों में डालेगा। कभी बचपन में कम्बख्त उस इंगलिश टीचर ने कितने जोरों से कूल्हे पर लात मारी थी कि जन्मभर के लिए मुझे लँगड़ा कर दिया। इसके कारण मैं मिलिट्री में जाना चाहते हुए भी नहीं जा सका और आज होजरी में काम करना पड़ रहा है। तब, क्या वह अकलंक नाम का व्यक्ति भी मेरी ही भाँति लँगड़ाकर चलता था?

— अकलक! मैं ऐसी कोई बात नहीं कहनेवाली हूँ कि तुम्हें किसी सोच में डाल दूँ। तुम घबराओ नहीं, वह वक्त बीत गया—आँधी बीत गयी; अब व्यक्तित्व की खिड़कियाँ खोल दो, साफ और तेज हवा के आने की वेला है।

और यह कहते-कहते रंजना गम्भीर हो उठी। मेरा दूसरा पेग जाने कब रंजना ने भरा और वह मेरे गले के नीचे भी उतर गया, मुझे नहीं मालूम। मगर जो मुझे इस समय मालूम है वह यह है कि रंजना सुन्दर है और मैं इसके बहुत निकट बैठा हुआ हूँ। खिड़की के बाहर मार्च के मानसून गहरे हो-होकर बरस पड़ने पर तुले हुए हैं। बरसाती हवा की तरह ठण्डी हवा, बाहर बहती हुई खिड़कियों के पल्लों को छूती हुई, रंजना के ड्राइंगरूम के भारी रेशमी परदों को हिलाती हुई पूरे हाल को ठण्ठा कर रही है। बँगले के अहाते में लगे हुए युकेलिप्टिस और अशोकों की लम्बी-लम्बी पत्तियाँ हवा में काँप-काँपकर आवाज कर रही हैं। कभी किसी मोटर का हार्न दोपहरी के सूनेपन को भरता हुआ तेजी से चला जाता है। वह ताँगेवाला मुझे यहाँ छोड़कर अब जाने कहाँ पर होगा—या तो घोड़े को पानी पिलाता हुआ

बीड़ियाँ धौंक रहा होगा, या फिर अपनी बहुत बोलनेवाली गन्दी आदत से किसी सवारी को परेशान करता हुआ सड़क पर ताँगा ले जा रहा होगा। मेरी समझ में खाक भी नहीं आ रहा है कि मुझमें उस अकलंक नामक व्यक्ति के साथ ऐसी कहाँ और कौन-सी समानता है जो यह नारी भ्रम पैदा कर देना चाह रही है।

— जानते हो अकलंक, लाहौर मैंने कब छोड़ा?

रंजना ने पूछा।

जिस लाहौर को मैंने कभी देखा नहीं और जबकि इस रंजना से मेरा दो घण्टे पूर्व कोई परिचय नहीं, मैं क्या जान सकता हूँ कि इसने क्यों और कब लाहौर छोड़ा। हो सकता है, अकलंक भी एक कारण उसे छोड़ने में रहा हो। परन्तु मैं तो वह नहीं हूँ। किन्तु यह मुझसे अपनी बातों के द्वारा स्वयं को क्यों रहस्यमय बनाये रखना चाहती है?

— रंजनाजी! यह आपकी बड़ी ज्यादती है कि मुझे...

— सुनो अकलंक! ज्यादती की कभी कोई बात नहीं हुआ करती है। मैं जानती हूँ कि तुमने यहाँ आने के पूर्व काफी चेष्टा की है कि मैं तुम्हें पहचान न पाऊँ। जिन मिलिट्री के टामियों से नफरत रही है, उन्हीं के-से बाल कटवाकर अपने बालों के घुँघरालेपन के साथ जो ज्यादती तुमने की है वह तुम नहीं जानते। तुम्हें यह ऐक्टरों की तरह मूँछों का शौक कब से सवार हुआ है? अकलंक क्या राजनीति छोड़ दी? जेल की यातना ने तुम्हें भी निराश कर दिया, ढहा दिया? क्या हुए तुम्हारे वे नेतागिरी के स्वप्न !! और कदाचित् यहाँ के पहले तुम्हें अपना पैर लँगड़ानेवाली घटना का स्मरण नहीं रहा, नहीं तो इसकी भी कुछ दवा जरूर करते; क्यों, है न?

और यह कहते-कहते रंजना ने अपनी आँखें बन्द कर लीं जिनमें हल्की बूँदें वैसी ही आ गयी हैं जैसे शीशे के ग्लास की दीवारों पर पानी की दो-एक बूँदें।

तब क्या मुझे मान लेना चाहिए कि इस रंजना नाम की महिला से आज पहली बार नहीं मिल रहा हूँ? बल्कि लाहौर में आज के इस व्यावहारिक मिलन के पहले व्यक्तिगत रूप से हम बहुत निकट से भी मिले हैं—कितनी मूर्खतापूर्ण बात होगी यह दूसरी बात मान लेना, लेकिन......।

— मैं जानती हूँ अकलंक तुमने लाहौर क्यों छोड़ा, मगर, तुम्हें इस तरह नहीं छोड़ना चाहिए था।

मैं देख रहा हूँ, रंजना की आँखों में बहुत-सी पारे की-सी चमक-ही-चमक भर गयी है।

— तुम्हें याद है, हम लोग एक दिन रावी पर घूमने गये थे नौका लेकर, और रावी की तेज धार में हाथ डालते हुए गोल-गोल पानी के वर्तुल बनाते हुए मैंने क्या कहा था अकलंक—कि कोई कुछ भी क्यों न कहे, मैं तुम्हें नहीं छोड़ सकती—हाँ, नहीं छोड़ सकती—लेकिन तुम उसके बाद जाने कहाँ चले

गये, पिताजी तुम्हारी तलाश में घूमते ही रहे।

— क्यों रंजना! तुम्हारे पिताजी मेरी तलाश में, मेरा मतलब है कि अकलंक की तलाश में क्यों घूमते रहे?

मुझे प्रसन्नता है कि ड्रिंक्स के बाद भी मेरी चेतना बनी हुई है कि रंजना जिसे 'तुम', 'तुम्हारी' की अभिव्यक्ति दे रही है वह मैं नहीं हूँ, बल्कि वह अकलंक है, और मैं इस पृथक्त्व को समझकर उचित समय पर प्रकट भी कर पा रहा हूँ।

— तुम्हारी तलाश में पिताजी बन्दूक ताने हुए घूमते रहे कि तुम मिल जाओ तो गोली मार दें।

और यह कहते-कहते रंजना ने अपना पेग समाप्त किया। उसकी आँखें वैसी ही चमक रही हैं जैसे किसी ने उन आँखों में तेज रोशनीवाली टार्च का प्रकाश डाला हो। उसकी यह ताम्रवर्णी वेश-भूषा और गोरा रंग किसी को भी पागल करने के लिए पर्याप्त है। जाने कितनी आधी साँसें उसके उभरे हुए वक्षःस्थल में भर गयी हैं और वह चीख पड़ी है?

— बैरा, बैरा ......

— हुजूर....

परदे के पार से तेज मगर शालीनता के साथ दौड़नेवाले कदमों की आहट तथा सलाम करके एड़ियों पर ऐंठ जानेवाले इस आदमीनुमा बैरा को देखकर मैं जाने क्यों ऐसा मान रहा हूँ कि यह आदमी अपनी इस मालकिन को खूब पहचानता है कि कब क्या करना है। यह बैरा इस समय इस तरह खड़ा हुआ है कि बात मालकिन के मुँह से निकले नहीं और वह जल्द-से-जल्द पूरा कर अपनी अनिवार्यता सिद्ध कर दे। नौकरी बिना अनिवार्यता सिद्ध किये नहीं टिकती, और शायद यही अनिवार्यता सरकारी दफ्तरों में लोगों से जाने क्या-क्या करवाती है।

— खड़े क्या हो, दरवाजे खिड़कियाँ सब खोल दो। देखते नहीं, कितनी गर्मी हो रही है?

कहते हुए रंजना ने अपनी गर्दन सोफे की पीठ पर टिका दी। उसकी पेशानी पर हल्की ओस की भाँति पसीने की बूँदें चमक रही हैं।

— हुजूर! पानी तिरछा गिर रहा है, कमरे में बारिश घुस सकती है।

— चुप रहो, सब खिड़कियाँ खोल दो।

और रंजना मेरे सामने के सोफे पर विचारों की अस्तव्यस्तता में खोयी हुई बैठी है। धीरे-धीरे कमरे में बरसाती हवा का-सा ठण्डापन भरने लगा है। हवा में उसके घुँघराले बालों की लटें उड़-उड़कर उसके चिकने गालों पर गिर रही हैं। उसकी दोनों गोरी साँप-जैसी चिकनी बाँहें सोफे के दोनों ओर झूल रही हैं। मेरे मन में मोह की वर्षा तो नहीं किन्तु आकर्षण की बदली में हल्की परतें जरूर शुरू हो गयी हैं और मैं चाह रहा हूँ कि रंजना बोले।

बाहर तिरछी वर्षा हो रही है और लान, बेलें, पेड़, फूल, सड़क, बिजली के तार, मकान सब नहा रहे हैं।

— रंजनाजी!

मैंने उसे जगा देना उचित समझा है।

— क्या है अकलंक! तुम समझते हो कि मैं सो गयी हूँ, है न?

उसने उसी तरह आँखें बन्द किये हुए कहा।

— नहीं तो...

मुझे लगा कि रंजना मुझे बच्चा समझकर तर्क और तथ्य की आड़ में व्यंग्य द्वारा अपनी उच्चता प्रमाणित कर देना चाहती है; और मैं 'नहीं तो' जैसे छोटे उत्तर को देकर सिद्ध कर देना चाहता हूँ कि तुम कैसी भी बातें क्यों न करो, पहेली न बन सकोगी।

— अकलंक! आज की घटना के साथ तुम उस माल रोड की शाम का विश्लेषण कर सकते हो?

यह कहते हुए रंजना ने अपनी तेज लाल आँखें मेरी आँखों में वैसे ही डाल दीं जैसे पानी भरे टम्बलर में लाल रंग की पोटेशियम परमैंगनेट, जो पानी में पहले तो धीमे-धीमे घुलती है और फिर पूरे पानी को सम्पूर्ण रूप से लाल रंग का बना देती है।

यह रंजना आज के इस मिलन को घटना कहती है। क्यों? घटनाओं के लम्बे-लम्बे कदम भले ही न होते हों, वे चींटी के-से बारीक कदमोंवाली भी क्यों न हों, या फिर टिड्डियों के-से छोटे पंखोंवाली ही क्यों न हों, पूरी धरती, पूरे आकाश को ढँक लेने की अपरिमित शक्ति उनमें होती है। यह कल्पना करके मेरा मन काँप रहा है कि पूरी धरती पर छोटी-छोटी चींटियाँ-ही-चींटियाँ हैं, या पूरे आकाश में केवल टिड्डियाँ-ही-टिड्डियाँ! ऐसे में क्या फसलें उग सकती हैं? नदियों का क्या हो? सूरज के प्रकाश का भी! अगर जीवन में घटना-ही-घटना हो तो क्या मनुष्य अपना जीना जी सकता है? जबकि एक घटना सम्पूर्ण जीवन को 'ताशेर-घर' की तरह उजाड़ सकती है तो फिर यह रंजना तो माल रोड की जाने कौन-सी घटना और आज के मेरे इस आगमन को लेकर विश्लेषण करने के लिए कहती है। मुझे बहुत ज्यादा और ऊँचा हँसकर यह स्पष्ट जता देना चाहिए कि रंजना, तुम कितना ही प्रयास जाने या अनजाने में क्यों न कर रही हो—मुझे अकलंक बनाने का प्रयास व्यर्थ ह। और जब व्यर्थ है, तो तुम्हारे जीवन की कोई भी घटना, जिसे मैंने नहीं देखा है, कैसे उसके आधार पर आज की बात संगत या असंगत रूप में लूँ?

साधारण रूप से चलते हुए जीवन में घटनाएँ आकर सहस्रबाहु की तरह बाधा या रुकावट पैदा कर देती हैं, और हम मान लिया करते हैं कि यह यदि पूर्ण सत्य नहीं तो सत्य के बहुत निकट है। इसके होने या न होने को हम महत्त्वपूर्ण मानकर जीवन में परिवर्तन खड़े करते हैं। हम, तब नहीं समझ पाते कि इस घटना का वास्तविक रूप क्या है और हमें क्या करना था। क्योंकि प्रश्न लगाकर किसी घटना की यथार्थता जानना नहीं चाहते, वस्तुतः हम डरते हैं कि प्रश्न उसे या तो नग्न रूप

में हमारे सामने खड़ा कर देगा, या फिर हम हमेशा के लिए उस बात, व्यक्ति या घटना से हाथ धो बैठेंगे। चिन्तन करनेवाला वर्ग इसे पलायन की संज्ञा देता है। जबकि वह स्वयं चिन्तन-जैसे रेशमी परदे की आड़ में पलायनवाले कछुए की जिन्दगी जीता है। अपने-अपने तरीके होते हैं पलायन करने के। कोई बग्घियों और मोटरों पर बैठकर ही पलायन कर पाता है, तो कोई इसकी भी अपेक्षा नहीं रखता; किन्तु होता सब पलायन ही है। किसी के लिए वह निर्वीर्यता है और कोई उसे माध्यमों के आवरणों में सँजोकर शक्ति बना लेता है। इस शहर की सड़क पर अभी मैं थोड़ी ही देर पहले रंग-जैसी खूबसूरत चीज से पलायन करना चाह रहा था। यह बात दूसरी थी कि मैं नहीं कर पाया। चवन्नी के धुले हुए कपड़ों से मोह इस सीमा तक होता है कि अगर हम कवि या लेखक हों तो सिवाय रंगों के दूसरी बात ही नहीं करेंगे, किन्तु धुले हुए कपड़ों पर फिर भी आँच नहीं आने देंगे—यही तो हम हैं। हम सब साँप की ही भाँति तो हैं चिकने, मुलायम, चितकबरे, काले, पीले!! किन्तु ज्यों ही हमारी वस्तुस्थिति की केंचुल पर आँच आती है, हमारे व्यक्तित्व का फन, समस्त कड़वाहट लिये, फुफकारने लगता है। कुण्डली मारकर बैठे हुए साँप!! सभी ऐसे होते हैं! ऐसा ही है पूरा समाज!! काले, भूरे, चितकबरे साँप—व्यक्ति और समाज के वस्त्रों में छिपे बैठे हैं।

मुझे लग रहा है कि मेरा वह दावा जो थोड़ी देर पूर्व किया गया था कि मैं ड्रिंक्स के बाद में भी होश में हूँ, व्यर्थ है, प्रवञ्चना है। मेरे सामने बैठी हुई यह नारी कुछ समय पूर्व की अपरिचिता, अपने आकाशों में किस तेजी से घसीट लेना चाह रही है। क्या अपने स्वार्थ के लिए—नहीं, अपने कड़वे यथार्थ से पलायन करने के लिए। क्या सच, क्या झूठ माध्यम का आवरण, चाहे कुरूप हो या सुन्दर, वह मुखोश ही है, सत्य नहीं। आवरण, निष्ठा की कमजोरी के कारण अपेक्षित हुआ करता है।

मैं देख रहा हूँ इसके उरोज, जो कि उसके सटे सिले हुए कुर्ते में से रेशमी ऊँचाइयों में कितने सुन्दर लग रहे हैं। शरीर को निस्सार कहनेवाले यदि इस तरह बँधे हुए उरोज देख पाते तो मेरा विश्वास है कि वे...मगर मैं महसूस करता हूँ कि मुझे तो उन लोगों से कुछ नहीं कहना है। यह रंजना अवश्य मुझे पहले कहीं मिली है और केवल मिली ही नहीं है बल्कि इसने मुझे अपने व्यक्तित्व का बहुत-कुछ दे डालना भी चाहा है, किन्तु मेरी स्मृति की शकुन्तला, समय के दुर्वासा की शापग्रस्ता है।

— अकलंक! ऐसा क्या सोच रहे हो? माल रोड की उस शाम में बहुत-कुछ रहा हो किन्तु ऐसा तो नहीं कि तुम उसी में खो जाओ। देखती हूँ तुम......

— रंजना! मेरे लिये पहेलियाँ असम्भव हैं।

मैं बहुत उत्तेजित हो गया हूँ। मुझे रंजना की आँखों में मार्च की फाल्गुनी सन्ध्या अपनी समस्त गुलाबी लिये हुए घिरती दिखायी दे रही है।

— अकलंक! किस पहेली के बारे में कहते हो? क्या सम्भव और क्या असम्भव, इसका निर्णय किसी के पास नहीं हुआ करता, और न ही हम इस प्रकार की घोषणाओं से पहचान सकते हैं इन्हें। ये कलेण्डर की तारीखें शायद हम लोगों से अधिक व्यवस्थित हैं, जो यह तो जानती हैं कि कल कौन-सी तारीख आने को है। क्या तुम जानते हो कल इस समय कहाँ होंगे, मैं कल इस समय तक रहूँगी भी या नहीं, या और कुछ हम अपने बारे में निश्चित रूप से जानते हैं? और मैं गोरे हाथों में लाल चूड़ियाँ गिन रहा हूँ... एक, दो, तीन.... जो दोनों ओर से एक-एक सोने की चूड़ी से घिरी हुई हैं।

मुझे कितनी नफ़रत रही है उन लोगों से जो जीवन को एक बहुत बड़ा भारी बोझ बनाकर सिर पर लिये परेशान घूमते हैं—कदमों में मार संजीदगी ही! बोलेंगे तो दर्शन!! आदमियों की भाषा-जैसे कभी सीखी ही नहीं। जब कभी उनसे मिलिए तो यही कहते पाइएगा कि जो क्षण वह अभी तक जी चुके...वे घटनाओं से भरे हुए थे। जो वह जी रहे हैं—वह हाहाकार की प्रतिध्वनि से भरा हुआ है, और आनेवाला तूफानों की तरह गुर्राहट से भरा उनकी ओर जंगली जानवर की तरह घूर रहा है। जैसे संसार का हर प्राणी उनके विरुद्ध विद्रोह करता हुआ घूम रहा है। चाहे दूसरा व्यक्ति बेचारा राशन की दूकान से ही क्यों न चला आ रहा हो या फिर अपनी पत्नी की अचानक बीमारी के कारण पैसों की परेशानी में ही क्यों न उलझा हो!

— कल के बारे में तो नहीं जानता रंजना! और जानकर भी क्या कर लूँगा यदि नियतिवाद ठीक भी हो तो, किन्तु आज के इस क्षण को जो कि मेरे सम्मुख उतना ही नग्न है जितनी की अन्य चीजें—मैं अपने में तिरोहित कर लेना चाहता हूँ, कम-से-कम आज भर के लिए कह सकता हूँ कि मैं क्षणवादी हूँ।

मैं जानता हूँ कि मेरा यह उत्तर स्वयं से पलायन है, किन्तु मुझे स्पष्ट ही लग रहा है कि यह नारी मेरे निकट लीलामयी है। इसे कदाचित् ऐसी ही बातें करना सुहाता है। और ठीक भी तो है; यदि इसे इस तरह की आदत न हो तो इतना सारा भोग भोगते अरुचि न हो जाये? भोग भोगने के लिए भी विशेष प्रकार की आदत को जन्म देना होता है।

— देखती हूँ, तुम्हें अभी भी बहुत-कुछ सीखना है। किन्तु क्या यह सीखना तुम पर अब छोड़ा जा सकता है? नहीं, क्योंकि इतने दिनों अपने मन की भी कर आये फिर भी कुछ नहीं सीख सके,—न जेल की दीवारें ही सिखा सकीं और न पर्यटन की ठोकरें ही।

और यह कहते-कहते रंजना उठ खड़ी हुई। कालीन पर बने बारहसिंघे के पेट, गर्दन, मुँह, आँख सब पर उसके स्लीपर पड़ते हुए अब वह खिड़की के पास पहुँच गयी है।

खिड़की से वर्षा की धूएँ-सी नीली फुहारें और दूर तक बिछा, नहाता हुआ आसमान, गाछों की लम्बी-लम्बी कतारें एकदम धुलकर हरे आशीर्वाद के बड़े-बड़े

फूलों-जैसी लग रही हैं। बिदा होती हुई सर्दी के हल्के चिह्न आज दिनभर पानी गिरने के कारण साफ दिखायी दे रहे हैं, किन्तु गर्मियों का प्रारम्भ भी दूब के पीले-पीले सिरों से स्पष्ट है। सामने कोई पुराना मकबरा पानी में भीग रहा है। उसकी दीवारों में छोटी-छोटी घास उग गयी है जो इस समय हवा में उड़ रही है—जैसे मकबरा हरी घास के धूएँवाला हुक्का पी रहा है। आज रास्ते में मुझे इतने मकबरे मिले और उस ताँगेवाले ने और भी दूसरे कितने ही मकबरों के बारे में बताया कि मेरी समझ में यह नहीं आ रहा है कि लखनऊ जीवित लोगों का शहर है या मकबरों का!

— यहाँ आओ, अकलंक!

और मैं रंजना के बहुत पास जाकर खड़ा हो गया हूँ। उसके बालों से बहुत ही मीठी गन्ध आ रही है, जिसमें मेरा मन और तन दोनों डूब जाना चाहते हैं। इससे कभी नहीं इनकार किया जा सकता कि मानव-शरीर में, एक गन्ध होती है और गन्ध के साथ-ही-साथ आकर्षण भी—जैसे हरे चम्पे की गन्ध, जिसे मैंने बचपन में शिव की मूर्तियों पर से काफा चुराया है। रंजना मेरे इतने पास खड़ी है कि मैं इस शरीर की गन्ध को अपनी दोनों हथेलियों में सप्तपर्णी जल-फूलों की तरह भरकर अपनी आँखों से छुलाकर स्वयं को एकदम खो देना चाहता हूँ। किन्तु क्या मैं ऐसा कर भी सकूँगा।

— अकलंक! या तो सब-कुछ सोचना ही छोड़ दो, या फिर जो भी सोचते हो उसे कर डालने का साहस भी रखो। जो कार्य नहीं बन सकता उसे न विचारना।

और रंजना कितने जोरों से हँस पड़ी है कि बरसता पानी तक चौकन्ना हो गया है। तो रंजना ने यह कैसे जान लिया है कि मैं उसके ही बारे में सोच रहा हूँ। यदि उस सोचने का एक अंश भी कभी कह दिया जाये तो कोई भी परायी नारी सुनकर सहन नहीं कर सकती, भले ही वह सुनना मन को कितना ही मीठा क्यों न लगे। कई बातें कही नहीं जातीं। उन्हें कहना, भोंडा करना है; क्योंकि कुछ करने के लिए ही बना है और कुछ कहने के लिए ही। इस अन्तर को न समझकर कई बार हम अपने चारों ओर मकड़ी का जाला बुन लिया करते हैं। रंजना ने कितनी चतुराई से इसे भाँप भी लिया है और पकड़ायी में न आनेवाली अभिव्यक्ति से कह तक डाला है।

— मैं समझा नहीं, रंजना!

और वह अपनी लाल हथेलियाँ बाहर की बूँदों के साथ खेलने के लिए खिड़की से आगे बढ़ा रही है।

— माल रोडवाली शाम को भी तुमने यही कहा था।

वर्षा-श्री का रसवर्षण जिसमें भीगता हुआ बाँह-नाल का अरुण हथेली-कमल!!

किन्तु मेरे दिमाग में ठण्डी हवा के झोंकों के साथ वह माल रोडवाली शाम की भी बात झोंका बन जाना चाह रही है जो इस नारी को पिछले सारे जीवन में किये हुओं में से आज अचानक ही और वह भी इतने जोरों से स्मरण आ रही है कि मुझे कहना चाहकर भी किस प्रकार मुझे बाध्य कर रही है कि मैं पूछूँ!

— रंजनाजी, वह माल रोड......

— हाँ, माल रोड! क्या लाहौर को इतना भूल गये कि माल रोड, रंजना, वह शाम...कुछ भी स्मरण नहीं?

नहीं, कोई व्यक्ति इस सीमा तक किसी को भ्रम में नहीं रख सकता है। यह निश्चित ही धोखे में है कि मैं उसका अकलंक हूँ। वह अकलंक, जो रंजना के जीवन में जाने कितनी तरह की कड़वाहट भर गया है, और माल रोडवाली शाम को तो शायद....होगा; किन्तु निश्चय ही वह कोई भी व्यक्ति हो, कभी भी अच्छा नहीं रहा है। क्योंकि रंजना के जीवन में वह विष की ऐसी रेखाएँ खींच गया है कि विवाह का अमृत भी उनको नहीं मिटा पा रहा है, और यह रंजना उसकी आग में फुँकी जा रही है। कदाचित् उस ज्वाला को शान्त करने के लिए इसने क्या कुछ न किया हो, और बहुत-कुछ वह बुझ भी गयी होती यदि आज मैं न आया होता तो। आज मैंने आकर वही किया जो बुझती हुई जंगली आग के लिए हल्की हवा का एक झोंका करता है। हम दोनों ही जानते हैं कि इस क्षण हम साथ हैं, शाम को मैं कानपुर के रास्ते अनजान शहर में, अनजानों के बीच खो जाऊँगा। आज शाम के बाद से तो फिर हम एक-दूसरे को खो देंगे, किन्तु रंजना जैसे पागल हो गयी है। कोई घटना धुएँ की भाँति घुट रही है इसके मन में और जिसे कुछ शब्दों से अभिव्यक्त करना भी चाह रही है। मैं दिल में तय कर चुका हूँ कि इसकी इस पीठ पर सान्त्वना और प्यार का हाथ फेरूँगा। मेरा हाथ सिल्क में लिपटे हुए गोरे गरम कन्धे को छुएगा और रंजना के इस जलते जीवन को एक क्षण के लिए ठण्डक अनुभव होगी। तब इसके चेहरे पर कैसी सन्तोष की परछाईं फैल जायेगी, जैसे जलते हुए रेगिस्तान पर खजूर की पंखदार छायाएँ उतर आती हैं और उस छाया तले रेगिस्तान की आत्मा कैसी हरी-भरी शान्ति का अनुभव करती है! रंजना के चेहरे पर परछाईं को देखकर मेरी आँखें प्रसन्न हो उठेंगी, और प्रसन्नता में मेरी आँखें छोटी हो जाती हैं।

— रंजना! क्या तुम सचमुच ही दुःखी हो?

शराब पी हुई गोल-मटोल छोटी आँखें देखकर मुझे वीर-बहूटी हमेशा याद आती रही है और मेरी पत्नी इस बात पर बहुत चिढ़ती है। कहा करती है कि यदि फिर पीकर आये तो वह इमली का केवल खट्टा पानी ही पीने को देगी।

— अकलंक! तुम संशय और अविश्वास के मात्र कीड़े हो। जाओ, चले जाओ यहाँ से।

और वह चीख पड़ी है। मुझे इस बात की आशंका न थी, ऐसी बात नहीं है। किन्तु इतने शीघ्र और वह भी रंजना-जैसी नारी से जो नारी होने के पहले चतुर

और मिष्टभाषी भी है—क्या आशा थी?

मैं उसकी ओर अब केवल मूर्खों की तरह देखने का कार्य कर रहा हूँ।

— उस दिन चाहकर तुमने अपने-आपको मेरी दृष्टि में गिरा लिया था, तब मेरे मन में कुछ भी साफ नहीं था; किन्तु आज तुमने न चाहकर अपने-आपको गिरा लिया है, जबकि सब-कुछ मेरी समझ की बाँहों के बीच घिरा है। किन्तु मूर्ख तुम ही बने अकलंक! मैं नहीं!! क्या सच ही तुम कुछ भी याद नहीं कर पा रहे हो? तो फिर सुनकर बता सकोगे कि तुम्हें याद है अथवा नहीं?

— रंजना! तुम गलत समझकर मुझे मूर्ख कह सकती हो, क्योंकि यह आवेश है; किन्तु...।

— यदि यह तुम्हारे मन की वास्तविकता है, तो मुझे दु:ख है। अच्छा, आओ लान में चलकर बातचीत करेंगे!—बैरा!...

और रंजना ने कितनी सफाई से गर्मी का बहाना बनाकर, आँखों के तटों के पास जो पानी आ गया था अपने सालू के छोर से पोंछ लिया।

बैरा ने मालकिन से बिना पूछे ही लान में दो कुर्सियाँ और छोटी मेज फुहारों बरसते पानी में लगा दी है। धुली चिकनी कदली, लान के चारों ओर कैसे कायदे से लगी हुई है। उसके वे लम्बे पीले केसरिया लाल बुंदकियोंवाले फूल सुहाने लग रहे हैं। ऊपर आसमान में कई रंगों की चिड़ियाँ, तोते इस हल्के पानी में भीग-भीगकर खुश होते हुए उड़ रहे हैं। मुझे याद आ रहा है कि अब छोटे गड्ढों में पानी भर गया होगा और बहुत-सारी चिड़ियाँ उन गड्ढों में पंजों के बल धँसकर अपने पैरों से पानी उछाल-उछालकर नहा रही होंगी, जैसे गाँव के पोखर में स्त्रियाँ नहाती हैं।

हम लोग इस समय तक बरामदे में पहुँच चुके हैं। पीतल के गमलों से भरे बरामदे के खम्भों पर झूलती हुई बेलें हरिया उठी हैं। सीमेण्ट के इन खम्भों की मोटी गोलाइयों को अपने पतले नरम कच्चे हरे अंगों से ये घेरे हुए हैं। लोहे के तारों की उँगलियाँ थामे ये बेलें, कुछ दिनों में पूरे दरवाजे की मेहराब की तरह हो जायेंगी।....सीमेण्टी खम्भों पर बेलों की मेहराबें!! फिर तो एक दिन किसी सुहानी साँझ में कुन्द कलियों के रंग और गन्ध से ये बेलें, भरे अंगोंवाली वधू-जैसी लगेंगी और पूरा बँगला रंग-कलियों एवं गन्ध फूलों से भर जायेगा—महोत्सव की भाँति! सीमेण्ट के ऋतु-पुरुष को हरी बाँहों में गूँथे हुए बेलों की ऋतुवधुएँ!!

रंजना के दोनों छोटे कुत्ते जाने कहाँ से इस समय आ गये हैं और रंजना की हवा में लहराती हुई सलवार के साथ गिरते-पड़ते खेलते हुए दौड़ रहे हैं। मैं सोच नहीं पा रहा हूँ कि रंजना का यह पाउडरयुक्त बाह्य सत्य है या लुहार की भट्ठी-सा वह अन्तर सत्य है। आज सुबह के बाद से सचमुच ही होश में हूँ कि नहीं, इसका निर्णय मैं कई बार कर चुका हूँ। मैंने नहाया है, खाना खाया है, होली के रंग में भीगा भी था और इस समय वर्षा की हल्की बूंदों के ठीक नीचे खड़ा हुआ रंजना

के साथ हल्के भीगने का सुख ले रहा हूँ। किन्तु फिर भी कहीं कोई एक ऐसी कड़ी इस श्रृंखला से गायब है जो इसे असत्य किये हुए है, और जिसे मैं समझकर भले ही नाम न दे पा रहा हूँ किन्तु उसके न होने का अनुभव अवश्य कर रहा हूँ।

— अकलंक! मुझे आश्चर्य है कि तुमने वह प्रश्न अभी तक नहीं पूछा जो भारतवर्ष में बहुत ही सहज है किन्तु मूर्खतापूर्ण भी है।

और वह अपना हाथ घुटनों के बीच दाबे हुए कुत्तों को प्यार से देख रही है। आसमान से बरसकर बूँदें उसके चन्द्राकार केशों से खेलती चली जा रही हैं। उसके गोरे, लाल चिकने गालों पर बूँदें फिसल रही हैं और मेरा मन तथा तन दोनों भीग रहे हैं।

— कौन-सा प्रश्न रंजना! जो हर भारतीय पूछता है और मैंने मूर्खता की वह राष्ट्रीय रस्म पूरी नहीं की?

मेरे इस उत्तर से पहली बार हम दोनों साथ-साथ हँस रहे हैं। मुझे तो कम-से-कम बहुत ही अच्छा लगा और प्याज की तरह चमकदार दाँतों की हँसीवाली रंजना के भावों से भी लग रहा है कि इस अवसर पर दोनों को खूब सारा हँस लेना चाहिए। यह क्षण सुख का है, आगे की कौन जानता है।

— मूर्खता की रस्म!! अकलंक! यही कि मेरे पति कहाँ हैं। तुमने उन्हें इतनी देर से नहीं देखा, और कइयों ने कदाचित् इस लखनऊ में सुना ही है कि कुलकर्णी, मिलिटरी में कर्नल हैं और उन्हें यहाँ आने की कभी फुर्सत नहीं होती। तुम्हारा क्या ख्याल है?

बैरा ने काफी की ट्रे लाकर रख दी है।

— देखिये, जिस मामले में मैं मात्र द्रष्टा या श्रोता हुआ करता हूँ उसमें विश्लेषण कभी नहीं करता, क्योंकि विश्लेषण, अविश्वास माना जा सकता है। सामनेवाला यदि घटना का अर्द्ध सत्य ही बताकर आपको परिचय की सीमा से किसी कारणवश दूर रखना चाहता है, और यदि हम 'क्यों' और 'कैसे' द्वारा विश्लेषण करने लगते हैं तो हम उस सामनेवाले पर यह प्रकट कर देते हैं कि वह जो कुछ कह रहा है वह झूठ है और हम उसकी सचाई जानकर ही रहेंगे। इसलिए मैं मानता हूँ कि सामनेवाले को या तो कुछ न कहा जाये, या फिर इतने स्पष्ट तरीके से कह डाला जाये कि उसकी आँखें विस्मय से फट जायें कि—"ऐं कोई ऐसा पूछ सकता है?"

और मैं देख रहा हूँ कि वह तन्मय होकर काफी बना रही है। शायद इसी तन्मयता का दूसरा अंश मेरी बात सुनने-समझने में भी जरूर लग रहा होगा; अन्यथा केवल अपनी बात कहने की आदी रंजना, इतना सुनकर भी किस मनोयोग से काफी में चीनी और क्रीम मिला रही है।

— हूँ, तो तुम मुझसे ऐसी कौन-सी बात पूछना चाह रहे हो या यों कहा जाये कि ऐसी वह कौन-सी बात हो सकती है जिसे सुनकर तुम सच और झूठ का विश्लेषण छोड़कर; विस्मय से आँखें फाड़ सको कि ऐं, ऐसा भी क्या रंजना

नाम की स्त्री से सम्भव है? लो, काफी पियो! और वृष्टि की बूँदों से काँपता हुआ मन, काफी की गर्मी पाकर बेहद खुश हो उठेगा, यह मैं अपने मन के बारे में भलीभाँति जानता हूँ।

— यह आप क्या सोचती हैं? मैंने कोई वाक्य आपकी किसी बात को जानने के लोभ से सिद्धान्त की आड़ लेकर नहीं कहा है, रंजनाजी!

और मैं देख रहा हूँ कि वह आत्मस्थ है, तन्मय है। उसकी पलकें उसकी आँखों को ढँके हुए हैं। वे आँखें नीचे काफी के कप में देख रही होंगी, कदाचित् बहुत-कुछ छिपकर सोच भी रही हों—जाने कितने चेहरे, कितनी सड़कें, घटना-स्थल, सब देश, काल, परिस्थिति को पार करते हुए आ रहे होंगे। हमें जीवन को एक क्षण में पर्यवेक्षण कर जाने में कोई असुविधा नहीं हुआ करती और हमारा आज का मन कल तक की घटनाओं पर कभी 'छि, छि' या कभी 'आहें' भरता हुआ तटस्थ होने का प्रयत्न करता है किन्तु हमारा मन उस समय यह भूल जाता है कि कल तक की 'छि, छि' पूर्ण घटनाओं से ही तो हमारा आज का मन बना हुआ है। और जब कोई इन घटनाओं की ओर संकेत भर कर देता है, तो हम कैसे बीमार-जैसे लगने लगते हैं कि लोग हमारे इस पीप और सड़ाँध-भरे मन को शान्ति की अँगुलियों से सहला दें।

— देखती हूँ कि माल रोडवाली शाम और आज के इस दूसरे पहर में बहुत साम्यता है।

काफी का घूँट समाप्त करते हुए वह फिर बोल रही है—

— अकलंक! तुमने उस दिन भी कुछ पूछा था और तुम ऐसा पूछकर भूल सकते हो, किन्तु मैं भूलकर कहाँ जा पाऊँगी? हम घूमने जा रहे थे। तुमने किसी बँगले के गुलमुहर के फूलों का गुच्छा उठाते हुए मुझे देकर पूछा था कि रंजना! क्या तुझसे विवाह करोगी?

और मैं अनुभव कर रहा हूँ कि वाक्य का अन्तिम भाग सुनकर गरम-गरम काफी से मैंने अपना निचला ओंठ, पूरा गला तक जला लिया है और दिमाग पर गरम काफी के साथ ही यह तेज व कड़वी बात दोनों ही जला देनेवाला प्रभाव उत्पन्न कर रही हैं। मैंने ऐसा क्यों कहा था? मेरी आँखों के आगे अन्धकार की काली चींटियाँ, लाइन में अपने बारीक कदमों को रखकर गुजरने लगीं, और मेरा मन अपनी बात पर 'छि, छि' कर उठा है। किन्तु दूसरे ही क्षण इस विचार ने मुझे कितना सुख दिया कि नहीं, मैं तो मात्र श्रोता हूँ और इस समय मैं दूसरे क्षण में से गुजर रहा हूँ। मुझे काफी में बेहद मजा आ रहा है।

— अकलंक! यह नहीं कि मैं नहीं जानती थी कि तुम मुझसे ऐसा क्यों पूछ रहे हो। मुझे मालूम था कि तुम्हें यह ज्ञात है कि मैं विवाह करना चाहती भी तो नहीं कर सकती थी।

वृष्टि पहले से कुछ फिर तेज हो गयी है। काफी में बूँदें बराबर गिर रही हैं। और हम दोनों का ध्यान इस ओर बिलकुल भी नहीं है।

— कदाचित् कोई रहस्य रहा हो इसमें !!

मैंने कितनी सफाई से चतुरार्ह एवं नादानी का परिचय देते हुए उसके मन की तह में छिपी गन्दगी या वास्तविकता को जान जाने की बात कह डाली है।

— रहस्य!! अकलंक, न तो तुम इतने भोले हो जितना कि दिखाना चाह रहे हो। दूसरे, रहस्य तभी तक तो रहस्य है जब तक वह अनकहा होता है, और कह दिये जाने पर वह दूसरी बातों की तरह हल्का-फुल्का एकदम गुब्बारे की भाँति ही हमारे लिये हो जाया करता है। और तब हम उस कही हुई बात के गुब्बारे की तरह-तरह से शक्लें बनाकर खेलते हैं—समझते हैं कि हम कितने सर्वज्ञ हैं!! तुम जानते हो कि मैं अभी तक विवाह क्यों नहीं करना चाहती थी, और फिर मैंने विवाह क्यों किया—और अकलंक! फिर एक नहीं अनेक विवाह किये और तोड़ फेंके! कई बार तो ऐसा भी हुआ कि लोगों के आधे नाम का लेबिल भी लगाने की मुझे आवश्यकता न रही। और यह भी नहीं अकलंक! कि मुझे पिछला सारा इसलिए छुपाना पड़ा हो कि कहीं मुझे आगे कोई न मिले; बल्कि पिछला कहकर मैंने आगे का बहुत-कुछ पाया। सोचती हूँ कि प्रत्येक क्रम एक सीमा पर जाकर समाप्त हो जाया करता है--सुना तो मैंने ऐसा ही है।

गोद में खेलते हुए कुत्ते के मुलायम बालों में रंजना की फँसी हुई उँगलियाँ उसे सोचकर बोलने में शायद बहुत-कुछ सहायता दे रही हैं। सामने के ताड़ों को देखकर मुझे अपने यहाँ के नारियल याद आ रहे हैं जो इस समय समुद्री हवा में इतने जोरों से हिल रहे होंगे कि कोई अजनबी देखे तो समझ बैठेगा कि आज ये बेचारे पेड़ सब टूट जायेंगे। किन्तु वहाँ के रहनेवाले भलीभाँति जानते हैं कि इतनी हवा के बोझ से कभी नारियल नहीं टूटा। यहाँ के ऐसे किसी पेड़ के बारे में नहीं जानता, किन्तु मैं हमेशा स्त्रियों के बारे में नारियल की उपमा देता रहा हूँ। अपने लटकते हुए पियराते, तँबियाते रंग के प्राणहीन बड़े-बड़े पत्तों को लेकर मुरझा जायेंगे। पर मौसम बदला नहीं कि सबसे पहले अपने ताँबे के रंग के पत्ते छोड़कर नयी-नयी कोंपलों से, ऐसे तो क्या पीपल, क्या बेर, मगर धरती से कितने ऊँचे नारियल—रातों-रात बदल जाते हैं। मुझे कभी भी नारियल और नारी में असंगति नहीं लगी है। कल की आलिंगनवती, आज आँखों में अपरिचय की सफेदी में देखी जा सकती है।

मगर मैं शायद गलत सोच रहा हूँ, क्योंकि मुझे रंजना की उन बातों में से चर्चा को आगे बढ़ानेवाले सूत्रों को खोज निकालना चाहिए था।

— तुमने मेरी बात का उत्तर नहीं दिया, अकलंक!

— कई बार हम बोलकर प्रसंग को गड़बड़ा दिया करते हैं, और मेरे साथ तो विशेषकर ऐसा होता रहा है, रंजना।

— अच्छा?

और रंजना ने 'अच्छा' इस बड़प्पन के ढंग से कहा है कि मुझे सचमुच ही लगा कि मेरी चतुराई इसके सामने नहीं चल सकती है, नहीं ही। और मैं देख रहा हूँ कि मुझे वह पकड़ सकी है, तभी खुशी से वह एकदम इस बेलाग तरीके हँसती जा रही है, जैसे मशक का पानी मशक के फट जाने पर एक साथ बाहर निकल पड़ने की जल्दी कर रहा हो!

— तुम्हें बिलकुल भी आश्चर्य नहीं हुआ, अकलंक?

और बहुत देर के बाद मैं देख रहा हूँ कि उसने अपनी आँखें मुझे देखने दी हैं।

सामने का बंगाली परिवार कहीं बाहर जाने की पूरी तैयारी कर चुका है और वे लोग सब एक ताँगे पर चढ़ रहे हैं। दो लड़कियाँ, एक लड़का, माता और पिता—बिलकुल साँचे में ढला हुआ परिवार, कहीं से कोई भूल-चूक नहीं। अब थोड़ी देर में इस नार्थ एवेन्यू की पतली नहर में से निकलकर यह परिवार जाने कहाँ खो जायेगा! मैं इसके बाद इन सब में से किसी को भी नहीं देख पाऊँगा क्योंकि मुझे आज ही शाम की गाड़ी से लौट जाना है। अधिकतर लोगों के लिए हम मात्र यात्री हुआ करते हैं। लोग हमें जो भी जान पाते हैं तो वह चाँद का उजला भाग हुआ करता है। चाँद के दूसरी तरफ़ क्या है, यह कौन जानता है?

हम बोलकर ही शत्रु तथा मित्र बनाते हैं, और न बोलकर बिलकुल अनजान बने रहते हैं। जो जितना अधिक और जितने अधिक लोगों से बोल पाता है वह उतना ही बड़ा मित्र या शत्रु हुआ करता है। मैं अगर रंजना के स्थान पर इस बंगाली परिवार से मिलने आया होता तो यह परिवार इस समय कहीं और न जाकर मेरे साथ अपने उस लान में बैठा होता कि जिस लान के दरवाजे को माली ने अभी-अभी बन्द किया है। ये दोनों बच्चे मुझे किसी सम्बोधन से पुकारते। किन्तु इस परिवार या शेष पूरे लखनऊ को मेरे आने का पता भी नहीं लगेगा।

— रंजना! आश्चर्य प्रकट करके हम लोगों पर यह प्रदर्शित कर देते हैं कि आज के पूर्व हमने जो कुछ देखा, सुना था वह कितना हल्का एवं छोटा—छि, एकदम क्षुद्र—था और हम इस छोटेपने को कभी भी नहीं चाहते कि कोई देख ले। इसलिए क्या चाहती हो कि मैं कहूँ कि महान् आश्चर्य है रंजना!!-- और मैं यह कह भी दूँ, लेकिन किस बात पर, कि मेरे सामने एक ऐसा व्यक्ति बैठा हुआ है जिसने पिछला छोड़ते जाना अपना जीवन बनाया है, तथा 'और आगे' को जीवन का लक्ष्य? किन्तु क्या तुम्हारे वाक्यों को प्रमाण मान लूँ?

— देखो अकलंक! तुम बिलकुल झूठ बोल रहे हो। यदि यह न होता तो उस शाम, माल रोड पर न पूछा होता। जानते हो मैं तब भी विधवा थी और अकलंक! क्षमा करना, मुझे ऐसा लग रहा है कि मैं न तो कभी सधवा ही थी औन न विधवा ही—किन्तु, कदाचित् इन संज्ञाओं से परे किसी भी नारी की

कल्पना तुम न कर पाओ। यह तो अपने-अपने संस्कारों, परिस्थितियों का प्रश्न है। मुझे भी इन संस्कारों के भूत और देवता सभी से युद्ध करना पड़ा है।

और यह कहते-कहते अपने नंगे पैरों से वह गीले लान पर टहलने लगी। मेरी समझ में कुछ भी नहीं आ रहा कि यह रंजना मेरी सहानुभूति की अपेक्षा रखती है या नहीं। क्योंकि जलती आग को एक बूँद की सहानुभूति का अर्थ मुझे न पता हो, सो नहीं।

कई बार हम देखते हैं कि चुप रहना और बोलना दोनों ही अनिष्ट के कारण बन जाया करते हैं। मैं नहीं जानता कि रंजना मुझे अपने मनोलोक के किस प्रदेश में घसीट लाना चाहती है। यह मुझे स्पष्ट ही है कि वह या तो बर्फ की भाँति प्राणहीन संज्ञाहीन कर देनेवाला लोक भी हो सकता है या फिर वह जलता हुआ सहारा का रेगिस्तान भी। किन्तु वह जीवन देनेवाला मैदान, जहाँ फसलें, फूल, झरने और बगीचे हुआ करते हैं, कभी भी नहीं है। क्या मैं कभी भी इसके साथ चल सकता हूँ? जहाँ यह चल रही है वहाँ केवल यही चल सकती है, तभी तो इसे इतने व्यक्तियों को बदलकर चलना पड़ा है। इसे प्रत्येक अनागत के प्रारम्भ का कितना मोह रहा होगा, किन्तु कुछ दिनों बाद तो एक-एक क्षण साइबेरिया की अंग काट देनेवाली हवा की तरह ठण्डा, प्राणघातक लगता रहा होगा। क्योंकि पराकाष्ठा, वह रूप की ही क्यों न हो, मशाल के केन्द्र में जलनेवाली आग की पुञ्जीभूत राशि से क्या कम जलनशील हुआ करती है?

— अकलंक! न बोलना चाहो तो बात दूसरी है किन्तु तुम अनायास ऋतु की भाँति चले गये यह अच्छा नहीं हुआ। मैंने मन-ही-मन कितनी बार चाहा कि तुम एक क्षण को लौट आते, चाहे वह क्षण उधार का ही होता पूरे जीवन के बदले। और आज तुम लौटे भी, तो अजनबी बनकर। आज मैं तुम्हें पाकर चाह सकती थी, किन्तु आज की दशा में पाना और खोना—दोनों ही मेरे लिये अर्थहीन से कम नहीं हैं।

रंजना कदली के एक फूल को अपनी दोनों हथेलियों से सहलाते हुए मेरी ओर देखने का उपक्रम कर रही है। पानी बरसकर आसमान के बादलों में चुप है, जैसे वह बरसते हुए रंजना को सुन न सकेगा—बिना बरसे तो रह सकता है, किन्तु बिना सुने नहीं। दूर-दूर तक सड़क धुली लग रही है। उस कोने में बने छोटे-से पार्क की चारदीवारी की झूलती हुई साँकल के काँटे कैसे खूबसूरत लग रहे हैं! पार्क में विशाल फौवारे की रोमन परी के संगमरमर के पर उड़ते हुए बने हैं—धुलकर जिनमें फिर उजलापन भर गया है; लगता है, बादल परी को उड़ा ले जाना चाहते हैं और फौवारा यह बात जानता है।

मुझे बोलना चाहिए, क्योंकि रंजना चाहती है कि मैं बोलता रहूँ, जिसमें उसे बोलने के लिए प्रेरणा मिले और वह बोलते हुए उसी तरह चलती चले जैसे भोर की वेला, सुनसान गाड़ियों को जोते हुए गाड़ीवाला अपने बैलों से ही बातें करता

चलता है। क्योंकि न बोलने से हमें चारों ओर की चुपचाप बहनेवाली नदी, पहाड़, जंगल सब भयावने लगने लगते हैं, न बोलने से हमारे अन्दर का ही हमें खाये जाता है।

— रंजना! मुझे सहानुभूति है।

और मैंने देखा कि मैं कितना गलत बोल गया हूँ, क्योंकि रंजना की दोनों हथेलियों ने उस बेचारे फूल को मसल दिया है। जो हम सुनना नहीं चाहते, जब वह सुनने को मिलता है तो हमारी हथेलियाँ पत्थर की हो जाती हैं और जलने लगती हैं।

— अकलंक! मैं दया, सहानुभूति या उपेक्षा की पात्र नहीं हूँ। तुम भूलते हो यदि मैं इन सबकी उपेक्षा करती हूँ तो। बोलो, तुम क्या सुनना चाहते हो?

और मैंने देखा कि उसकी दोनों पुतलियाँ जलती मोमबत्तियाँ हो रही थीं। मुझे सहम जाना चाहिए और मैं सचमुच सहम भी गया हूँ। सामने के तार पर बैठी हुई, पहली बार इस मौसम में कोयल देखने पर भी अच्छी नहीं लग रही है, और विशेषत: जब वह अब बोलने भी लगी है तो चाह रहा हूँ कि वह उठकर चली जाये। कोयल बोल रही है और मेरी आँखें उसे देखने से बाज नहीं आ रही हैं। मेरा मन, रंजना की बातों में जो कड़वाहट, दम्भ, उपेक्षा एवं उच्चता है, उसे सहन नहीं कर पा रहा है। किन्तु मैं सिवाय सुनने के और कर ही क्या सकता हूँ। पहली बार चाहने लगा हूँ कि काश! मैं अकलंक होता और तब सचमुच ही इसकी उपेक्षा की होती। तब यह उपेक्षिता नारी अपनी वांछा का आँचल उसी तरह फैलाती जिस भाँति बादल अपने आँचल में, आसमान से धरती पर गिरती हुई किरणें झेल लेता है। मुझे यह पहले मोहेगी, और तब मैं कटे पीपल की भाँति गिर पड़ूँ, यह न हो सकेगा रंजना! मैं बनियान की फैक्ट्री में काम करता हूँ। विज्ञापनों में सुन्दर-से-सुन्दर स्त्री को भी देखकर झुकना मुझे स्वीकार नहीं हुआ, तब तुम क्या हो? हाँ, तुम हो ही क्या? जाने कितनों की...सोच नहीं सकूँगा, क्योंकि मैं रंजना की ऊँचाइयों तक पहुँचने की जब कामना नहीं करता तो फिर उसकी पाताली नीचाइयों में क्यों झाँकूँ? मुझे रंजना से क्या लेना-देना? मैं आया हूँ, नहीं भी आ सकता था—और एक दिन के कुछ घण्टे का आना, आना थोड़े ही हुआ करता है!

— मैं कुछ भी नहीं सुनना चाहता, यह मैं कितनी बार कह चुका हूँ रंजना!

— बस!!

और उसने कनेर का लम्बा पीला फूल मेरे कुर्ते में खोंसते हुए मेरे वाक्य को तेजी से दोहरा दिया।

वह हँस रही है।

— अच्छा, अब अन्दर चलो। अगर जल्दी न कह सकी तो तुम्हारे प्रति ज्यादती होगी। इस समय ढाई हो रहा है और आज ही तुम्हें लौटना भी है, मुझे तुम्हें वापस लौटा देना है। चलो भीतर, काफी पानी में भीग लिये हो अब। भीगने की अब आदत भी तो नहीं रही होगी? मुझे तो आदत ही नहीं, नेचर तक बन

गयी है। ऐसा क्यों है, कभी मत पूछना। क्योंकि पूछने पर बताना मेरे लिये ही नहीं, नारीमात्र के लिए कठिन है। न कहनेवाला व्यक्ति नारी है और कह देनेवाला पुरुष!!

कमरे में पहुँचकर मैंने देखा कि धुन्ध-ही-धुन्ध भरी हुई है। मुझे लग ही नहीं रहा है कि मैं यहाँ कुछ घण्टे पूर्व ही आया हूँ। मैं यह मानने को कभी तैयार नहीं हो सकूँगा कि इन सब चीजों को आज पहली बार और अन्तिम बार के लिए देख रहा हूँ।

बीचोबीच झाड़फानूस जल रहा है और जिसकी परछाइयाँ दीवारों के शीशों में लकदक कर रही हैं। सामने की दीवार पर एक तैलचित्र बना है जिसमें साँझ की लाली बहुत ही डरावने तरीके पर बनी हुई है। चित्र में अन्धकार की काली तलवार ऊपर आसमान से टूटती-सी गिर रही है—नीचे धरती पर छोटे-छोटे खूबसूरत फूल खिले हुए हैं, बस!! और मेरा मन चीख पड़ने को हुआ कि रंजना वे फूल कट जायेंगे!! किन्तु मुझे प्रसन्नता है कि मैं चीखा नहीं हूँ। यह मुझ पर तब बहुत ही हँसती, क्योंकि रंजना ने इस चित्र को देखा ही नहीं होगा, बल्कि इसे प्यार भी किया होगा। भावों की कुरूपता को चित्रकार ने अभिव्यक्त कर भले ही अच्छा न किया हो, किन्तु रंजना ने खरीदकर एक गुरुतर अपराध किया है जिसका निश्चय ही कोई दण्ड नहीं है।

— मुझे देख रहे हो अकलंक ! देखो, अब दूसरी ओर न देखो। मुझे कहना ही होगा। न कहकर मैं अपनी दृष्टि में ही गिर जाऊँगी और कहने पर तुम मुझे नीच, पतिता ही तो समझोगे? मुझे दूसरा क्या कहता है, इसकी चिन्ता नहीं रही है। डर तो मुझे हमेशा इसका रहा है कि कहीं मैं स्वयं को नीच न कह बैठूँ। उस दिन के बारे में मैं सोच नहीं सकती अकलंक! जब मुझे स्वयं को ऐसा सब-कुछ कहना पड़ेगा।

मैं देख रहा हूँ उसके उभरे वक्ष:स्थल में साँसों की परतें जमा होती जा रही हैं, और कितनी कठिनता से वह साँस ले रही है। दीवारों पर हरिण और शेरों के सिर निरीह एवं नि:सहाय ढंग पर टँगे हुए हैं। इस कमरे के बाहर जीवन बिलकुल भी बँधा नहीं है। मगर रंजना ने ऐसा क्या किया है जो उसे इन दीवारों के बाहर नहीं जाने देता! वह बिलकुल उस बावड़ी की तरह हो गयी है जो किसी युग में किसी राजा के द्वारा बहुत ही सुन्दर एवं मोहक पत्थरों की जालियों तथा मेहराबों से सजाकर बनायी गयी थी, किन्तु आज तो उसमें पानी भरकर काई और सड़े पत्तों की सड़ाँध से सब-कुछ मृत लग रहा है—पत्थर की सुन्दरता में भय भर गया है। दिन में डर लगता है तो रात को भय के नाखून और कितने काले-काले तथा तेज हो जाते होंगे, कह नहीं सकता। मुझे लग रहा है कि अब यहाँ से चल देना चाहिए, किन्तु सामने से मेरी ओर आती हुई रंजना कितनी सुन्दरी है! वर्षा की समस्त गुलाबी साँझ का रूप समेटे और सिर पर जैसे इन्द्रधनुष का मुकुट पहने चली आ रही है—मैं इससे विद्रोह कर सकूँगा? कोई इससे विद्रोह कर सकता है?

क्या मैं बिना इसके रह सकूँगा? नहीं, रंजना के बिना शेष रहना अब नहीं हो पायेगा; चाहे वह रहना शाप ही क्यों न हो—रंगमय शाप निर्जीव वरदान से श्रेष्ठ है। और मैं यह रंजना पर स्पष्ट भी कर दूँगा, चाहे फिर कुछ भी क्यों न हो। रंजना मेरे निकट आकर बैठ रही है।

मेरी हथेलियों को अपनी हथेलियों में लेते हुए वह एक बार मेरी आँखों में झाँक चुकी है और अब बोलने की चेष्टा में है। कितने बारीक ओंठ, एकदम तराशे हुए, पतले—जिनकी रक्त की लाली मेंहदी-सी फूटी पड़ रही है।

— कोई चिन्ता नहीं अकलंक! तुम्हें बाध्य नहीं होने दूँगी। केवल कहना चाहूँगी; इससे आगे कुछ भी नहीं, कुछ भी नहीं; समझे?

और उसका वह गौर आनन, मेरे वाम कन्धे पर एक क्षण के लिए झुक गया—पहली बार लगा कि साँझ होना किसे कहते हैं। जाने क्यों विचारों का व्यतिक्रम इतनी शीघ्रता से असम्बद्ध रूप में गतिमान् है कि मैं किसी भी विचार को रूप एवं अभिव्यक्ति नहीं दे पा रहा हूँ। पूरा कमरा मुझे घूमता-सा लग रहा है। वह 'लेकून्स-क्राई' वाली मूर्ति, उस फायर-प्लेस से उठकर बड़ी होती जा रही है, ठीक उसी तरह जिस तरह समुद्र किनारे किसी को एक बन्द शीशी मिली थी, और उसमें का बन्द राक्षस फिर किस प्रकार धुएँ के सहारे पूरे आसमान में फैलकर बड़ा हो गया था—दार्शनिक और उसके बच्चे तथा उनकी चीखें सब मेरे सामने उस राक्षस की तरह बड़ी, बहुत बड़ी होती जा रही हैं। रंजना का सिर मेरे कन्धे पर—मेरी कुछ भी समझ में नहीं आ रहा है, जो समझ पा रहा हूँ वह यह है कि साँझ होना किसे कहते हैं—किसी का कन्धे पर झुका हुआ सिर, साँझ है।

— सुनो, क्या तुम अपनी उँगलियाँ मेरे बालों में नहीं फेर सकते? तुम नादान हो अकलंक! बिलकुल बच्चों की तरह तुम कुछ नहीं समझते, हाँ, कुछ नहीं समझते।

और अब मेरी उँगलियाँ उसके घुँघराले बालों में घूम रही हैं, जैसे काले लहराते कँटीले तारों में जिनमें कि बिजली गुजर रही हो। मैंने छू ही नहीं लिया है, बल्कि उन तारों ने मेरी उँगलियों को ठीक वैसे ही घेर लिया है जैसे सोने की पत्ती की तरह दीपशिखा को अन्धकार चारों ओर से जंगली नीग्रो की तरह घेर लेता है—बिजलियों के काले कँटीले तार!!

— जानते हो अकलंक! सीमाप्रान्त में जहाँ मैं पैदा हुई थी, वहाँ से हम लोग क्यों चले आये? तुमने तो मुझे लाहौर में ही देखा था।

अब वह मेरे कुर्ते के बटन से ठीक उसी तरह खेल रही है जिस तरह मेरी बच्ची मुझसे पैसे लेने के लिए मेरी खुशामद करते हुए मेरे कोट या कमीज के बटन से खेलती होती है। चूड़ियों से भरा गोरा हाथ, मेरे वक्ष:स्थल के आसमान में मोतिया मेघ की तरह घूम रहा है—एकदम चिकना!

— वहाँ सीमाप्रान्त में मेरे पिता रुपये का लेन-देन करते थे—और बाबा रे बाबा, कितना भयानक होता है वहाँ के लोगों से एक-एक रुपया वसूलना!

और अपनी पलकों को ऊँचा करते हुए कितने भोले-से देख रही है, जिसमें मैं मान लूँ कि सचमुच ही उन सीमाप्रान्त के लोगों से रुपया उगाहना या तो अंग्रेज बहादुर का ही काम था या फिर रंजना के पिता का।

— पिताजी दिनभर कारतूस की पेटी बाँधे हुए कन्धे पर बन्दूक लटकाये अपनी साँड़नी (डाची) पर सवार उन ऊँची-नीची घाटियों और दर्रों में चक्कर काटा करते थे। मेरी माता दिन-दिनभर खाना नहीं खाती थीं, उन्हें खटका ही लगा रहता था कि पता नहीं किस समय क्या हो जाये।

उसकी गरम-गरम हथेलियों के नीचे मेरी हथेलियाँ गुमसुम चुपचाप लेटी हुई हैं। वह अपने लम्बे-लम्बे क्यूटेक्स रँगे नाखूनों से कभी-कभी मेरे हाथों पर कुछ लिख भी देती है; कभी इन्हीं नाखूनों से आदिमकाल की नारी फाड़ सकती थी, पर आज तो ये नाखून नारी की शोभा हैं, 'बनारसी बान' के शेर की भाँति ही।

मैं बार-बार 'हाँ, हूँ' करता जा रहा हूँ। मानसून के कारण ठण्डी हवा पूरे कमरे में भरती जा रही है और झाड़फानूस मन्द तरीके पर हिल रहा है। इन्हीं परदों के पार स्वस्थ वायु बह रही है और इन रंगीन परदों के भीतर बैठी रंजना, अपनी पलकों में जाने क्या-क्या कड़वा भरे हुए है। ये रंगीन परदे बिल्कुल हाथीदाँत की तरह धोखा देनेवाले हैं। मैं उसके बालों को कितने पास से देख रहा हूँ। माँग, एकदम बीच में—बालों की लहरें कैसी अलग-अलग कर दी गयी हैं, और मेरा मन सहज चाहने लगा है कि उन लहरों को एक बार ओंठों से चूम लूँ। ये बाल मेरी आँखों पर, पलकों पर, गालों पर, ओंठों पर काली घटा की तरह फैल जायें; बस, फैल जायें।

— उस गाँव का सरदार एक पठान था—महमूद! और उसका जवान, गोरा चिट्टा, घोड़ों के-से कन्धोंवाला लड़का था सैयद। जानते हो अकलंक! मैं जब तेरह वर्ष की रही हूँगी, वह बहुत घूर-घूरकर मुझे देखता था। उसकी वह घने घेरवाली सलवार और लम्बी कमीज, जिस पर वह काली जैकेट जिसमें सस्ता हरे सिल्क का एकदम झीना—लाल बुँदकियों भरा रूमाल कन्धे के पास खुँसा रहता था। अपने बड़े से चाकू से हमेशा वह अपने दाँतों में लगा गोश्त कुरेदता रहता था। गजब की तेज धार उसके उस चाकू की हुआ करती थी। अपनी कलमें तक वह उसी से बनाया करता था और गुलेलों के लिए लकड़ी भी वह उसी से काटा करता था। जब वह अपने घोड़े पर बैठकर रात में पड़ोस के कबीलेवालों को लूटने जाता था तब उसकी आँखें कितनी शरारतभरी होती थीं कि गाँव की हर एक लड़की डर जाती थी! सुबह जब वारदात की शोहरत फैल जाया करती थी, और दूसरे कबीलेवाले आकर, चिल्लाने लगते थे, तब वह कितना निडर होकर अपने घोड़े की जीन के पास निस्पृह बैठा हुआ बासी रोटियों के साथ कच्चा गोश्त चबाता रहता था।

रंजना ने यह कहते-कहते मेरे दोनों कन्धों को झकझोर दिया, जैसे मैं निश्चय ही बात सुनते-सुनते सो गया हूँ और मुझे सोना नहीं चाहिए था।

— जानते हो अकलंक! वह मुझे अत्यन्त प्यार करता था और मैं भी शायद प्यार करती थी। कैसी मूर्ख थी कि जिस उम्र में लड़कियाँ गुड्डे-गुड्डियों का ब्याह रचाती हैं, मैंने अपना ब्याह उसी सैयद से रचाया।

मैंने किस बुरी जगह उसे 'क्या' कहकर टोका! मैं जान रहा हूँ कि ऐसी भावुकता मुझमें पहले कभी नहीं रही है, किन्तु आज ही जाने कहाँ से यह आ गयी है! हो सकता है, शाम तक यह भावुकता न भी रहे, क्योंकि व्यापारियों से मुझे काम पड़ता है। व्यापारी लोग रंजना की भाँति कन्धे पर सिर रखकर बनियानों के आर्डर नहीं देते हैं। मुझे ठीक तरह याद है कि मेरी पत्नी ने भी कई बार इसी कन्धे पर सिर रखा है, किन्तु मेरी भावुकता का सदा यह रूप रहा है कि या तो मैंने उसे खूब कसकर चूम लिया है या फिर हँसकर दूर कर दिया है।

किसी का सिर कन्धे पर हो और एक लम्बी कहानी का प्रारम्भ आपके कन्धे का सहारा लेकर हो जाये; साथ ही आपको इतना भी स्मरण न रहे कि आप बिल्कुल अजनबी व्यक्ति हैं, किसी दूसरे के अतिथि होकर आये थे, और शाम को आप जा भी रहे हैं—सचमुच ही बात बड़ी अजीब लगती है। अजीब इसलिए नहीं कि स्त्री और पुरुष आज के पहले इस तरह कभी न मिले हों, बल्कि इस तरह की परिस्थितियों में यह सब—और ऐसा सब-कुछ!!

— रोको मत अकलंक! जो भी तुम्हें कहना हो वह बाद में कह लेना। कहना न चाहो तो कोई आग्रह भी नहीं है, लिख भेजना—किन्तु इस वेग को मत रोको। रोकोगे तो मैं टूट जाऊँगी, तुम टूट जाओगे। उचित तो यही है कि चुपचाप मुझे कहते रहने दो और तुम सुनते चलो। तो, मैंने सैयद से विवाह किया। उसे मैंने, अपने अन्दर की प्रथम अछूती नारी के सबसे पहले ताजे कुँआरे फूल-जैसे मन से प्यार किया। वह पहली रात मैं कभी नहीं भूल सकती, जिसे सैयद 'शबे-जश्न' कहा करता था। मैंने अपने माता-पिता से छुपाकर सैयद से निकाह पढ़ा था। जश्न की रात को हम दोनों ने काफी शराब पी थी और उसने मुझे सिर पर बाँधा जानेवाला बुंदकियों-भरा एक रेशमी हरा रूमाल, जिसमें सलमें सितारे भी टँके हुए थे, उपहार में दिया—शबे-जश्न का उपहार!!

और वह एकदम झटका देकर खड़ी हो गयी। सामने की आलमारी की तरफ बढ़ी और तेजी से उसने आलमारी का पल्ला खोला। बहुत-सारे कपड़ों के ढेर में से एक हरा रूमाल निकाला।

— यह है अकलंक! उस सैयद का रूमाल! शबे-जश्न की सौगात!! मेरी पहली नारी को जो उसके उत्सर्ग में सैयद से मिला वह यही रूमाल। उस सैयद का यह प्रतीक है, जिसे मैंने जाने कितना प्यार किया था!—माँ-बाप से झूठ बोलकर मैं उसके साथ एक साँझ उसके घोड़े पर घर से भागी! उसने मुझे कहा था कि उसे पेशावर में फौज में काम मिल गया है और हम दोनों वहाँ सुख से रहेंगे। मगर जब वह मुझे लेकर एक पहाड़ी दर्रे में पहुँचा, उसने

साफ-साफ मुझसे कहा कि वह मुझे अफगानियों के हाथ बेच चुका है; और सैयद स्त्रियों को बेचने का व्यापार करता है। मैंने उससे कितनी विनती की अकलंक! जानते हो? नहीं। और किस बात की विनती थी मेरी? यह कि उसे जो उधार अफगानियों को देना है वह मैं चुका दूँगी, मगर वह अपनी उस बीबी को जिसका कि वह शौहर है, न बेचे। किन्तु उसने बताया कि उसकी और भी चार बीबियाँ हैं; वह पाँचवीं बीबी धर्म की वजह से नहीं रख सकता। और अकलंक! मैंने तब आधी रात में गाफिल सोये हुए सैयद को दूसरे अफगानियों के साथ उसकी ही दुनाली से खत्म कर दिया।

रंजना की आँखों में उस हब्शी के तैलचित्रवाली आँखों की प्रतिच्छाया मुझे लगी। मेरे पास इस बात का निर्णय करने का समय और मन दोनों ही नहीं कि रंजना को क्या करना था और जो कुछ किया वह ठीक ही किया।

— सुबह जब मैं घर पहुँची और घरवालों को सारी बातें मालूम हुईं तब मुझे ठीक याद है कि हम लोग कितनी जल्दी वहाँ से भागे थे—क्योंकि सरदार के लड़के की कोई हत्या कर दे तो क्या वह बच सकता है? और मैंने देखा था कि हमारे घोड़ों का पीछा करते हुए सरदार और उसके साथियों ने बहुत कोशिश की थी कि हमें पकड़ सकें। सैयद के पिता की एक गोली मेरे पिता के पाँव में लगी थी और मेरे पिता उस पैर से हमेशा के लिए मजबूर हो गये थे। मेरी माता ने जोर डालकर लाहौर में ही रहने के लिए कहा और तब से हम लोग वहीं रहने लगे थे। मैं तब सचमुच विधवा थी। मेरे विधवा होने की बात ओंठों तक भी न आये, यह माता का कड़ा आदेश था। मैं कारण जानती थी और अनागत के बारे में कभी-कभी सोचकर सिहर उठती थी। क्योंकि उस उम्र की लड़कियों की भाँति मेरे लिये वह अनागत सुनहला नहीं बल्कि केवल अन्धकार से भरा हुआ होता था जो कि मुझे स्कूल में, खेलते समय, पिकनिक में सब जगह खाये जाता था।...अकलंक! कहो, चाय पीयोगे? थक गये होगे। मैंने तुम्हें बहुत थका दिया। ऐसा करने का मुझे कभी अधिकार रहा होगा, किन्तु आज तो वह मेरे पास नहीं है! किन्तु तुम चाय पीयोगे ही। बैरा! बैरा!!

आसमान जो कि थोड़ी देर पहले मेघाच्छन्न था इस समय एकदम साफ, गहरा नीला लग रहा था, जैसे साबुन से धोकर किसी ने आकाश की छत को बादलों की रुई से पोंछकर कैसा चमकीला बना दिया है; एकदम नया कच्ची हल्की पीली धूप पेड़ों पर, मकानों पर, गन्दे पानी के पाइपों जो कि दीवारों से लगे हुए हैं उन पर, अहातों की मेंहदियों की झाड़ियों पर, एक-एक फूल पर और लान की दूब पर बरस रही है। घरों से निकलकर बच्चे, धुले हाफपैण्ट और सफेद रंगीन कमीजें पहने, फ्राक पहने उस सिरेवाले मैदान में चलने के लिए इकट्ठा हो गये हैं। बरसात में जिन्दगी, घरों में बन्द थी, मगर धूप निकलते ही नये-नये उजले उम्दा कपड़ों में जिन्दगी, घरों से बाहर निकल आयी है। बिजली के खम्भों पर लगे सारे पोस्टर

गीले हो गये हैं। बिजली के तार में उल्टी लटकी हुई मरी चमगादड़ गीली होकर अब धूप खा रही है। छोटी-छोटी चिड़ियाँ तारों पर एक साथ कतारों से बीसियों की संख्या में बैठी हुई शोर कर रही हैं। सामने के मकबरे देखने को गये हुए कई लोग उसके टूटे गुम्बदों में खड़े धूप की ओर मुँह किये हँस रहे हैं। दूर की सड़क पर किसी सिनेमा के बहुत-सारे पोस्टर, रिक्शों पर लगे हुए या लड़के अपने कन्धों पर उठाये हुए बैण्ड बजाते हुए चले जा रहे हैं। सड़क की आधी जली बीड़ियों को उठाकर धौंकनेवाले शैतान लड़के सड़क पर गिरे हैण्डबिलों को उठा-उठाकर उनकी गोल-गोल नलियाँ बनाकर बैण्डवालों की नकलें करते जा रहे हैं। रंजना ने बताया था कि यह जो अशोकों से घिरा हुआ अहाता है, प्रान्तीय राज्यपाल के राजभवन का पिछला भाग है—जहाँ कि उनके अहाते में 'अधिक अन्न उपजाओ आन्दोलन' के जमाने में शौकिया गेहूँ बोया गया था और जिसके लिए दो ट्रैक्टर दिन-रात काम करते थे। जहाँ कागजों पर फसलें उगा करती हैं, उन्हीं ट्रैक्टरों की आवाजें इस समय आ रही थीं। 'काउन्सिल-हाउस' का वह ऊँचा गुम्बद इस समय धूप खा रहा है—जहाँ की चारदीवारी में पीली फाइलें लाल फीतों से बँधी सड़ रही होंगी। आज छुट्टी है और भद्रलोक उस बैंकवाली सड़क पर धुले सफेद कपड़ों में अपने साँचे में ढले परिवार लिये घर से निकल पड़े हैं। इनका परिवार सुखी है, बाजारों की सड़कों के दोनों ओर खड़े हुए आलू-टिकिया बेचनेवालों के डेढ़-दो आने के बिल में। लोगों के कन्धों से लड़-भिड़कर, या फिर कोई सस्ती-सी आइसक्रीम खाकर, किसी सड़े-गले सिनेमा के धार्मिक कृष्ण की उछल-कूद देखने के लिए ये भेड़ों की तरह सिनेमा-घरों में घुस जायेंगे—बिना सोचे, निरर्थक, और इस तरह पूरी होगी इनकी मध्यमवर्गी उत्सव की भावना। दूसरा दिन—फिर वही आफिस की फाइलें, अफसरों की बदमाशियाँ, झिड़कियाँ, सरकारी कमीनापन यहाँ से वहाँ तक, चन्द चाँदी के रुपयों में वेश्याओं से भी गया बीता यह मध्यवर्ग और उससे भी अधिक सड़ाँध भरा बुर्जुआ-वर्ग, जो एकदम काँजीहाउस में बन्द कर देने के योग्य, अपनी मोटरें धुलवा-पुँछवाकर पाउडर पोते हुए इस समय घरों से निकलने को हैं।

मैं खिड़की के पास खड़ा हुआ इतना सारा क्यों सोच गया हूँ, इस पर जब मैं सोचने लगा हूँ तो कारण मेरी समझ में स्पष्ट हो गया है कि रंजना उधर दूसरे कमरे में कभी की जा चुकी है और मुझे बेलगाम घोड़े की तरह सोचने की छूट मिली हुई है कि मैं खूब सोच डालूँ और अजीब-सा सोचकर चाहूँ तो दिमाग में भारीपन भी भर सकता हूँ, रोकने के लिए इस समय मेरे पास में कोई नहीं है। मुझे यह मानने के लिए बाध्य होना पड़ता है कि रंजना में सभी कुछ 'अति' रूप में है और यही इसे इस धरती के किसी छोर पर भी साधारण बनने नहीं देगा। सुख की बात तो दूर की बात है। मुझे यह मानने में संकोच नहीं है कि रंजना के प्रति मैं बहुत ही आकर्षित हूँ, और मैं इस आकर्षण को उचित भी ठहरा सकता हूँ, क्योंकि मेरे पास प्रमाण हैं। किन्तु रंजना से कभी स्पष्ट नहीं कहा कि यदि मैं अकलंक नहीं

हूँ तो वह मेरे प्रति रुझान रखेगी कि नहीं? अकलंक के कन्धों पर सिर रखकर वह कई बार रावी की लहरों पर, कूलों पर बैठी होगी; तभी तो उसने थोड़ी देर पहले कितने निःसंकोच भाव से मेरे कन्धे पर सिर झुकाया था। किन्तु अलग से उसके इस व्यक्तित्व को मेरी आवश्यकता है या नहीं, इसका स्पष्टीकरण मैं चाहते हुए नहीं चाहूँगा, क्योंकि वह संकटपूर्ण है। वह संशय की गहराई है। वह कहती है कि मैंने यह नहीं पूछा कि मिस्टर कुलकर्णी कौन हैं? इस नाम का व्यक्ति हो भी सकता है और नहीं भी। क्योंकि न तो मैंने देखा है और यहाँ भी लोग व्यक्ति की चर्चा भर करते हैं, व्यक्ति को देखा किसी ने नहीं है, ठीक है, वह मिलिट्री में है, मगर इससे क्या! मिलिट्री में औरों के पति भी होते हैं, पर रहस्य बनकर तो नहीं न? तो फिर मिस्टर कुलकर्णी को यह रहस्यमय क्यों बनाये हुए है?

और सामने का परदा ऊँचा करते हुए रंजना बोली,

— आओ अकलंक! इस पीछेवाले बरामदे में चलकर चाय पीयेंगे। देखते हो, मिस्टर कुलकर्णी को बागवानी और सब्जियों से कितना प्रेम है। कितनी सफाई से समझ में आ जानेवाली झूठ बोलकर भी कोई व्यक्ति स्वयं को कितना गम्भीर बनाये रख सकता है, इसका प्रमाण मेरे साथ चलती हुई यह नारी है। मिस्टर कुलकर्णी जो यहाँ कभी आते नहीं हैं लेकिन उनकी प्रियता के लिए यहाँ सब्जियाँ उगायी जाती हैं। ये लोग समझते हैं कि सामनेवाला व्यक्ति एकदम मूर्ख है। जो जी में आये उतनी झूठ बोलते चले जाओ, और शायद सोचते हों कि समझ भी जाने दो, सभ्यता में कुछ कहना नहीं हो पाता।

— जी हाँ, इसमें क्या शक है।

— हाँ अकलंक! यहाँ की सब्जियाँ खूब उम्दा किस्म की होती हैं, पर ये यूपीयन लोग बिलकुल भी पकाना नहीं जानते। हमारे पंजाब में घी-दूध के अलावा ऐसी सब्जियाँ नहीं मिलतीं। मेरे पति लिखा करते हैं कि उनके महाराष्ट्र में भी ऐसी सब्ज़ियाँ नहीं होतीं।

और रंजना ने माली के हाथ से खुर्पी लेकर शौकिया ढंग की छोटी-छोटी नालियाँ बनानी शुरू कीं।

पश्चिम का आकाश अब धीरे-धीरे गुलाबी होता जा रहा है और साँझ से पतले झीने बादल रंगीन चँवरों की भाँति पेड़ों के ऊपर उड़ रहे हैं। ढेर-सारी चिड़ियाँ झुण्ड-की-झुण्ड 'चीं-चीं' कर उड़ रही हैं। मुझे अपने गाँव के पास की साँझ याद आ रही है। इससे भी अधिक जब साँझ हो जायेगी तब ऊँची-नीची छोटी-छोटी पहाड़ियों से लोग अपने हलों को लेकर लौटेंगे। कच्चे रास्तों की धूल पर हलों के घिसटते हुए चपटे डण्डें चौड़ी-मोटी रेखाएँ बना देंगे, वैसे ही जैसे कोई अजगर इधर से गया हो! गाँव के पास के खेतों के करीब के पेड़ों पर चिड़ियाँ मार शोर करती हुई कुछ भी नहीं सुनने देंगी और इसी शोर को चीरता हुआ किसी मोर का शब्द सुनायी देगा। जंगलों से लौटे हुए बैल गाँव के पास के छोटे-से नाले में ढेर-सारा पानी, अपनी काली थूँथों को गीला करते हुए पी लेंगे।

धीमे-धीमे बहते हुए उस नाले के काले-उजले किन्तु एकदम सतह तक साफ दिखायी पड़नेवाले पानी की छाती पर छोटे-छोटे पानी पर उड़नेवाले भुनगे, जल पर तेज-तेज रेखाएँ बनाते होंगे। नाले के करीब कहीं-कहीं उगी हुई किसी खजूर या सुपारी या फिर ताड़ पर बया का घोंसला भूरा-भूरा-सा एकदम निर्जीव रंग में टँगा हुआ होगा। अचार की छोटी-छोटी झाड़ियों में मकड़ी के सफेद जाले, साँप के बिल, सब वैसे-के-वैसे अभी तक होंगे। गाँव के करीब के उस शिवाले के भगवे झण्डे की छाया लेकर नाले का पानी बराबर बहता होगा। गाड़ियों के ऊँचे-नीचे रास्तों में इस समय आने-जानेवाली गाड़ियों में धूल-ही-धूल भरी होगी। गाँव के पास बने हुए खलिहान गोबर से लिपे-पुते इस पियराती साँझ में खूबसूरत लग रहे होंगे। गाँव के भंगियों के वे सूअर अपनी लम्बी-लम्बी थूँथें लिये हुए गाँव के घरों को सूँघते फिर रहे होंगे।

मैं बहुत बहक गया हूँ, रंजना मेरी ओर बराबर घूरती हुई देख रही है। मुझे हल्की झेंप का अनुभव हो रहा है कि यह मुझे क्या समझ रही होगी कि यह भी कैसा अतिथि है; आज ही दोपहर आया है और कैसा निश्चिन्त, जैसे जाने कब से रंजना के साथ रहता आया है और आज इसके जाने का प्रश्न ही नहीं उठता है, कौन जाने कब तक इसे यहाँ बैठे रहना है!

— अकलंक! मैं देखती हूँ, उस रूमाल के देखने के बाद तुम्हारे मन में कहीं से भी कोई उत्साह, जिज्ञासा, प्रश्न, तूफ़ान, कुछ नहीं उठा।

और वह मेरे सामने की कुर्सी पर बैठ गयी है। सँझाते आकाश में उसके बाफकट बालों ने बहुत-सारी जगह घेर ली है। ललाट के पश्चिम में उसका मुख कितना बड़ा होकर बिछ गया है। उसके कानों की वे बालियाँ क्षितिज में एकदम टँक-सी गयी हैं। उसकी गर्दनभर आसमान में है शेष तो नीचे से दूर का क्षितिज आ जाता है। मैं एक क्षण के लिए सोच जाना चाहता हूँ कि काश रंजना! तुम ऐसे ही आसमान में घिर जानेवाली नारी होती तो मैं—मैं ही क्या कोई भी तुम्हारी पूजा करता। किन्तु आज, इस आज के बारे में मैं नहीं जानता कि तुम्हें प्यार ही करूँगा यदि तुम मेरी चाह की सीमा में आ भी जाओ तो। क्योंकि तुम्हें घृणा करना कदाचित् सरल है, किन्तु तुम्हें चाहने के लिए क्या कुछ न चाहिए? यही एक प्रश्न अनेक रूप में तुम खड़ा कर रही हो। तुम आकाश में नहीं हो, तुम ठीक कमजोरियों और तथाकथित रूप की उपमाओं से मण्डित इस सामने की कुर्सी पर बैठी हो। आकाश में साँझ, मात्र लाल होगी। तुम यहाँ पर ठीक सामने की कुर्सी पर बैठी हुई थोड़ी ही देर में चाय पियोगी और अपने जलते कड़वे जीवन की कुछ चिनगारियाँ, जो बतानी उचित होंगी, बताओगी; शेष सब तुम्हारे मन के तिलिस्म में अनकही बनकर जाने कब तक के लिए दुर्गन्ध देती रहेंगी। तुम उस दुर्गन्ध को दूर करने के लिए कि कहीं कोई समझ न जाये, अधिक-से-अधिक रंग-पोतकर छुपाओगी। एक दिन वह आयेगा रंजना, जब तुम बिना कहे रह नहीं पाओगी किन्तु उस दिन कोई होगा भी सुननेवाला? यह भी तो तुम्हें सोचना चाहिए। क्योंकि तुम

तो आज पर्यन्त 'एक के बाद दूसरा' के क्रम में विश्वास करती आयी हो; किसी कारण से ही—कारण कोई नहीं देखता। किसे इतनी फुर्सत जो तुम्हारे जीवन के बन्द दरवाजों को खटखटाकर देखने की चेष्टा करे कि तुम क्या हो! तुम तो वह हो जो रँगे-पुते हुए सड़क पर हो। घर सबके बन्द हुआ करते हैं। समाज घर की चौखट नहीं पार करता।

— रंजना! तूफान और उत्साह मैं नहीं जानता, किन्तु प्रश्नहीन नहीं हूँ.....तुम्हारे उस अतिमानव रूप के लिए।

मेरा वाक्य भी उसने पूरा नहीं होने दिया और वह बोली—

— फिर वही बात अकलंक! मैंने तुमसे पूछा था कि कोई जिज्ञासा, प्रश्न, तूफान कुछ नहीं उठा? और तुम मुझे अतिमानव के रूप में समझकर यथार्थ से विलग कर देना चाहते हो। क्या अतिमानव के सुख-दुःख अन्य जनों से भिन्न होते हैं? क्या जिज्ञासा द्वारा उत्पन्न हुई वेदना, प्रश्नों के अंगारे और तूफान के थपेड़े—उस अतिमानव को नहीं छू पाते? शायद तुम जो कहना चाहते हो वह यह कि अतिमानव सहता तो अन्य जनों की भाँति ही है, पर सहने की पीड़ा, अनुभूति वह अपने में अनुस्यूत कर लेता है। और अपनी अनुभूति को व्यक्तित्व में समाहित कर बिलकुल चट्टान की भाँति निर्मम हो जाता है—है न? पर यह तुम्हारा भ्रम है। अतिमानव के अहम् पर चोट करो वह चूर हो जायेगा।....अकलंक! मैं कुछ नहीं मानती, क्योंकि मैं जिज्ञासा नहीं करती। प्रश्न अब मन में नहीं उठते और तर्क की बात न चलाओ, क्योंकि मैंने असाधारण अस्वीकृति से अपने निकट इनका अस्तित्व ही नहीं, 'संज्ञा' तक मिटा डाली है। सुनहली धूप, ध्रुव का अडिग तारा, सप्तर्षि का अनादि प्रश्न-चिह्न, एक क्रम और इस क्रम का भी व्यतिक्रम, यही तो है जिसे तुम सब ज्ञान कहकर अपने-अपने 'अहम्' की परिधियाँ खींचकर उसमें अपने को प्रतिष्ठित कर नियन्ता बने हुए हो। समाजहीन इन अतिमानवों की दुर्गन्ध से, देखते नहीं, इतिहास गँधियाता है। तुम कहते हो, प्रश्नहीन नहीं हूँ—मुझसे कैसा प्रश्न तुम्हारा? मुझसे सत्य, समाज, सत्ता किस सम्बन्ध में प्रश्न करोगे? नारी के पास सब प्रश्नों का एक ही उत्तर होता है अकलंक! ठोस उत्तर!! वह है उसका शरीर!! इस उत्तर के पाते ही तुम प्रश्नहीन हो उठते हो। मिथ्या परिभाषाएँ देकर तुम सब ठग सकते हो—परम्परा की दुहाई देकर, चरित्र के यशः श्लोक उच्चारित करते हुए तुम सब-कुछ कर सकते हो; किन्तु हमारे मन की पीड़ा, मर्मान्तक पीड़ा तुम्हारे सारे विश्वासों का खण्डन करने के लिए प्रहार है। तुम्हारे इन सब कल्पनारूपी आदर्शों से ऊँची है वह, अकलंक! क्योंकि हमारे व्यक्तित्व पत्रहीन देवदार की तरह नंगे खड़े पुकारने लगते हैं कि "देखो, हम दिगम्बर हैं!!" पीड़ा हमें मोहहीन कर देती है, यन्त्रणा निर्विकार करती है और तब हमारी सारी केंचुल छिन जाती है और हम चिकने बने सरकने लगते हैं। अपने-आपका विश्वास आ जाता है। जो हमें कमजोर

बनाता है वह है मृत्यु का भय। हम परम्परा का पालन, नीति की झूठन खाने के लिए दौड़ते हैं क्योंकि हमें अपने-आप पर अविश्वास करना सिखाया जाता है जबकि हम आशा करते हैं कि संसार का सब-कुछ उचित-अनुचित मात्रा में हमारे पास हमारे बिना चले ही आयेगा। तुम कहोगे कि मैंने जो पाया वह अनौचित्य था, अननुपातिक था। किन्तु यह मैं नहीं जानती क्योंकि जानने की इच्छा ही नहीं है। न मुझको अपेक्षा ही है और न उपेक्षा ही। तटस्थ इसलिए नहीं रही क्योंकि वह जड़ की भावना है। बही इसलिए कि कौतूहल मात्र नहीं था इसमें, वरन् स्थैर्य कहीं मुझे मिट्टी न बना दे इसलिए धावमान् रही। इसमें मुझे कुछ भी प्राप्त हुआ हो—कड़वा या मीठा—वह मेरा अपना अर्जन था, गुणात्मकता थी, स्वत्व था। अर्जन इसलिए किया कि नारी का शरीर तुम्हारा ऋण है और ऋण चुकाने में मेरा विश्वास चाहे प्रारम्भ में न रहा हो, असहमति तो कभी नहीं थी—जिस समय तुम मुझे पहली बार अनारकली के उस मोड़ पर मिले थे अपनी मौसी के साथ, मुझे खूब याद है कि तुम्हारी आँखें देखकर मुझे जानते हो किसकी याद आयी थी? कह दो नहीं मालूम! कितनी बार तब कहा था, और कितनी बार अब कहलाना चाहोगे अकलंक! वे थीं सैयद की आँखें!! वैसी ही तुम्हारी आँखें आज तक हैं। उनमें कहीं कोई बदलाव नहीं आया। उन आँखों में केवल एक बात और थी, और वह थी, मेरे शरीर को चबा जानेवाली तीव्रता, और उसने इसे उस 'शबे-जश्न' को स्वीकारा भी था।

रंजना ने अपनी दोनों हथेलियों में अपनी आँखों को ढँक लिया है। इस बार मैंने ही चाय बनाना उचित समझा, क्योंकि रंजना अपने-आपको स्वस्थ बनाने में लगी हुई थी। मुझे यह सोचकर अपने-आपसे हल्की घृणा भी हो रही है कि मैं जाने क्या सोचकर रंजना पर अविश्वास करने की बात तक मन में ला सका हूँ। छिः छः, हम दूसरे के सहज विश्वास में कहे गये यथातथ्य पर मन-ही-मन नाक-भौंह सिकोड़कर कितने छोटे बन जाया करते हैं। हमसे तो वह कहनेवाला कदाचित् महान् हुआ करता है जो सामनेवाले के विश्वास के आधार पर अनकहा कहने में भी हिचक नहीं अनुभव करता। और एक हम हैं, बिलकुल सहानुभूतिहीन, साथ ही साहस की कमी से भरपूर दब्बू, डरपोक!!

चाय में चीनी मिलाते हुए रंजना के प्रति मेरा मोह कितना उमड़ आया है, यह चीनी के लिए हिलते हुए चम्मच से कोई भी समझ सकता है। इस समय रंजना मेरी दया की पात्रा है। इतनी निःसहाय देखकर मेरा मन विकल हो रहा है और मैं किसी ऐतिहासिक अतिमानव पात्र की भाँति दाहिना हाथ थोड़ा ऊँचे उठाकर स्वर्गिक ऊँचाइयों से बोलने के ढंग पर कह सकता हूँ कि "रंजना! मैं जो हूँ तुम्हें किस बात की चिन्ता!!"—किन्तु मैं अपनी सीमा न जानता हूँ सो नहीं है, और यही विवेक मुझे रोके हुए है, क्योंकि मुझे ठीक दो घण्टे बाद की कानपुर की गाड़ी से बनियानों का सौदा ठीक करने के लिए लौट जाना है। मेरा मित्र पुरी क्या

समझेगा कि उसके ठीक बगल में रहनेवाली रंजना को मैंने किस सीमा तक पाया है और वह कदाचित् जानना चाहेगा भी नहीं क्योंकि उसे बैंक की डाइरेक्टरी से अवकाश ही नहीं होगा। अवकाश ऐसे किसी को कभी नहीं हुआ करता, मुझे ही कब मिला है?

चाय के दो-तीन घूँट पीते हुए रंजना के मुँह पर कितनी लम्बी मुस्कान ओंठ के एक छोर से दूसरे छोर तक दौड़ गयी है। नारी-सुलभ लज्जा रंजना में मैंने बहुत पायी है जो अच्छी लगती है, विशेषकर उसका दाँतों से उँगली को काटना। पर इस समय वह और अधिक सुन्दर शायद इसलिए भी लग रही है क्योंकि भावों का तूफान एक बार बरस चुका है! एक बार बरस चुकने पर घिरापन अधिक सघन हो जाता है।

— अकलंक! जब मुझे मालूम हुआ कि तुम अनारकली में ही अपनी मौसी के संग रहते हो तो मैंने उस दिन के बाद से तुम्हारे मकान को खोज निकालने की कितनी चेष्टा की थी, शायद तुम तब नहीं जान सके थे। लेकिन जब वह चेष्टा मैंने बतायी थी तब दरिया के किनारे बैठे, अखरोट खाते हुए मैं और तुम कितना हँसे थे। पेट में दर्द तक हो आया था।

मैं जानता हूँ कि मैंने अखरोट कभी नहीं खाये हैं, पर यह नहीं समझ पा रहा हूँ कि मेरी वह कौन-सी मौसी थी जो अनारकली में रहने गयी थी और मुझे भी तब जाकर वहाँ रहना पड़ा था जिसके कारण लाहौर-जैसी जगह में तब अखरोट भी खाने पड़े! सच रंजना! मुझे कितनी सहानुभूति है तुमसे! तुम किस सीमा तक अकलंक के स्थान पर मुझे समझ रही हो। तुम क्यों नहीं मानती कि मैं अकलंक नहीं, और तुम्हारे साथ कभी अखरोट नहीं खाये हैं।

— जानते हो उन दिनों मैंने दो व्यक्तियों को एक साथ चाहा, हालाँकि उन दिनों तुम पर भी यह अभिव्यक्त नहीं होने दिया, किन्तु आज जबकि इस सीमा तक दूर जा चुके हो कि जैसे हम और तुम कभी मिले ही नहीं थे और यदि मिले भी हों तो मुझे याद होने से ही क्या होता है, तुम तो बिलकुल ही भूल चुके हो। पुरुष, समय का व्यवधान पड़ने पर, देखा गया है कि दुष्यन्त बन जाने में ही सारा कौशल समझता है। मैं कालिदास की प्रशंसा किये बिना नहीं रह सकती, जिसने पुरुषमात्र का प्रतीक लम्पट राजा के रूप में चुना। कला के लिए उसने उस लम्पटता को धो डालने के उपाय क्यों न खोज निकाले हों; और फिर अकलंक! उपाय कौन नहीं खोज निकालता? वह जो दूसरा व्यक्ति था, वह टेनिस का बहुत अच्छा खिलाड़ी था। मैंने उसे कालेज-ग्राउण्ड पर पहली बार देखा था और यह नहीं हुआ कि देखकर एकदम मोह हो गया हो, किन्तु, मन किसी को बिना चाहे अब नहीं रह सकता था। तुम आये अवश्य, किन्तु उस समय तक मैं टेनिसवाले उस नन्दलाल को चाह की सीमा में ला चुकी थी। वह नन्दलाल तो मुझे पाकर जैसे निहाल हो उठा। बिना मेरे वह कोई मैच नहीं खेल सकता था। खेलता और जीतता था वह अपनी मेहनत से,

और प्रसिद्धि मेरी होती थी। रावी के किनारे कितनी बार उस मूर्ख ने मेरी कसमें खायीं। मैं उसे मात्र चाहती थी और वह चाहकर बहुत-कुछ पाना चाहता था, जबकि मैं बिना पाने की इच्छा किये हुए ही चाहने का निश्चय किये हुए थी। क्योंकि एक बार, बल्कि पहली बार का पाना मुझे जब आज तक गरम सलाखों की तरह याद है, तब तुम आये। नन्दलाल दूर होते हुए क्षितिज की तरह तब लगा। किन्तु अकलंक! नन्दलाल प्रत्येक क्षण मेरे लिये अपनी अनिवार्यता सिद्ध करना चाह रहा था और मैं अकलंक के जीवन में अपनी आवश्यकता सिद्ध करने पर लगी हुई थी। तुम नन्दलाल को कदाचित् भूल गये होगे, और उचित भी है, क्योंकि विगत को न भूलनेवाला या तो पागल हो जाता है या फिर आत्महत्या कर लेता है। मैंने अपने साथ यह दोनों ही किया है। तभी तो न मैं पूरी पागल ही हुई हूँ और न आत्महत्या की तरह अपने को सबसे विलग ही कर सकी जीवनभर के लिए। सबकी सहानुभूतियों से दूर, उपेक्षा और घृणा की पात्र!! किन्तु मैं दूसरे के भावों पर रोक नहीं लगा सकती, वे सोचें जो भी मन में आये। मेरे पति कुलकर्णी हैं, उन्हें मुझसे कोई भी शिकायत नहीं; किन्तु हम साथ नहीं रह सकते। मैं यह उनसे कह चुकी हूँ कि किसी भी सीमा तक मुझे झुकना पड़े, मैं झुकूँगी, क्योंकि मुझे पत्नी कहलाना है। क्यों मैं ऐसा चाहती हूँ, यह मत पूछ बैठना अकलंक! क्योंकि यही तो रंजना है। और सब-कुछ दे सकती हूँ किन्तु रंजना की अब और दे सकने की सामर्थ्य एवं शक्ति स्वयं रंजना में भी नहीं है। यही तो वह बात है अकलंक! जो मेरे पति नहीं समझ पाते हैं। मेरे पति ही क्या, कोई भी नहीं! शायद अकेले सैयद को ही मैंने पूरी तरह रंजना सौंपी थी। शायद नहीं, नारी केवल एक ही पुरुष को सब-कुछ दे पाती है। बार-बार उससे आशा करोगे तो, विश्वास रखो, वह जुठलाहट से अधिक कुछ भी नहीं होगा। पहला पुरुष, अच्छा हो या बुरा, सब-कुछ ले लेता है, किन्तु बाद में तो वह दया, करुणा या कोई एक ही चीज दे पाती है। तुम उसका शरीर पा जाते हो तो समझते हो कि उसका मन भी ठीक उसी तरह पा गये जैसे आठ रुपये में एक मुर्गी खरीद ली है—जो तुम्हें अण्डे भी देगी और वक्त पड़ने पर गोश्त भी। अण्डे या गोश्त-जैसी कहीं भी कोई चीज नारी का मन या सचमुच की नारी नहीं हुआ करती। क्योंकि तुम सच मानो कि रंजना के पास वह नारी जो मैंने सैयद को दी थी, होती तो मैं तुम्हें इस नियम में अपवाद करके भी दे डालती। किन्तु हुआ क्या, रंजना की मात्र लोथ की दुर्दशा हुई। तुम सच मानो मुझे अपने से घिन हो गयी। ये लहराते हुए बाल काटने लगे जिनके कारण मैं अपने कालेज में प्रसिद्ध थी। नारी के व्यक्तित्व का बाहरी रूप तो कभी भी, कहीं भी मिल सकता है। तुमने देखा होगा। हर शहर में तरकारियों के मोल-भाव पर कोठों पर शरीर, गोभियों के फूल की तरह, सजाये जाते हैं। कदाचित् नन्दलाल को यह मालूम नहीं था और यदि होता भी तो पाप करने के लिए

बहुत ही अधिक साहस चाहिए—पैसा देने के लिए साहस नहीं, बल्कि पैसा छीनने के लिए हाथों में बल की आवश्यकता है। तुम कहोगे कि मैं इसे पाप कह रही हूँ—किसी चीज की व्याख्या करो तुम, मैं बात करती हूँ, व्याख्या नहीं। और पाप इसलिए कह रही हूँ क्योंकि आज तक ऐसी ही भाषा पढ़ी है। किन्तु फिर एक बात कहे देती हूँ कि अकलंक! दयावश छि:-छि: न कर बैठना, क्योंकि जो मुझे सबसे अधिक खलती है वह है दया और सहानुभूति!!

मैं देख रहा हूँ कि आसमान एकदम अँगीठी की आँच की तरह लाल होकर सुलग रहा है। कितना गरम हो गया होगा आसमान!! बहुत दूर गये बड़े-बड़े पंछी भी अब लौटने लगे हैं। हवा का चलना एकदम बन्द है। यूकेलिप्टिस के सफेद तने भूरी धरती पर ऊपर से रख दिये गये हों, ऐसे लग रहे हैं। आस्ट्रेलिया निवासी ऊँचे हुआ करते हैं, इसके प्रमाण में शुतुर्मुर्ग और ये यूकेलिप्टिस मुझे याद आ रहे हैं। उधर पुरी की तरफ के बगीचे में नरगिस ज्यादा संख्या में फूली हुई है। क्यारियों के आसपास कितने सुषमित तरीके से माली पालियाँ बनाता जा रहा है, जिनमें से छोटा-छोटा पानी हौले से बहता हुआ आये और गुलाब, नरगिस, चम्पा आदि बनकर मालिकों को रंग और गन्ध से प्रसन्न कर दे। पहले पानी फिर फूल!! मुझे नरगिस और गुलाब के रंग और गन्ध आकर्षित करने लगे हैं।

रंजना कहती हैं कि उसे दया और सहानुभूति की अपेक्षा ही नहीं बल्कि उसे इनसे चिढ़ है। वह शायद इतनी कड़वाहट लिये जिन्दगी जीती चली आयी है कि कोई उसकी ओर उँगली से टोक दे तो वह झल्ला उठेगी। उसे साथ ही कितना दर्प भी है उस सब पर जो अनागत से वर्तमान और वर्तमान से विगत बनकर हमेशा के लिए बर्फ की तरह जमकर बैठ गया है और पीछे खसकने का नाम ही नहीं लेता। सैयद ने उसके अन्दर की नारी के टुकड़े-टुकड़े करके हमेशा के लिए कुरूप कर दिया। रंजना कहती है कि वह लाचार थी अपने मन से। कदाचित् सहज है। मैं मान सकता हूँ क्योंकि पढ़ा है ऐसा, किन्तु व्यवहार में ऐसा देखने ओर सुनने को मिले तो मेरी आँखें निश्चय ही फट जायेंगी। किन्तु यह भी मात्र धारणा है, क्योंकि ऐसा सब-कुछ करने और कहनेवाले भी तो मेरी ही तरह के हाड़-मांस के हुआ करते हैं। किन्तु कोई ऐसा अपना मन कैसे बना लेता है?

— तुम नहीं जानते अकलंक! कदाचित् तुम यह सोच रहे होगे कि रंजना के मन में सहज दिखायी न पड़नेवाली खोट कब और कहाँ से आयी। मुझे फ्रण्टियरवाले दिन याद आते हैं। सैयद बड़ा शौकीन तबीयत का व्यक्ति था। वह अक्सर पेशावर, क्वेटा और कभी-कभी सिन्ध, हैदराबाद या नीचे लाहौर, करॉंची तक धावा मारता था। जब वह शहर से लौटकर आता था तो सदा फिरंगी औरतों की तस्वीरें और जो अधिकतर अधनंगी औरतों की ही हुआ करती थीं, ढेर-सारी लाया करता था, कहा करता था कि रंजना! आओ चलो तुम मेरे साथ और चलकर देखो जिन्दगी कितनी खूबसूरत चीज है। व्यर्थ में यहाँ दर्रों में पड़े-पड़े सड़ते हैं हम। मैं उन तस्वीरों की तरह अपने भी केश

सँवारती थी। एकान्त में फोटोवाली औरतों की तरह मैं भी अपनी टाँगें और जाँघें खोलकर चलने की चेष्टाएँ करती थी। पहले तो मुझे लज्जा लगती थी किन्तु बाद में...। मैं घण्टों बर्फ की घाटियों की ओर देखते हुए सोचा करती थी कि ऐसा कोई दर्जी मुझे मिल जाता जो इन तस्वीरों में पहने हुए कपड़ों की तरह मुझे भी कपड़े बना देता तो मैं भी अनुभव करती कि किसी फिरंगी मेम से कम थोड़े ही हूँ। जब सैयद अपनी दोनों हथेलियों के बीच मेरा मुँह दाबकर मेरी आँखों में झाँकता तो लगता कि खूब-सारी बर्फ की नरगिस आसमान में झर रही है, मेरा मन किसी ठण्डी घाटी की तरह एकदम ठण्डा गया है। मुझे लगता था कि मैं सैयद के साथ एक दिन कन्धे पर दुनाली टाँगे फिरंगियों के देश में इन दर्रों से होकर जाऊँगी और देखूँगी कि फोटो की तरह सचमुच ही उनकी आँखें नीली होती हैं!....मुझे जब कभी मेरी माता तरह-तरह के बाल बनाये हुए देखती थी तो कहती थी कि 'यह तुझे क्या हुआ है राज! तस्वीरोंवाली औरतों की तरह क्यों बाल बनाती है?' और मैं किसी पहाड़ी पर चाँदनी रात में बैठकर सोचती कि कहीं से कोई ऐसा आ जाता जिसकी मोटी-मोटी मांसल बाँहों में अपने को एकदम ढीला छोड़कर बहुत प्रसन्न होने पाती। वह मुझे इतने पैसे, इतने बड़े महल और इतने नौकरों से घेर देता कि किसी सरदार को भी देखने को नसीब न होता। तब बग्घी में सवार होकर घूमती, प्रतिफल में मैं उसे अपने तन और मन का एक-एक रेशा तक दे डालती—पर धीरे-धीरे मुझे स्पष्ट हो गया कि तस्वीरोंवाली जिन्दगी न तो कभी किसी ने जी है और न रंजना ही जी सकेगी। जब हम घोड़ों पर सवार थे काबुल जाने के लिए, तब मेरा मन कितना प्रसन्न था। मैं प्रत्येक क्षण सोचती जा रही थी कि मेरे स्वप्न की हर चीज मेरे घोड़े की टाप के साथ कितने निकट, निकटतर होती जा रही है। पूरे रास्तेभर सैयद को चुप देख कई बार मैंने उसकी चुप्पी पर टोका भी, किन्तु वह 'कुछ नहीं रंजना!' कहकर चारों ओर शंकित होकर देखता चला जा रहा था। अरब के रेगिस्तान में, सुना था, ऐसे ही घूमते-घूमते लोग-बाग बादशाह और मलिका तक हो जाते हैं। और मुझे लग रहा था कि लाखों लोग सैयद और मेरे स्वागत में खड़े हैं। मैं मलिका थी और दूर-दूर तक भूरी छितरी सुनसान दिखायी पड़नेवाली धरती मेरी मिल्कियत-सी लग रही थी। मैं तस्वीर की जिन्दगी सैयद के साथ जी रही हूँ और तभी कहीं से एक गोली सन करती हुई हम लोगों के पास से निकल गयी। ईद के दूसरे दिन की बात थी वह। चाँद आसमान में टेढ़ा होकर निकला था। गोली की आवाज पर सैयद के चेहरे पर तब मैंने पहली बार भय की छाया देखी थी। हमारे घोड़े हिनहिना रहे थे। और मैं तब छुहारा खाती चली जा रही थी। सैयद ने जिधर से गोली आयी थी अपनी बन्दूक का निशाना साधकर एक गोली दागी। सुनसान धरती पर वह गोली की आवाज 'साँय-साँय' करती हुई दौड़ गयी होगी। सामने से बहुत दूर पर कुछ गोलियों

की चमक दिखायी दी और 'पिट्-पिट्'....''चलो रंजना, हमें तेजी से घोड़े बढ़ाने चाहिए। शायद ये अफगानी हैं। चाँद थोड़ी देर में डूब जायेगा, तब हमें रास्ता नहीं मिलेगा।'' ''मगर मैं तुम्हें झेलम के किनारों तक तो काली रातों में भी पहुँचा सकती हूँ, मेरा चप्पा-चप्पा देखा हुआ, जाना-पहचाना है।'' हमारे घोड़े ऊँची-नीची पहाड़ियों पर सरपट दौड़ रहे थे। मैं समझ नहीं पा रही थी कि हम झेलम क़ी तरफ न जाकर उल्टे बड़े-बड़े दर्रों की तरफ क्यों बढ़ते जा रहे हैं?....चाँद डूब गया था। नक्षत्रों की मन्द भीगी रोशनी आसमान के काले जंगलों से आ रही थी। अब हम दर्रों में से बहुत धीमे-धीमे साँस रोके हुए कदम-कदम पर किसी गोली, किसी हमले की उम्मीद कर रहे थे। मैं सैयद को समझ नहीं पा रही थी। घोड़ों के पैर ऊँची-नीची जमीन पर बार-बार फिसल पड़ते थे। बायें हाथ पर बहुत नीचे खड्ड दिखायी पड़ रहा था जो कि जरूर ही इस दर्रे का रास्ता होगा। जब दर्रे का रास्ता इतने पास में ही है फिर सैयद क्यों इस बीहड़ रास्ते पर होकर चल रहा है? दोनों तरफ इतने ऊँचे पहाड़ थे कि ऊपर का आसमान अब मात्र एक काले कपड़े की चिन्दी-सा लग रहा था। किसी भी क्षण घोड़े ठोकर खाकर हजारों फिट नीचे गिर सकते थे। अँधेरे में सैयद की शक्ल नहीं दिखायी पड़ रही थी किन्तु मैं अनुभव कर रही थी कि सैयद बहुत डरा हुआ है और किसी भारी खतरे की वह उम्मीद कर रहा है जिसके बारे में वह कुछ भर ही जानता है, बाकी का उसे खुद भी पता नही। मैं साफ समझ रही थी कि दर्रों में इस तरह इन काली रातों में आकर मैंने अच्छा ही नहीं किया बल्कि भारी भूल की। सामने का रास्ता तो फिर भी कुछ साफ दिखलायी दे रहा था, किन्तु पीठ पीछे का रास्ता तो अन्धकार का गट्ठर-सा लग रहा था, जिसे रात का ईरानी-जैसे अपनी पीठ पर लादे हुए दर्रों में से चला जा रहा है और जिस गट्ठर में बहुत किस्म के चाकू-छुरियाँ होंगी जो छूते ही आँत बाहर निकाल सकती हैं; और सारे शरीर में एक बारीक फुरेरी छा गयी। सैयद ने बहुत ही फुसफुसाते हुए कहा—''रंजना! तुम यहाँ खड़ी रहो और मेरा घोड़ा भी सम्हाले रहना। मैं तब तक देख आता हूँ कि रास्ता साफ है या नहीं। यदि डर मालूम हो रहा हो तो लो यह मेरी पिस्तौल, क्योंकि, कबालियों की आमद-रफ्त इधर से हुआ करती है।''—मैं सैयद से पूछना चाह रही थी कि आखिर हम लोग तो पेशावर जा रहे थे, शहर की ओर जा रहे थे और यह उल्टे किधर और क्यों जा रहे हैं? मगर मुझे लगा कि सैयद से ऐसा पूछकर मैं अच्छा नहीं करूँगी। क्योंकि वह मुझे क्या समझेगा कि जब मैं सैयद के साथ कहीं भी जाने को तैयार हूँ तो फिर इन दर्रों और काली रातों का सवाल ही कहाँ उठता है? वह अपनी पिस्तौल देकर और अपने घोड़े को वहीं छोड़कर धीमे-धीमे अन्धकार में खो गया। एक क्षण को मेरा मन काँप गया। जानते हो अकलंक! मैं तब मुश्किल से तेरह-चौदह की रही हूँगी। मुझे उस समय घर की याद आ रही थी। उस

शाम मैं बिना किसी से कुछ कहे ही घर से चली थी। सैयद तीन दिन पहले से गायब था। रास्ते में दो घोड़े लिये सैयद मुझे मिला था और सोचने का वक्त भी दिये बिना मुझे तय करना पड़ा था और हम लोग कितनी सावधानी के साथ भागे थे। पिता और माता जाने क्या सोच रहे होंगे! उन्हें सपना भी नहीं आ सकता है कि सैयद के साथ इन काली घाटियों में मैं अकेली आयी हूँ और मेरा मन यह सोचकर रुआँसा हो उठा था अकलंक कि किसी की गोली मुझे आकर लग सकती है। कोई दो अफगानी मुझे आकर पकड़ सकते हैं और तब मुझे वे लोग मेरी मुश्कें बाँधकर काबुल में बेचने के लिए ले जा सकते हैं और तब मैं तस्वीरों की मलिका की तरह न होकर खरीदी गयी गुलाम लौंडियों की जिन्दगी बसर करूँगी—और मेरा मन चीखने को हो रहा था। तभी सैयद हाँफता हुआ थका-सा और शायद पसीने से चूर, लौटा। हम लोग अब सम्हलकर नीचे दर्रे के रास्ते की ओर उतरने लगे।—सैयद! हम लोग कहाँ जा रहे हैं? वह दूसरी तरफ मुँह किये रहा। थोड़ी ही देर बाद हम लोग दर्रे में उतरकर चल रहे थे। हमारे ठीक सामने ध्रुव नक्षत्र दीख रहा था और मुझे लगा कि शायद हम खैबर या कोई वैसा ही दर्रा जरूर पार कर रहे हैं, मगर क्यों? और तभी तेज टार्च की रोशनी अन्धकार में से चमक पड़ी—और कड़कती आवाज भी—"सैयद! घोड़े वहीं छोड़ दो और ऊपर चले आओ।" मुझे साफ हो गया कि हम लोग जरूर ही या तो कबालियों या फिर बलूचियों या अफगानियों के शिकंजे में फँस गये हैं। जिस समय हम लोग उन लोगों के बीच पहुँचे, उनके साफों के कुल्ले बता रहे थे कि वे काबुली हैं। जिस समय सैयद ने कहा कि मुझे इन काबुलियों के साथ जाना होगा क्योंकि उसे इन लोगों के पाँच सौ रुपये देने हैं, अगर ये रंजना को पा जाते हैं तो—ये लोग सैयद से रुपया नहीं लेंगे मेरा सिर घूम गया, मैं पागल हो उठी। मैं चिल्ला रही थी—"सैयद! मैं तेरी बीबी हूँ—दुनिया का कोई खाविन्द अपनी बीबी के साथ इस तरह का सलूक नहीं करता सैयद!"—वह तब धर्म की आड़ लेकर कहने लगा कि वह चार बीबी से ज्यादह नहीं रख सकता है। मैं उसके पैरों पड़ी, मगर अफसोस अकलंक! उस सैयद को पता नहीं क्या हो गया था। मैंने रुपयों का प्रबन्ध भी कर देने को कहा मगर उसका उन काबुलियों के साथ सौदा पहले ही तय हो चुका था। मुझे उन्होंने सुबह होने तक के लिए घोड़े की पीठ से बाँध दिया और वे लोग सभी शराब पीने में लग गये। मेरे सामने कोई रास्ता नहीं था। वे लोग शराब में औंधे पड़े हुए खुर्राटे भर रहे थे। मैंने किस तरह अपने दाँतों से उस रस्सी को काटा यह कोई नहीं जान पायेगा—मेरा एक-एक दाँत टूटता जा रहा था और रस्सी कटती चली जा रही थी। आखिरी रात शुरू होना ही चाह रही थी और मैं जान रही थी अगर थोड़ी-सी भी देर हो जायेगी तो फिर हमेशा-हमेशा के लिए रंजना डूब जायेगी। सामने अनन्त यातना और यन्त्रणा, गरम-गरम

सलाखों की तरह लाल-लाल आँखें फाड़े हुए दिखलायी दे रही थी। मुँह में खून-ही-खून भरा हुआ था, किन्तु मैंने रस्सियाँ काट डालीं, और उन तीनों काबुलियों तथा सैयद को दो बार में खत्म किया। गोलियों की आवाज नीचे के दर्रों ने भी सुनी थी, इसके प्रमाण में प्रतिध्वनि मैंने भी सुनी थी। अकलंक! मैं टूटी हुई खजूर की तरह कन्धे पर दुनाली टाँगे अपने घोड़े पर लौटी। मैं पागल हो रही थी, इस ख्याल से कि उसके और भी बीबियाँ हैं और कोई शौहर पैसे की खातिर बीबी भी बेच सकता है।

चाय का दूसरा कप अपने-आप रंजना ने कितने उदास चेहरे से अपने कप में केतली से उँडेला है यह मुझसे छुपा नहीं है। मुझे रंजना, प्रत्येक घटना के साथ अपनी मीनारी ऊँचाइयों में महान् लग रही है तथा साथ ही उसके पैर दूसरी घटनाओं के कीचड़ में कैसे बदसूरती के साथ सने हुए दिखायी दे रहे हैं। यूकेलिप्टिस की लम्बी-लम्बी पत्तियों और शाखों के साथ ढेर-की-ढेर चिड़ियाँ खेल रही हैं। लोहार की भट्टी की तरह आसमान में लाली कहीं से भी कम नहीं हुई है, और मैं हड़बड़ाकर अपनी घड़ी देखना चाह रहा हूँ क्योंकि मेरा विश्वास है कि पाँच से ज्यादा ही हुए होंगे और मुझे साढ़े पाँच तक जरूर चल देना है। अपने जाने की बात पर पहली बार मेरा मन कड़वा हो रहा है। किन्तु जब मैंने घड़ी देखी और देखा कि अभी चार ही हुए हैं तो मेरा मन कितना प्रसन्न और जोश में था, इसका प्रमाण यही दे सकता हूँ कि आवेश में आकर मैंने एक घूँट में ही चाय का पूरा कप खत्म कर दिया, और घूँट को गले के नीचे उतारते वक्त लगा कि मेरे मुँह, आँख, नाक, कान, नसों, सबमें सिर्फ हल्की गरम-गरम दार्जिलिंग की चाय भर गयी है और मैं अनुभव कर रहा हूँ कि प्रसन्नता में मेरी आँखें अवश्य ही छोटी हो गयी होंगी और धुली हुई उजली सीपों की तरह उनमें चमक भी आ गयी होगी, जिसमें यह सामने का लान, पेड़, फूल, सब्जियाँ, आसमान और सामने बैठी हुई रंजना, उसके बालों की एक-एक लहर, गोल आँखों में दिखायी पड़ रही होंगी। और मैं एक क्षण को चाहने लगा कि काश मैं अपनी आँखों से रंजना का वह सब-कुछ देख पाता जो सैयद के साथ उस तूफानी रात में बीता है। रंजना मेरी आँखों में दिखायी पड़ रही होगी, इस विचार से ही मैं उत्साह से भर गया हूँ। मुझे डर है कहीं जोश में केतली से गिरती हुई चाय से मैं टेबल क्लाथ न खराब कर दूँ और वहीं रंजना मुझे फिर फूहड़ समझने लगे। मैं सब सहन कर सकता हूँ किन्तु किसी स्त्री द्वारा फूहड़ समझा जाना नहीं। विशेषकर उसके द्वारा तो नहीं ही जो मुझे एक प्रेमी की तरह मानकर अपने जीवनभर की सारी अनकहनी कहने पर तुली बैठी हो।

— अकलंक! पता नहीं क्यों तुम्हें देखकर विगत का एक-एक पृष्ठ, एक-एक अक्षर इतना स्पष्ट होता जा रहा है कि बस !! कहते हैं मरने के पूर्व स्मृति बहुत तेज हो जाया करती है। मैं नहीं जानती हूँ कि आज मेरी मृत्यु नहीं आ रही है, किन्तु स्मृति फिर भी जाने क्यों तेज हो गयी है।—मैं जानती हूँ कि

तुम्हीं एकमात्र मुझे ऐसे मिले थे जो मेरे सामने नहीं झुके, वरना सब मेरे सामने झुके और इसीलिए मैंने किसी के साथ सन्धि नहीं की। सन्धि की थी तो दो व्यक्तियों से ही, पहले सैयद और दूसरे तुम...और वह वान निकोलस तो...

और वह पागलों की भाँति हँसने लगी है।

— अकलंक! जानती हूँ यह सब सुनते-सुनते तुम्हारी कनपटियाँ दर्द करने लगी होंगी, किन्तु मैं आज तक तुम्हारी प्रतीक्षा में थी कि तुम एक बार सब सुन लेते। मैं इससे अधिक की अपेक्षा भी नहीं करती। मैंने कुलकर्णी से क्या चाहा था? यही कि वह एक बार सुन भर ले। परन्तु सुनने के लिए मनुष्य को पत्थर होना पड़ता है उतनी देर तक के लिए तभी तो अकलंक! देवता लोग सुनते समय पत्थर हो जाया करते हैं। तुम पूछोगे कि फिर देवता देवता क्यों नहीं हो पाते, पत्थर ही क्यों रह जाते हैं? तो जानते हो मेरा क्या उत्तर होगा? यही कि दिनभर लोग सुनाने के लिए पहुँच जाते हैं और बेचारे देवता कभी भी पत्थर से अलग नहीं हो पाते। और मेरा विचार है कि अब तो देवता भी भूल गये होंगे कि वे पत्थर के नहीं बल्कि और किसी चीज के भी बने हुए थे। इसीलिए ऐसा व्यक्ति चाहती थी कि सुनते समय वह पत्थर जरूर बन जाये किन्तु उसके बाद आदमियों की भाँति बोले अवश्य। इसीलिए मैं भी किसी की पूजा आज तक न कर पायी, क्योंकि मुझे आदमी की आवश्यकता थी। तुम्हारे साथ में वे चार वर्ष मेरे जीवन के सबसे सुन्दर क्षण थे। क्योंकि उसके बाद के दिनों के बारे में तुम थोड़ी देर में जान ही जाओगे और जो दिन अब आने को हैं उनके विषय में मैं निश्चित रूप से जानती हूँ—यन्त्रणा मात्र!! न इससे अधिक, और न इससे कम। तन की यन्त्रणा तुम्हारे सामने बैठी हुई इस रूप की प्रतिमा रंजना ने कम सही हो सो नहीं है; किन्तु मन की प्रतारणा तो नितान्त असह्य है अकलंक! परन्तु हम दूसरे पर सहज स्पष्ट यह कर भी तो दें तो उसे वह उसी भाँति स्वीकारता तो नहीं है न?

— नारी अन्यदा हुआ करती है, इसीलिए तुम उसे चरित्रहीन भी कह लेते हो। मैं अन्यदा हूँ, इसलिए चरित्रहीन भी हूँ। चन्द्रमा का कलंक और ग्रहण तुम पूजा-पाठ, दान-दक्षिणा, स्नान-ध्यान से दूर कर लेते हो, किन्तु हमारे कलंक को धो सकना तुम्हारे पुरुषार्थ की बात नहीं है। तुम मात्र देख सकते हो विजित पाण्डवों की भाँति कि कल की पूजा करती हुई नारी दूसरे दिन तुम्हें कोठों पर से निमन्त्रण देती है। ठीक भी तो है, वह फिर से दूसरी बन सके, यह उसके लिए तुमने सम्भव ही नहीं रखा अकलंक!

मैं देख रहा हूँ कि रंजना सब-कुछ खोकर, यही सत्य है—को सत्योक्ति बना रही है।

— रंजना! व्यक्ति का असामाजिक हो जाना निरंकुशता है, जो असन्तोष को जन्म देता है।

— अकलंक ! तुम्हारे इस समाज में व्यक्ति पैदा करने की क्षमता, शक्ति अब शेष नहीं है। जिसे तुम व्यक्ति कहते हो वह एक पोस्ट आफिस का टिकट मात्र है, जिसके साँचे बने हुए हैं। अपनी शक्ति के अनुसार तुम उन्हें बड़े-छोटे साँचे में ढालते हो। व्यक्ति बनाया तभी जा सकता है जब वह पैदा हो। जाने कितने संस्कार, समाज रूप में, उसके चारों ओर खड़े कर देते हो कि उसमें का वह व्यक्ति ही नष्ट हो जाता है। तुम्हारी शिक्षा-दीक्षा से विद्रोह कर यदि कोई 'व्यक्ति' बनना चाहता है, तो उसे तुम पथभ्रष्ट, अनागरिक, चरित्रहीन कहकर बहिष्कृत कर देते हो। क्योंकि वह तुममें की एक भेड़ नहीं है। किन्तु तुम्हारा महापात्र समाज, श्मशान की अशुभ पीली लपटों की तरह हिलता हुआ हँसने लगता है।

मेरी समझ में नहीं आ रहा है कि मैं ऐसा क्या कुछ करूँ कि इस नारी का मन प्रतारणाओं से परे हो सके। यह मुझसे, जो मैं अकलंक न होने के कारण नहीं समझ पा रहा हूँ—क्या चाहती है? यह कहती है, व्यक्ति पैदा होता है। जबकि व्यक्ति समाज का पुत्र है—व्यक्ति नदी है, समाज समुद्र है न कि रेगिस्तान। काश! मैं एक क्षण को वह हो पाता तो मैं इसे वह सब देता जो इसके मन को खाये जा रहा है और फिर मैं वापस अपने विजगापट्टम में पहुँच जाता। तब सिर्फ बनियानों के बारे में ही सोचता और कभी एक क्षण को भी नहीं ध्यान में लाता कि मैं कभी रंजना नाम की किसी रमणी से मिला भी था और उसका प्रभाव मेरे मन पर सदा के लिए कसौटी की लीक की भाँति है और रहेगा भी, चाहूँ तो भी वह मिट नहीं सकता है। मैं तब स्पष्ट रूप से जाकर अपनी पत्नी से कह देता कि तुम अपने पति को सम्हालो। जानता हूँ वह स्त्री, बल्कि वही क्या कोई भी स्त्री, अपने पति को न खोने देने लिए क्या कुछ नहीं करती है—वह भी बहुत-कुछ करती। उसे भरतनाट्यम् आता है, उसका देवदासियों की तरह सुन्दर शरीर है, उसकी आँखें जो कि कुछ दिनों से चूल्हे के धुएँ के कारण हल्की पीली हो चली हैं—वह उन सबसे मुझे मोह लेती।

— अकलंक! क्षमा करना, भावावेश में मुझे ख्याल नहीं रहा।

और वह मुँह धोने के लिए शायद उठ गयी है।

— नहीं ऐसी कोई बात नहीं है, मुझे दुःख है।

मेरा वाक्य शायद उसके परदे तक पहुँचने पर पूरा हुआ है। उसका मुँह, आँखें सब आँचल के छोर से ढँका हुआ है। अब शायद वह बाथरूम में पहुँचकर अधिक फूटकर रो सकती है। अपने मन के दबाव या बोझ को हम दो ही अवस्थाओं में रूप दे पाते हैं, या तो नितान्त एकाकीपन में या किसी घनिष्ठ के सामने। इस समय रंजना बाथरूम में बिलकुल एकाकी होगी। उसके जीवन की कड़वाहट आज कदाचित् उसके आँसुओं में बाहर आना चाहती है किन्तु उसके

जीवन में एक भी ऐसा साथी नहीं जो उसके कन्धों को विश्वास बनकर छू सके। मेरा मन जाने कैसा हो रहा है, किन्तु मैं अपनी सारी कमजोरियाँ जानता हूँ, इसीलिए घुटकर बैठा रहूँगा पर जा न पाऊँगा वहाँ—जहाँ इस समय रंजना है और जिसे सहानुभूति की सबसे अधिक आवश्यकता है।

वह लौटी है। उसकी आँखें एकदम सेंदूरी लग रही हैं। लगता है, वह अधिक रोयी नहीं है, पर घुटी अधिक है। विवेक रोने नहीं देता बल्कि घुटने देता है। वह अब इस समय आकर बरामदे के एक गोल खम्भे पर हाथ टिकाये दूर-दूर तक बिछे दृश्य को देख रही है।—यह दाहिने हाथ पर मोटर कम्पनीवालों के अहाते का पिछला भाग है जो अभी बनाया जा रहा है। लोहे की फ्रेमें लगायी जा रही हैं, जैसे-जैसे फ्रेमें लगती हैं उन पर टीनें भी वैसे-ही-वैसे लगती गयी हैं। यह उनका कारखाना होगा, इसलिए दीवाल में बड़ी-बड़ी खिड़कियाँ बना दी हैं और जिनमें नयी जालियाँ लगी हुई हैं। कारखाने में भाप के इंजिन के लिए चिमनियाँ टीनों को छेदकर ऊपर निकली हुई हैं। टीनें कैसी उम्दा तरीकों पर उजली दिखायी दे रही हैं। दीवाल पर लम्बे मोटे-मोटे अक्षरों में 'मोटर सर्विस कम्पनी' लिखा हुआ है। युकेलिप्टिस के पेड़ों के पार भी शायद कुछ बँगले हैं जो अधिकतर इकहरे हैं। जो औरतें इस समय दिखायी दे रही हैं उन्होंने चेकवाले फ्राक पहन रखे हैं वहाँ जो बतलाते हैं कि वे जरूर ही क्रिश्चियन हैं। हम पुरुषों ने अपने लिये सूट तो जरूर शोभा के लिए चुन लिया है पर सारी भारतीय संस्कृति और धर्म हमारे घरों की स्त्रियों की साड़ी पर निर्भर है। शब्दकोश में हिन्दू धर्म का पर्यायवाची अगर कोई शब्द दिया जाना चाहिए तो वह 'साड़ी' होगा।

रंजना ने मेरी ओर मुड़ते हुए कहा—

— अकलंक! देखती हूँ आज तुम्हें जाना है और प्रत्येक क्षण एक अनागत चिड़िया की भाँति उड़ता चला जा रहा है। चलो अन्दर चला जाये, क्योंकि यहाँ बैठकर फिर चर्चा चलाना मेरे लिये सम्भव नहीं। तुम कह सकते हो तो क्या मैं बिना चर्चा चलाये नहीं रह सकती? तो मान लो कि सचमुच ही आज अगर समय भी चलना बन्द कर दे तो भी रंजना का कहना बन्द नहीं हो सकता। आज तक तुम्हारी और इस क्षण की प्रतीक्षा में थी, तुम क्या आये जैसे मेरा विगत लौट आया। द्वार पर आये को लौटाना तब सीख लूँगी जब देने को मेरे पास कुछ न होगा, आज है और आगे भी रहेगा, कदाचित् जीऊँगी तब तक रहेगा। इसलिए विगत को अपने वर्तमान के कुछ क्षण देने ही होंगे, चाहे इच्छा से चाहे अनिच्छा से। लेनेवाला केवल लेना जानता है, उसे देनेवाले के मन और सामर्थ्य से क्या!!

— और वे चार वर्ष, पार्कों में बैठकर, चाँदनी रात में रावी की लहरें गिनते हुए, पुल की मेहराबों में बैठे हुए कबूतरों की नकलें करते हुए, अखरोट खाते हुए कब बीत गये, पता नहीं चला। मुझे कितना स्पष्ट याद है कि जब तुम नीला बेदिंग-सूट पहनकर नहर में नहाने के लिए धँस जाया करते थे और मैं किनारे पर बैठी हुई अपने दोनों पैरों से छोटी-छोटी लहरों को तोड़ती हुई बिलकुल धूप की उजली हँसी से भर जाया करती थी। हँसी की चट्टान पर पानी की बूँदों की तरह चार वर्ष फिसलकर कौन जानता है कहाँ चले गये अकलंक! मैंने पिताजी से साफ कह दिया था कि मुझे अकलंक से विवाह करना है। अपने पिता की एकमात्र सन्तान और वह भी इतनी रूपवती!! क्या वे अस्वीकारते? बेचारे कितने सीधे थे। फ्रण्टियर छोड़ने के बाद कभी भी सैयद के बारे में मुझसे कुछ न पूछा। मैंने भी तुमसे सैयद के बारे में नहीं कहा था। तुम यह विश्वास रखो कि अगर मेरा मनचीता, मनसोचा हो गया होता तो मैंने कभी भी तुम्हें अन्धकार में नहीं रखा होता। परन्तु न तो तब और न अब मेरी समझ में आया कि ऐसा क्या हो गया था तुम्हें, जो तुम्हें मुझसे अलग ले गया।

मैं जानती हूँ तब तक तुम राजनीति में कूद चुके थे। तुम्हें 'रंजना बाँध लेगी' का भी ज्ञान था और तुम दिन-रात मीटिंगों, सभाओं, जलसों में लग गये। तुम्हें देखकर सच ऐसा लगता था कि अगर मिल जाओगे तो मेरे वे सपने जो मैंने चित्रों को देख-देखकर बनाये थे, पूरे हो जायेंगे। मैं लाहौर के पार्कों में घण्टों बैठी हुई लाइब्रेरियों से लायी हुई बायरन, टेनीसन, शेक्सपीयर और जोला की किताबें पढ़ा करती थी। फ्रांस की कुमारियों की भाँति सोचा करती थी कि सब-कुछ नीलकमल की भाँति ही सुन्दर है। मैं हूँगी और मेरा राजकुँवर-सा होगा अकलंक—जीवन, फूलों के कुंजों की तरह, रंग और गन्ध की कुन्द-कलियों से भर जायेगा। मेरा मन, साँझ के तारों के साथ चाँदनी में उजड़े मेघपालों के सपनों में डूबा रहता था। कोई मेरी कमर में हाथ डालकर चलेगा और अपने महल के बड़े हाल में आसव में डूबी सिम्फनीज और नृत्यगतों के संसार में सदा नृत्यमयी बनी रहूँगी। जब कभी तुम मेरे पार्श्व में होते थे अकलंक! मैं अपना पूरा मन तुम पर इसीलिए नहीं प्रकट करती थी क्योंकि डरती थी कि कहीं कोई सुन न ले और हम फिर सदा के लिए.... किन्तु आज

एक पर्यवेक्षक की भाँति सोचकर कह सकती हूँ, क्या न कहकर भी वह हो सका जो मनचीता और मनसोचा था? कई बार बोलकर हम बिगाड़ते हैं, किन्तु कोई ऐसा भी क्षण होता है अकलंक! जिस समय न बोलने से सामनेवाला व्यक्ति अन्यथा समझ जाता है। फिर प्रेम में तो पुरुष चाहता है कि जिस तरह वह बढ़कर बोलता है ठीक उसी तरह नारी भी उसे उसी प्रकार की भाषा में सुनाये। और कदाचित् तुम्हारे मन में भी यही प्रश्न था, है न? तुमने कभी मुझसे कोई अपेक्षा नहीं की। प्रत्येक क्षण लगता था कि अकलंक शायद मुझसे दूर चला जायेगा। तुम नहीं जानते कि मैं नहर के किनारे कितनी बार तुमसे 'घर पर काम है' का बहाना बनाकर गयी हूँ और रात-रातभर रोयी हूँ। क्योंकि मुझे वह खाये जाता था कि मैं ऐसा क्या कुछ करूँ कि तुम मेरे, केवल मेरे होकर रहो। परन्तु अकलंक! कितनी झूठ, मिथ्या बात लगती है आज कि कोई क्यों और कैसे जीवनभर के लिए किसी का हो जाया करता है या हो भी सकता है। मैंने डिकेन्स, ह्यूगो, मोपासाँ, ताल्सताय के उपन्यास और कहानियाँ पढ़ीं कि कोई मुझे इस तूफान में सहायता दे। किन्तु कोई नहीं; वह अन्नाकेरिना, लूसीमैनेट, मदाम बावेरी, सब उस पार्क तक आती-आती न जाने कहाँ रह जाती थीं!......झुरमुटों की हरी छाँहों के नीचे दूब पर औंधे लेटे हुए, कोहनी पर ठोड़ी टिकाये, घण्टों उन उपन्यासों में आँखें गड़ाये सोचा करती थी कि ये नायिकाएँ सत्य हैं या मैं—क्योंकि मैं प्रत्येक नायिका और अपने बीच में जिस प्रकार एक सम्बन्ध देखती थी, ठीक उसी प्रकार उनके नायकों से और अपने नायक अकलंक के बीच में भी सम्बन्ध खोजा करती थी। प्रतिदिन पार्क में दोपहरी, गुलाबी साँझ से पीली साँझ तक हो जाया करती थी, किन्तु मेरा स्वप्न समस्त आकाशों को चीरकर जाने किस मोह के लोक से मुझे पुकारता था और मैं कल्पना में खो जाती थी कि मेरे स्वर्ण के डैने हैं, जीवन ने मुझे तारों का मुकुट पहनाया है, और मेघों ने मुझे इन्द्रधनुष का लाकेट प्रदान किया है। पार्क के सेब जैसे-जैसे लाल होकर गदराने लगते थे, मेरे अंगों में भी वैसी ही गदरायी भरी उभरन और लालिमा छा जाया करती थी। मैं बी० ए० में तब फेल हो गयी।

माल रोड की शाम और वह तुम्हारा दिया हुआ गुलमोहर के फूलों का केसरिया रंग का गुच्छा!! आज भी लगता है, मैं उसे थामे हुए जीवन की सड़क पर चल रही हूँ। तुम उन दिनों जेल से लौटे थे। जाने किस परेशानी ने तुम्हें दुबला और काला भी कर दिया था। तुमने मेरे फेल होने पर मुझे काफी फटकारा था। मैं मन-ही-मन मुस्करा रही थी कि कारण तो इस सब के तुम हो। उस दिन जब तुम रेलवे मालगोदाम के मजदूरों की मीटिंग से वापस आ रहे थे और फिर हम तुम दोनों रेल की पटरियों के सहारे बहुत दूर निकल गये थे। तुम्हें याद है, चारों ओर कैसे हरे-हरे खेत लहरा रहे थे। हवा की नील गोफनें गेहूँ के सोने-से सागर के ऊपर 'सूँ, सूँ' आवाजें करती हुई दौड़

रही थीं। जब साँझ का पहला तारा उग आया था तुमने दोनों हाथ थामते हुए सहसा सूर्यास्त की ओर हाथ उठाते हुए कहा था—"रंजना, मुझसे विवाह करोगी? देखा, गोरज की लग्न वेला है?"—जबकि मैं जानती हूँ कि ऐसे प्रश्न पूछे नहीं जाते। तुम नहीं जानते कि उस समय मेरे मन में प्रसन्नता ठीक वैसे ही भर उठी थी जैसे आकाश की नीली बाँहों में कोटि-कोटि चमकनेवाले तारे!! क्या आकाश एक साथ इतने तारों के चमकते आशीर्वाद झेल सकता है?

तुमने जब मेरे पिताजी से बिना कुछ सोचे हुए विवाह कर डालने की बात कही, तब मुझे याद है उस दिन के बाद से मैं तीन महीने तक घर से बाहर नहीं निकलने दी गयी। उसके बाद मुझे जो मालूम हुआ वह यही कि तुम हजारीबाग में किसी संगीन राजनीतिक मुकदमे के बन्दी हो।

एक और घटना याद पड़ती है अकलंक ! जैसी कि तुम्हारी आदत थी कई बार मुझसे भी बिना कहे राजनीतिक काम से गायब हो जाते थे और मैं अनुभव किया करती थी कि मैं तुम्हें जितना बाँधने का प्रयास करती हूँ तुम उतने ही उन्मुक्त हो जाते हो। भगतसिंह, राजगुरु वगैरह फाँसी पा चुके थे और गाँधीजी की राजनीति ने एक करारी हार खायी थी। सभी नौजवानों में भगतसिंह की फाँसी को लेकर गुस्सा था। उस लाहौर में भी सरकार बड़ी सख्ती से लोगों पर निगाह रखे हुए थी। तुम हफ्तों तक क्रान्तिकारियों के साथ जाने कहाँ-कहाँ चले जाया करते थे।

उन दिनों तुम लगभग दस दिनों से कहीं गये हुए थे। मैं अपने-आपसे संघर्ष कर रही थी, क्योंकि पिताजी ने तुम्हारे साथ सम्बन्ध न रखने के लिए पूर्ण चेतावनी दे दी थी। मुझे सबसे अधिक तुम पर क्रोध आता था कि जिसके सहारे मैं चलना चाहती हूँ जब वही मेरी उपेक्षा करके इस प्रकार अपनी राजनीति में व्यस्त है कि उसकी ओर से रंजना जैसे है ही नहीं, तब कोई क्या कर सकता है? लाहौर में आये दिन षड्यन्त्र होते रहते थे और धीरे-धीरे काफी लोग पकड़े जा चुके थे। उस शाम बहुत उदास, खिड़की पर कुहनी टिकाये बैठी हुई, अपने विगत और अनागत को लेकर सोच रही थी। विगत पर खेद नहीं किया जा सकता था, किन्तु अनागत उस अकलंक पर निर्भर करता था जो दिन-रात पिस्तौल ताने हुए जंगलों-जंगलों क्रान्तिकारी बना घूमता फिर रहा था। उसकी क्रान्ति, विद्रोह, विध्वंस, किसी भी मूल्य पर समझौता नहीं करना चाहते थे।

मैंने कई बार पूछा, अकलंक! तुम क्या राजनीति से अलग नहीं हो सकते? क्या मैं तुम्हारे लिये कुछ नहीं हूँ? तुमने सदा हँसकर कहा कि "रंजना! तुम मेरे लिये बहुत-कुछ हो, किन्तु राजनीति से पृथक् होने का अर्थ जानती हो? राजनीति इसलिए है क्योंकि जीवन है। साधारण जन के लिए जीवन से अलग होने पर मौत होती है, मेरे लिये यही बात राजनीति के साथ समझ सकती

हो''—और मैं सदा घुटकर रह जाती थी अकलंक!

मैंने कई बार क्रान्ति, विद्रोह और विध्वंस में तथा अन्य हिंसा में साम्य बतलाते हुए कहा भी था यह मात्र दानवी भावना है, गाँधी बाबा भी यही कहते हैं, जबकि समाज के लिए एक सुव्यवस्थित आधारभूत नीतिमय प्रणाली की आवश्यकता है, न कि लोगों को इस प्रकार एक-दूसरे को हमेशा मारने के लिए पिस्तौल लिये घूमना आवश्यक है, इसलिए कि तुम्हें खतरा है, क्योंकि हमारा वर्तमान शासन-प्रणाली से विरोध है। विरोध शान्ति के साथ भी अभिव्यक्त किया जा सकता है। क्या आवश्यकता है कि उसके लिए बमों की मोटी-मोटी आवाजें की जायें? और तुमने हमेशा यही कहा—

रंजना ! व्यक्ति-संकट के दृष्टिकोण से उठाये गये अस्त्र में और एक विराट् सामूहिक एवं जनहित प्रणाली के लिए उठाये गये अस्त्र में क्या कुछ भी भेद नहीं देखती? इस मामले में अहिंसा की दुहाई गलत है। और हम हमेशा अपनी विरोधी धारणाएँ लेकर चुप हो जाते थे। दस दिन पहले कुछ ऐसी ही क्रान्ति के सम्बन्ध में अपनी 'आतंकवादी' दलील देकर तुम एकाएक गायब हो गये थे। यह सब था, किन्तु मैं तुम्हें सभी खतरों से बचाना इसलिए चाहती थी ताकि तुम केवल मेरे होकर रह सको! मैं तुम्हारी जनहित के लिए आतंकवादिता कभी नहीं समझ पाती थी।

खिड़की पर कुहनी टिकाये हुए मैं ऐसा सब-कुछ जाने कब तक सोचती रहती कि कालेज के एक विद्यार्थी ने आकर सूचना दी कि अकलंक ने रावी के उस पार कामरेड राय के घर बुलाया है। शायद अँधेरा भी हो चला था। उस बुलानेवाले के चेहरे पर भय की रेखाएँ साफ दिखायी दे रही थीं। मैं जिस समय कामरेड राय के घर तुमसे मिलने पहुँची तुम खून से भरे हुए कपड़ों में एक फटी दरी पर कराह रहे थे। तुम्हारे पैरों से खून बहुत बह चुका था। जानें कितनी पट्टियाँ कोने में खून से गीली तरबतर पड़ी थीं। तुम्हारे साथी लोग उन पट्टियों को जलाने की चिन्ता में लगे हुए थे। मैंने देखा कि तुम आँखें बन्द किये हुए लेटे हो किन्तु तुम्हारी बन्द आँखें किसी की प्रतीक्षा में हैं; यह मैंने तुम्हारे चेहरे से ही अनुभव कर लिया था।

जब तुम्हें मेरे आने की सूचना दी गयी तुमने एक कराह के साथ अपनी आँखें खोली थीं, मुझे अभी तक याद है। मैंने तुम्हारा हाथ अपनी दोनों हथेलियों में लेकर अपनी आँखों पर फेरा और फिर एकटक तुम्हारी ओर देखना शुरू किया था, जिसका अर्थ था कि क्या यही सब तुम्हारी आतंकवादी क्रान्ति है?

— और तुमने साँस भरते हुए उत्तर दिया था—

रंजना! उम्मीद तो कम ही थी कि तुम इस वेला घर पर मिलोगी, किन्तु क्या करूँ, लाहौर अभी-अभी आया हूँ और आध घण्टे के अन्दर ही कुछ दिनों के लिए मुझे पेशावर की ओर जाना पड़ेगा, क्योंकि पुलिस बहुत बुरी तरह पीछे

पड़ी हुई है।—गोली लगने के बारे में न तो तुमने ही बताया और न मैंने ही उचित समझा कि पूछूँ। कामरेड राय से पूछने पर मालूम हुआ था कि तीन गोलियाँ पैर में अभी भी धँसी हैं, पर इस समय अकलंक का यहाँ से चले जाना ही श्रेयस्कर है।

और कामरेड राय शायद किसी काम से नीचे गये थे; कमरे की खिड़कियाँ सब बन्द थीं, तब मैं तुम्हारे सिरहाने कितनी फूट-फूटकर रोयी थी। मुझे वे क्षण और शब्द अभी तक याद हैं—

— मैं तुम्हें किसी भी तरह यहाँ से अब नहीं जाने दूँगी। क्या तुम्हारी राजनीति ही सब-कुछ है? तुमने अपनी राजनीति के पीछे अपने साहित्य की हत्या कर रखी है और, और फिर अकलंक! मैं, हाँ मैं कुछ भी नहीं?

— डरो मत रंजना! मैं पेशावर से शीघ्र ही लौटकर आऊँगा। और पगली! तुम्हें मेरी राजनीति से क्या लेना-देना? तुमने कहा था अकलंक! मैं उस समय विरोध या विवाद बचाना चाह रही थी, इसलिए मैंने बात बदलते हुए कहा था—

— मगर तुम्हारे पैर में तो गोलियाँ धँसी हैं, जाओगे कैसे? ...और तभी राय ने नीचे से आकर बहुत दबे स्वर में घबराते हुए कहा था—

— अकलंक! यहाँ से अब जल्दी निकल जाओ, क्योंकि पुलिस के गुर्गों को कुछ सन्देह हो गया है और शायद पुलिस कभी भी यहाँ पहुँच सकती है।

— तब तुम कैसे लँगड़ाते हुए हँसने की चेष्टा करते हुए राय का कन्धा पकड़कर उठे थे। धीरे-धीरे पीछे की गली में से निकलकर अपने दो साथियों के साथ तुम चले गये। दूसरे दिन सुबह अखबार से मालूम हुआ था कि रावी में कूदते हुए पुलिस ने तुम्हारा पीछा किया और तुम पकड़ लिये गये।

मैं और राजनीतिक बन्दी !! मेरा रोम-रोम काँप रहा है। मैं किस बिना पर अपने को अकलंक के धरातल पर ले जा सकता हूँ। वह एक फरार संगीन जुर्म का राजनीतिक आसामी, और मैं एक होजरी में मात्र ऐडवर्टाइजिंग मैनेजर! अब मुझे कुछ भी संशय नहीं है कि मैं और कुछ भले ही हो सकता हूँ किन्तु अकलंक तो कभी भी नहीं।

स्वयं रंजना एक तो कहीं नहीं जाती है और कदाचित् कोई इसके यहाँ आता भी नहीं है। कैसी घुटन होती होगी इन रेशमी परदों के भीतर, और घुटन ही इस रंजना का सम्पूर्ण जीवन है—आनेवाले क्या दिन, क्या रात, सभी इन परदों के पार आकर चले जायेंगे। इसे तो जीना है......यह कमरा, ये रंगीन परदे, ये डरावनी तस्वीरें, यह ड्राइंगरूम, बस!! अपने को जीवन से अलग हटाकर इतनी चीजों में समेटकर यह अपनी जिन्दगी जी जायेगी, उधार की जिन्दगी !! इसके नौकर बाजार जाते होंगे और पैसे फेंककर सड़ी-गली चीजें टीन के डिब्बों में बन्द ले आते होंगे, जो जीवन के नाम का उपहास बनकर बाजारों में बेची जाती हैं। ये टीन के डिब्बों

की जिन्दगी कदाचित् बनी ही ऐसे लोगों के लिए हैं। ये फसलों के बीच जीवित नहीं रह सकते, बल्कि उसकी तस्वीरें कमरे में टाँग सकते हैं।

— और अकलंक ! देखती हूँ कि तुम इस समय तक परायापन निभाने की सोच चुके हो कि तुम्हें यह पूछना भी आवश्यक नहीं लग रहा है कि मैं तीन महीने घर से क्यों नहीं बाहर निकली। नहीं जी, आज तो तुम वैसे ही चले आये हो निर्विकार भाव से, जैसे कोई फिल्म देखने जाता है तो वह चित्र देखते हुए 'कब' और 'क्यों' द्वारा फिल्म देखना बन्द नहीं करता, क्योंकि कोई भी दृश्य या पात्र उसकी आलोचना सुनने के लिए नहीं ठहरता।

— मैं तीन महीने तक निकली नहीं, वरन् यह कहूँ कि निकलने नहीं दी गयी। और इस तरह मैंने पहली बार अनुभव किया कि प्यार, प्रेम वह किसी का हो, समाज की टेढ़ी भँवों के सामने घुटने टेक देता है। तुमसे अलग करने के लिए धमकियाँ, मार, सब सहनी पड़ीं, किन्तु क्या इन सबसे मेरे विश्वास का ध्रुवतारा डिगा? नहीं। किन्तु जब बाहर आयी, तुम जा चुके थे, शायद सदा के लिए। सुना था कि वाइसराय की ट्रेन पर बम फेंकनेवालों में तुम भी थे और तुम्हें आजन्म कारावास का दण्ड मिला था। मेरे लाख चाहने पर भी जिस जहाज से तुम अण्डमान भेजे जा रहे थे तुमसे मिलने के लिए मुझे कलकत्ता भी नहीं जाने दिया गया। मेरे सामने फिर एक बार वैसी ही आँधी छा गयी थी जैसी कि सैयद के साथ उस दर्रे में छायी थी। मुझे विश्वास हो गया कि मेरी छाया भी चाण्डाल की छाया है अकलंक! अगर वह मनुष्य छोड़ किसी देवता या सूर्य, चन्द्र किसी पर भी गिर जाये तो वह अपवित्र या उसे ग्रहण लग सकता है। जब मैंने तुम्हें इस कमरे में आज दोपहर को पूरे पचीस बरस बाद देखा तो क्या तुम विश्वास कर सकते हो कि मेरी इच्छा फूट-फूटकर रो पड़ने की हुई? चाहने लगी कि तुम्हारी आँखों को, बालों को, सबको चूम-चूमकर भर दूँ और कदाचित् इतना चूमना चाहती थी कि ये जो पचीस वर्ष बिल्कुल रीते-के-रीते तुम्हारे जीवन में बीते होंगे, एकबारगी ही चुम्बनों के जल से भर जायें। किन्तु क्या यह सम्भव हो पाता? मैं जानती हूँ, प्रत्येक वाक्य और घटना सुनने पर तुम्हारी घृणा बढ़ेगी ही, पर क्या करूँ? अगर तुम्हारा प्रेम, तुम्हारा साहचर्य न पा सकी हूँ तो क्या घृणा से भी वञ्चित रहूँ?— चाहे कुछ भी हो, वह वस्तु तुम्हारी ही तो होगी। ना अकलंक! घृणा करके मुझे कहीं का न रखोगे। देखो, ऐसा न करना! मेरी इस इच्छा का क्या कभी आर-पार आज तक मिला है, जो मैं आज ही किनारे पर बैठकर समय के कंकड़ों को गिन-गिनकर हिसाब लगाने बैठूँ। यह न रंजना से कभी हुआ है और न होगा ही।

और वह कमरे में तेजी से टहल रही है। मैं राजनीतिक बन्दी था, मुझे बीस वर्ष तक संगीन अपराध में अण्डमान में भी रहना पड़ा है, जबकि इस हिसाब से मेरी उम्र कम-से-कम पैंतालीस की तो होनी ही चाहिए। लेकिन मैं तो अधिक-से-

अधिक पैंतीस तक पहुँचा हूँगा। क्या आयु के इस इतने बड़े अन्तर को रंजना-जैसी नारी की आँखें नहीं पहचान सकी होंगी? फिर, क्यों अपने चारों ओर यह ऐसा मिथ्या का भ्रम खड़ा किये है और चाहती है कि मैं भी इस भ्रम में बँधकर क्या कुछ न कर लूँ। मैं देख रहा हूँ, रंजना की आँखों से चिनगारियाँ फूट रही हैं। कोई व्यक्ति इतनी मानसिक और शारीरिक यातनाएँ लेकर भी जी सकता है और हँस-बोल सकता है! किन्तु शायद मैं इसके प्रभाव में आकर अन्यथा सोच रहा हूँ। ये यातनाएँ इन लोगों को कष्ट थोड़े ही देती हैं, क्योंकि यदि ऐसा हुआ करता होता तो ये कभी के इन रंगीन परदों को फाड़ फेंकते। किन्तु सोच-सोचकर जीवन को नासूर बना लेना और फिर उसे भी लिपस्टिक की तरह विज्ञापन का साधन बनाना ही इनकी कला है, सभ्यता है।

मैं देख रहा हूँ कि फिर अन्यथा सोच रहा हूँ।

उजालदान पर कोई कबूतर कहीं से आकर शीशे पर पैर जमाना चाह रहा है किन्तु फिसल पड़ने के कारण शीशे पर उसके पंजों के नाखूनों की 'किच-किच' की आवाज हो रही है।

— और अकलंक! मैंने अपने को इच्छाहीन बनाने का प्रयत्न किया। परिस्थितियों के हाथों में ढीला छोड़ दिया। मैंने अंग्रेजी साहित्य से एम० ए० किया और तब मेरा विवाह एक 'रायबहादुर' के लड़के से हो गया। जानते हो वह मेरा दूसरा पति था। वह भद्रकुल का श्रीमन्त पुत्र था। उसका दिमाग कभी-कभी पागलों की-सी हालत में भी हो जाया करता था। मुझे हमेशा मारा भी करता था। विवाह के तीन साल के भीतर ही माँ और बाप मर गये। लोग कहते हैं 'मेरे ससुर' महोदय ने मेरी सम्पत्ति पर कब्जा करने के लिए ही दोनों को स्वर्ग भिजवा दिया। जो भी हो, मैं एकदम निःसहाय, निराश्रित होकर अपने पति के साथ जी रही थी। मेरे पति महाशय को विलायत घूमने का शुरू से शौक था और मेरे पिता की सम्पत्ति प्राप्त होने पर वे विलायत की तैयारी करने लगे। मैंने तब एक लड़की को जन्म दिया अकलंक! जानती थी कि वह एक पागल की लड़की है, किन्तु मैं भी तो उसमें कहीं कुछ थी। मैंने अपने तन की पहली सौगात देखी। गाजर की तरह लाल-लाल और अखरोटों की तरह जिसकी नाक, तरबूज के गूदे की तरह जिसका शरीर—यह सब-कुछ मैंने ही जन्म दिया था, और उसी दिन मेरे ससुर अपने सुपुत्र के साथ विलायत के लिए चल दिये। मेरे मन ने कितनी बार चाहा कि वे एक बार आकर इसे देख लेते। किन्तु मेरी इच्छा का क्या मूल्य! पहले कदाचित् होता भी, किन्तु मेरी सम्पत्ति मिल जाने पर तो और भी नहीं। मैं सन्तोष किये बैठी थी और सोच रही थी कि चलो, ऐसे ही शेष काट दूँगी।

— परन्तु अकलंक! हम सोच कुछ भी लें, कर कुछ भी नहीं सकते! क्योंकि सोचना हम अपने साथ करते हैं, किन्तु करने में दूसरों की भी आवश्यकता होती है। दूसरे क्यों हमारे मन की बात होने दे सकते हैं? हम सब तो

शुतुरमुर्ग हैं अकलंक! इससे कुछ भी ज्यादा नहीं। सिर गाड़कर समझ लेते हैं कि तूफान अब नहीं आने का! हम अपनी मिची-मिची-सी आँखें बनाये भविष्यवाणियाँ किया करते हैं, किन्तु बात पूरी होने के पहले ही हमारा किया-धरा पानी हो जाता है। हम समझते हैं कि बस, अब कहाँ ? क्योंकि आगे तो कुछ है ही नहीं, और थोड़ी देर में वहीं पर पानी का सोता फूट निकलता है।

— रंजनाजी! इतना सब-कुछ सहने पर भी....

मेरा वाक्य पूरा भी न होने दिया और वह हँस पड़ी है। किन्तु स्पष्ट है कि वह उसी तरह हँस पड़ी है जैसे आपके पेट में भयानक दर्द हो और आपका चार साल का बच्चा बुजुर्गों की तरह पूछ बैठे और सान्त्वना देने लगे तो आप हँसने लगेंगे। उसे हँसी कहना भी गलत है, उसकी इस हँसी में कितनी पीड़ा है—यह मैं समझ सकता हूँ का दावा भी मिथ्या है।

— क्या पागल हुए हो अकलंक! तुम इसको सहना कहते हो? आदमी सहता तो अलग से है। किन्तु जिसका जीवन ही यह हो हम उसे सहना नहीं कह सकते। जैसे आग गर्मी को अलग से सहती है? वे तो दूसरी चीजें हैं जो आग को अलग से सहती हैं। तुम इतना भी नहीं समझ सके? इतनी सहानुभूति प्रदर्शित करके क्या मुझे कमजोर करना चाहते हो? याद रखना अकलंक कि तुम्हारी रंजना कमजोर हुई नहीं कि टूटी नहीं। दया या सहानुभूति के लिए पहले ही कह चुकी हूँ। आज तो सब इसलिए कह रही हूँ कि तुम्हें बिना सुनाये शायद मेरी मौत भी न आती और मुझे जाने कितना और भुगतना पड़ता। अकलंक! तन की यातना बहुत-कुछ से अधिक कट गयी और शेष भी कट ही जायेगी; रही मन की पीड़ा, तो वह भी कितने दिन!! तुम जो आ गये मन की यातना काटनेवाले, मन की भी कट ही जायेगी—और अकलंक! 'रंजनाजी' कहकर चाहते हो कि मैं और नरक में पड़ी रहूँ?

और वह मेरे सिरहाने खड़ी होकर मेरे बालों में अपनी कनेरी उँगलियाँ चला रही है। मैं जानता हूँ कि मेरे बाल घुँघराले हों तो क्या हुआ, कड़े तो ऐसे हैं कि सड़क साफ करने का ब्रश आसानी से बन सकता है। मेरे गालों के ठीक पास में वह भरा-भरा गोरा हाथ, जो कि एकदम चिकना सुडौल है—मेरे बालों में फिर रहा है। मैं जानता हूँ कि मेरा मन इस हाथ को चूम लेने को कर रहा है। साथ ही विश्वास है कि रंजना कभी अप्रसन्न नहीं हो सकती बल्कि चूम लेने पर उसे भी कदाचित् बरसों बाद उतनी प्रसन्नता होगी जितनी मुझे कई कड़वे बरसों में न हुई होगी, पर मैं ऐसा नहीं कर सकता।

दूर पर आटे की चक्की का स्वर आ रहा है। इन परदों के पार जीवन दिनभर उत्सव मनाने के बाद अब चल निकला है। परन्तु इस कमरे में जिन्दगी ने बहुत बड़ा ठहराव लिया है। क्योंकि यहाँ की जिन्दगी चलती नहीं है, बल्कि ज्वालामुखी की भाँति फूटती है। और तब वर्षों के लिए आग और गरम-गरम लावा ही रह जाता है। लोग बरसों तक याद करते हैं कि उनकी जाने कितनी अँधेरी रातें उस

ज्वालामुखी ने खून की तरह लाल-लाल कर दी थीं और ज्वालामुखी के उस जीवन ने न जाने कितने पेड़, पौधे, फसलें, जानवर और इनसान की पौध शेष कर डाले थे।

मुझे लगा कि रंजना के हाथों से गरम-गरम आँच आ रही है और वह आँच उँगलियों में पहुँच गयी होगी, तब बालों के घुँघरालेपन को भी निश्चय ही जला रही होगी—मैं सिहर उठा हूँ।

रंजना और ज्वालामुखी।

— मैं जानती हूँ अकलंक! तुम कई तरह के संकल्प-विकल्पवाले मन को लेकर यहाँ बैठे हो, किन्तु भावुकता में कोई काम ऐसा न कर बैठना जिससे बाद में पछतावा हो। रही मैं, तो मेरी बात न करो। और हाँ, देखो, बोलकर तुम समय को छोटा कर देते हो। मैं कथा को भी छोटा नहीं कर सकती और समय को भी बढ़ा नहीं सकती। दोनों को एक-दूसरे के साथ सामंजस्य करना ही होगा, क्योंकि अहल्या का पत्थर अब मुझसे ढोने से रहा अकलंक!

— इसके बाद कैसे और क्यों अपने इस पति तथा परिवार से परित्यक्ता हुई या की गयी, यह कह सकना तो आसान है अकलंक! लेकिन तुम्हें या किसी को भी समझा सकना सरल नहीं। सब-कुछ प्राप्त करने पर भी अप्राप्य बनी मैं किसी अज्ञात गति या प्रवाह की प्रतीक्षा करती निरालम्ब थी।

— एक दिन लेटी हुई तीन-चार दिन का पुराना अखबार देखने लगी। जाने कितने दिनों बाद लगा कि मैं पढ़ी-लिखी भी हूँ। एक क्षण को कालेज के वे दिन, दीक्षान्त-समारोह, प्रशंसकों की लालायित आँखें, आगे पढ़ने और विलायत जाने के स्वप्न...जाने क्या-क्या तिर आया। विराट् भूख होने पर रोटी का छोटा टुकड़ा मिल जाने पर कैसी ऐंठन, कैसी विवशता होती है इसका अनुभव कभी किया है अकलंक?..... मुझे पता ही नहीं था कि १९३९ वाली लड़ाई अभी भी चल रही थी। लड़ाई के उत्तेजक समाचारों ने मुझे अनजाने में स्फूर्ति दी। अखबार में पढ़ा कि स्त्रियों की एम्बुलेन्स में भर्ती की जा रही है। सभी तरह से सेवा कार्यों में महिलाएँ शरीक हो सकती थीं। मेरी आँखों में प्रकाश की एक क्षीण रेखा दौड़ गयी।

— जल्दी-जल्दी अपना सामान ठीक किया और बिना कुछ सोचे-विचारे मैं बम्बई के लिए रवाना हो गयी। मैंने अपना सब-कुछ एक बार फिर छोड़ा अकलंक! मैं प्रत्येक बार छोड़कर आगे बढ़ी और हर बार लगा कि मेरा यह मात्र भ्रम था कि मैं चल रही हूँ या इतना चलकर इतना पंथ शेष हुआ। पथ न शेष होता है और न हमें तोष देता है।

— जिस समय बम्बई पहुँचकर विक्टोरिया में बैठकर निश्चिन्तता अनुभव की उस समय लगभग दूसरा पहर था। ठीक तो याद नहीं, जून या जुलाई का महीना होगा। मानसून उठते थे और पश्चिमी घाट की शृंखलाओं से टकराकर बरस जाते थे और बेचारा बम्बई का किनारा भीग जाता था। मगर उस समय

आकाश बिलकुल साफ था। दूर-दूर तक धूप, लोहे किये टेबलक्लाथ की तरह उजली लग रही थी। लोग अपने-अपने कामों में, दूकानों में, फर्मों में व्यस्त थे। गुजराती और महाराष्ट्रीय औरतें घर के सारे कपड़े धो-धोकर अपनी छोटी बालकनियों के तारों पर टाँगे हुए थीं। बच्चों के नेकर, फ्राक, मर्दों की कमीजें, पाजामें सब सूख रहे थे। मजदूर औरतें या तो काम पर गयी हुई थीं या जो घर पर थीं वे अपने बर्तन साफ कर रही थीं, या नल पर खड़ी-खड़ी बाल्टियों के भर जाने का रास्ता देख रही थीं और साथ ही बँधे हुए सिर के बालों में काटती हुई जूँओं को मारती जा रही थीं। मजदूरों के बच्चे साइकिल के पुराने टायरों को या तो दौड़ाते हुए घूम रहे थे या फिर बुड्ढी के मीठे बालवाली मिठाई खाते हुए एक-दूसरे को टाँगें मार रहे थे। सड़क पर आने-जानेवाले व्यक्ति किसी अकेली औरत को बैठे देखकर उसके पूरे शरीर को घूरना अपना अधिकार समझकर आ-जा रहे थे।

— मैं बम्बई की उन भीड़प्रिय सड़कों पर से गुजरती हुई रेक्रूटिंग केन्द्र पहुँची। मुझे स्वयं ही नहीं मालूम था कि मैं क्यों जा रही हूँ, और अगर ले भी ली जाऊँगी तो मुझे क्या करना होगा। किन्तु जब आज तक बिना सोचे हुए ही आगे बढ़ना था तो फिर आगे सोचकर क्यों अपने सिर भले-बुरे की जिम्मेदारी लेती? मैं जिस समय रेक्रूटिंग अफसर के सामने पहुँची वह खाकी भूषा पहने थी जिससे मुझे साफ लग रहा था कि मैं मिलिट्री अफसर के सामने हूँ और मिलिट्री में कुछ काम खोजने आयी हूँ।

— सेण्टर के अहाते पर एक काले बोर्ड पर साफ-साफ लिखा हुआ था 'डब्ल्यू० ए० सी० इण्डिया' और अहाते के कँटीले तार तथा मिलिट्री गारद ने यह स्पष्ट कर दिया था कि आज तक जो जीती मैं चली आयी हूँ वह इससे भिन्न था।

— जिस समय मैं वेटिंग-रूम में पहुँची थी वहाँ कई जवान लड़कियाँ साड़ियों और स्कर्ट्स में 'काल' का रास्ता देख रही थीं। रह-रहकर बगल का दरवाजा, वर्दी पहने एक औरत खोलती थी और बहुत ही रूखे स्वर में किसी का नाम लेकर पुकारती थी। मैंने भी अपना नाम लिखवा दिया था।

— काफी देर के बाद मेरा नम्बर आया। मेरी बीमारी के कारण पहले मुझे इण्डियन मिलिट्री अस्पताल में स्वस्थ होने के लिए जाना पड़ेगा—तब डाक्टरी परीक्षा होगी, उसके बाद मुझे लिया जायेगा।

— इण्डियन मिलिट्री अस्पताल में तब मैं दिनभर अपने बिस्तरे पर पड़ी रहती थी। वहाँ रहकर मैंने नर्सिंग से सम्बन्धित कुछ किताबें पढ़ीं और मैं दो महीने में बिलकुल स्वस्थ हो गयी। मुझे कितने साफ तरीके पर याद है वह छोटी-सी घटना आज तक अकलंक! जब मैंने महीनों बाद अस्पताल के शीशे में अपना चेहरा देखा। मैं नहीं कह सकती कि कालेज के दिनों में मैं जब रोज बन-सँवरकर जाती थी तब के बाद अपने को सुन्दर समझने का मौका मिला हो। परन्तु उस दिन मैंने अनुभव किया कि मैं सुन्दर ही नहीं, बहुत सुन्दर हूँ

और अपने से मोह हो आया अकलंक! जब व्यक्ति को अपने से मोह हो जाता है तो वह किसी भी मूल्य पर मृत्यु स्वीकार नहीं करता है। जीवन के एक क्षण के लिए वह बड़ी-से-बड़ी चीज दे सकता है क्योंकि जीवन में व्यक्ति की सत्ता है और मृत्यु में सर्वज्ञता, सम्पूर्णता का अन्धकार !!

— उस समय मुझे अपने चारों ओर के उजले धुले पलँगों पर लेटी हुई दूसरी बीमार औरतों पर दया आयी, तरस आया। मुझे लगा कि मैं अपनी काली जिन्दगी जी चुकी हूँ और अब मेरे सामने धोबी के धुले कपड़ों की तरह सफेद उजली जिन्दगी जन्म ले रही है—मेडिकल टेस्ट के बाद मैं नर्स हूँगी और मेरी एक प्रेस्टिज भी होगी। अस्पताल की बड़ी-बड़ी खिड़कियों से तेज साफ धूप उस वार्ड की विशाल दीवारों पर प्रतिबिम्बित हो रही थी। धूप का उजलापन मेरे तन-मन को धो रहा था। मैं एक क्षण को फिर जीवन के मोह में आबद्ध हो गयी।

— मैं बिलकुल नये उत्साह के साथ टेस्ट क बाद अपनी ट्रेनिंग ले रही थी। मैं सुबह पी० टी० करने के लिए अपनी खाकी साड़ी की वर्दी पहनकर जब कतार में खड़ी होती थी तब मैं अनुभव करती थी कि हर व्यक्ति मुझे देख रहा है मेरी ये मोतिया छाँह की सुडौल बाँहें और लहराते हुए मेरे कुन्तल! और मैं गर्व से अपने कदमों को मिलाते मुट्ठियाँ कसे हुए चलती थी। मेरे मन में हमेशा यह उठता था कि अगर मुझे यहाँ इस समय कोई इस प्रकार पी० टी० करते हुए देख ले तो वह निश्चय ही हँसा सकता है और मैं जरूर ही सार्जेण्ट द्वारा 'पनिश' की जा सकती हूँ।

— रात में जब मैं थककर अपने बिस्तरे पर हास्टल के कमरे में लेटती थी तब एक-एक घटना, एक-एक व्यक्ति सामने आता था। परन्तु दूसरे ही क्षण अपनी इस नयी जिन्दगी के प्रति गर्व और मोह दोनों ही होता था। ट्रेनिंग के बाद मैंने अपनी रुचि महू के मिलिट्री अस्पताल के लिए भेज दी।—और मैं महू भेज दी गयी।

— जब मैं छोटी-छोटी पहाड़ियों और विन्ध्या की गोद में बसे हुए मालव के इस मिलिट्री सेण्टर में पहुँची तो मुझे लगा कि जैसे पहली बार सब-कुछ नये रूप से प्रारम्भ कर सकूँगी। हमारा हास्टल एक टेकरी के ठीक बगल में था। मैं जब वहाँ पहुँची सितम्बर प्रारम्भ हो चुका था। जामुनें अपने फल देकर फिर वन्ध्या खड़ी हुई थीं और बेर के पेड़, सागौन के वृक्ष, आंम के कुंज, सब शरद् ऋतु के उत्सव में निमग्न थे। मेरे कमरे की पीछेवाली खिड़की से साफ दिखायी पड़नेवाला विन्ध्य, जो कि बहुत ही लम्बा चला गया था, प्रतिदिन सुबह धूप के संग उग आता था, और अन्धकार के संग डूब जाया करता था।

नीम, पीपल, बरगद, जामुन के बड़े-छोटे पेड़, छोटी तथा कम चौड़ी तारकोल की सड़कों के दोनों तरफ दिनभर कुहरे और नंगी हल्की धूप में खड़े हुए तमाशबीन औरतों-बच्चों की भीड़ की तरह दिखायी देते थे।

— सुबह की ड्यूटी पर जब मैं हुआ करती थी तब चार बजे उठकर नहा-धोकर अपने मोजे, स्कर्ट और हुड लगाकर, ओवरकोट पहने, पैदल ही निकल पड़ती थी। हालाँकि एक मील से ज्यादा दूर अस्पताल पड़ता था, किन्तु महू की उन सर्दियों में मुझे इस तरह निकल पड़ना सुहाता था। सुनसान सड़क होती थी और मेहतर लोग अँधेरे ही अपनी लम्बी-लम्बी सड़क साफ करनेवाली झाड़ू लिये सड़क साफ करते हुए मिलते थे। सड़क साफ करनेवाली औरतें, गन्दी साड़ियों के छोर लपेटे हुए और मर्द अपने साफों का एक भाग मुँह पर लपेटे हुए अपनी पीठों पर हाथ उलटा धरे सड़क साफ किया करते थे। धूल और कड़ाके की इस सर्दी से अपने मुँह को वे इस तरह बचाते थे कि उन कपड़ों में से उनकी सिर्फ आँखें ही दिखलायी पड़ती थीं। ठण्ड के कारण उनकी नाक आगे से एकदम ठण्डी हो जाने के कारण लाल सुर्ख दिखलायी देती थी। मुझे दूर से ही आता हुआ देखकर वे लोग सड़क साफ करना बन्द कर दिया करते थे और अपने बँधे हुए मुँहों से भरी-भरी आवाजों में 'सलाम मेम साहब' कहकर एक क्षण को पीठ ऊँची करके देखने लगते थे। मुझे अपना जीवन और भी याद आ जाता था जब उनके जाड़े में बिलबिलाते बच्चे फटे कम्बल ओढ़े, जल्दी जग जाने के कारण और ठण्ड के कारण गन्दी टोकरियों के पास नाक बहाते हुए रोते हुए मिलते थे। अपने ओवरकोट की गरम-गरम जेबों में मेरी मुट्ठियाँ कस जाया करती थीं। अगर उस समय घोड़ों पर जाते हुए जब कभी मिलिट्री अफसर हवाखोरी से लौटते हुए दिखायी पड़ जाते थे तो जानते हो अकलंक! मन में आता था कि आपरेशन थिएटर में रखे हुए वे सब-के-सब तेज चाकू, छुरियाँ इनके पेट में घुसेड़कर इनकी अँतड़ियाँ बाहर निकाल लूँ, और घृणा का थूक इनके लाल सेब की तरह गालों पर भर जाये—क्योंकि तुम, तुम्हारे वर्ग, तुम्हारे समाज, सबने चाहा था कि मैं वेश्या हो जाऊँ। अकलंक! नारी को वेश्या बनाने के लिए तुम लोग ठीक इसी तरह से उसे घेरते हो जैसे तीतरों या बटेरों को लोग बहरा करने के लिए चारों ओर से घेर लेते हैं और तीतर की कोई अपनी संज्ञा न रह ज़ाये इसलिए तुम चारों ओर दिनभर चिल्ला-चिल्लाकर उसे बहरा कर देते हो। ठीक उसी तरह 'तुम वेश्या हो', 'तुम वेश्या हो' कह-कहकर नारी की अपनी संज्ञा को इसलिए समाप्त कर देना चाहते हो कि जिसमें उसका शरीर लूले, लँगड़े, रोगी किसी को भी जब चाहे चार आने में मिल सके।

— दूर चले गये घोड़ों पर बैठे हुए अफसरों की सीटियाँ, जिनमें रात में देखी हुई किसी फिल्म का कोई सस्ता-सा गाना 'दिस इज लव' या 'यू मेट मी बियाण्ड द होराइजन' वगैरह सुनायी पड़ता था। उनके वे मोटे-मोटे खूँखार कुत्ते

सड़कों पर, फुटपाथों पर, बिजली के खम्भों पर गन्दगी करते हुए पीछे-पीछे दौड़ते फिरते थे। परेड-ग्राउण्ड पर खाकी वर्दियाँ पहने हुए कैडेट लोग अपने मुँहों से गरम-गरम भाप छोड़ते हुए कभी अटेन्शन कभी एट-ईज की हालत में खड़े होते थे। जिन्दगी हालाँकि बँधी हुई थी अकलंक! किन्तु नियम था और ताँगे के घोड़े की तरह नाक की सीध सामने थी। मैं तब तक ईसाई नहीं हुई थी, किन्तु हर इतवार को नियमपूर्वक दूसरी नर्सों के साथ चर्च जाती थी। इतवार के दिन में अन्य दिनों के बँधे हुए जीवन से काफी अन्तर होता था। उस दिन हमारी प्रसन्नता ठीक उसी तरह हो जाती थी जैसे चुपचाप सोयी हुई झील को हवा का एक हल्का झोंका थोड़ी-थोड़ी देर में आकर छोटी-छोटी लहरों में हँसा जाये और कानों में फुसफुसा जाये कि—

— जीवन सोने का नाम नहीं है झील! वरन् छोटी-छोटी लहरें बनकर हँसने का नाम है।—

— और हम लोग उस दिन, दिनभर अपने नर्सवाले कपड़े नहीं पहनती थीं।

— हमारे बैरेकनुमा हास्टल में गिनती के ही स्नानघर थे और रविवार को अगर नहाने में थोड़ी-सी भी देर हो जाती थी तो फिर बारह बजे के पहले नम्बर नहीं आ पाता था। वे नर्सें जो ईसाई नहीं थीं, नहाने के मामले में सब देर लगाती थीं। यद्यपि मुझे ऐसा नहीं कहना चाहिए, मगर हम औरतों के जैसे छोटे-छोटे शरीर, हाथ-पैर वगैरह होते हैं कदाचित् दिमाग और ईर्ष्या तथा द्वेष भी इतने ही छोटे और हल्के हुआ करते हैं। हममें से प्रत्येक को यह मालूम होता था कि किसने आज कब और कहाँ पर किससे मिलने का आयोजन कर रखा है, और हमें आपस में ही कुढ़न होती थी। कोई लाल रंग की साड़ी क्यों पहनकर जानेवाली है, कोई नहाने में इतनी देर क्यों लगा रही है, और कौन ड्यूटी करके हास्टल रात देर आयी थी—जैसी, छोटी-छोटी बातें लेकर हम अपना समय नष्ट करती रहती थीं और अपना भूल जाती थीं कि हम भी जो कुछ करती हैं वह भी तो दूसरे के लिए आलोचना का विषय हो सकता है।

— फिर भी हममें से प्रत्येक, रविवार की प्रतीक्षा करती थी। हम लोगों में से जो जल्दी तैयार हो लेती थी, या यों कहो जरा भी देखने में सुन्दर होती थी वह जरूर ही उस दिन आठ बजे के बाद कहीं-न-कहीं, किसी-न-किसी के साथ या तो चाय पर, या फिर किसी पिकनिक के लिए आमन्त्रित होती थी। उस समय हम लोगों के हाथों में जाने कहाँ से फुर्ती आ जाती थी। वैसी फुर्ती कदाचित् ही कभी किसी बहुत ही मेजर आपरेशन के समय देखी जा सकती थी।

— वहाँ एक कर्नल टामस था। जिन दिनों मैं महू पहुँची थी, उसका 'हारनिया' का आपरेशन होनेवाला था। मैं उसके उस स्पेशल वार्ड में ड्यूटी पर लगी थी और तभी से हम एक-दूसरे से परिचित हुए। कर्नल टामस सीमाप्रान्त में बहुत रहा था इसलिए हम लोग घण्टों बैठकर सीमाप्रान्त के बारे में बातें किया करते

थे। उसको हमेशा एक बात का बहुत खेद रहा करता था कि उसे मोर्चे पर नहीं भेजा जा रहा है। यद्यपि वह इस बारे में कई बार लिख भी चुका था। अभी वह चालीस का ही था। हम लोग घण्टों फुटबालवाले ग्राउण्ड पर बैठे हुए बातें किया करते थे। वह अपने कुत्ते की जंजीर हाथ में बाँधे रहता था। उसे दो बातों का हमेशा शक रहा है कि उसे एक तो उसकी पत्नी ने और दूसरे उसके कुत्ते ने कभी नहीं चाहा है। मेरा विश्वास है अकलंक! उसने जरूर ही अपनी पत्नी को तलाक दे दिया होगा। वह हमेशा अपने गन्दे पीले तेज चाकू से दाँतों को खोदते हुए और नीली आँखों को अजीब तरह से भींचते हुए कहा करता था कि अगर अपनी पत्नी को वह तलाक दे सका तो वह मुझसे निश्चय ही शादी कर लेगा। वह मेरा नाम कभी ठीक तरह से नहीं ले पाता था सदा 'रैन्तना'—कहा करता था। हम दोनों शादी की बात पर खूब हँसते थे। उसी कर्नल टामस के यहाँ मुझे हर रविवार को निमन्त्रण पर जाना होता था। मैं कारण जानती थी कि वह अनायास ही मुझे नहीं बुलाता है, किन्तु जानते-बूझते भी उसका मन नहीं तोड़ पाती थी, ऐसा क्यों? पता नहीं, वह अक्सर कहा करता था कि उसका पिता, लिवरपूल की सड़कों और गलियों में पुराने कार्कों के बदले में नये कार्क बेचने का काम किया करता था। जब टामस पाँच वर्ष का हुआ, तब उसका पिता एक दिन समुद्र में कुछ लोगों के साथ मछली पकड़ने गया था। उस दिन कुहरा बहुत था और नाव एक स्टीमर से टकरा जाने के कारण उलट गयी और वह डूबकर मर गया। टामस की माता अपनी इकलौती सन्तान को छोड़कर लिवरपूल के एक रेलवे ड्राइवर के साथ विवाह करके चली गयी थी और टामस तब अपने पैरों पर खड़ा हुआ और आज वह किसी प्रकार कर्नल तक बन सका है। अब वह चाहता है कि युद्ध में जाकर जरूर ही अपने ओहदे में वृद्धि करवाये। उसकी पत्नी से उसकी बिल्कुल नहीं बनती है इसलिए वह बहुत दुःखी रहता है। इसलिए अगर मैं कभी बहाना बनाकर अस्वीकार करती थी तो वह इतनी निरीह आँखों से मेरी ओर देखने लगता था कि मुझे अस्वीकार कर देने पर भी 'हाँ' भरनी पड़ती थी, और तब वह कितना प्रसन्न होकर अपने खाकी हाफपैण्ट में से सिगरेट निकालते हुए कहा करता था—

"हाउ स्वीट आफ यू माइ लव!"

— बहुधा मैं उसके साथ रविवार की रात या तो सिनेमा जाती थी या फिर रात्रि-क्लबों में नृत्य वगैरह के लिए जाया करती थी। जब कभी हम लोग सिनेमा में होते थे तब टामियों की वे सीटियाँ और अश्लील गालियाँ कितनी बुरी लगती थीं। कर्नल टामस के साथ जो सबसे बड़ी कमजोरी थी, वह थी शराब और इसमें मुझे भी साथ देना होता था। यह साथ देना जानते हो, अकलंक! धीरे-धीरे मेरी वृत्ति बन गयी। रात को मैं अपने हास्टल में समय-असमय शराब के नशे में लौटती थी। मुझे टामस ने नृत्य करना पूरी तरह सिखाया था, और पूरे

महू में मैं नृत्य के लिए प्रसिद्ध हो गयी। जब कोई मेरे नृत्य की प्रशंसा करता था तो टामस फिर घण्टों तक शराब के नशे में पूरी गाथा सुनाने लगता था कि उसे इस हिन्दुस्तानी औरत को सिखाने में क्या नहीं करना पड़ा। और मुझे यह प्रसंग सदा अप्रिय लगता था, कारण कि कर्नल टामस सब-कुछ होने के बाद भी यह कभी नहीं भूल पाता था कि वह अंग्रेज है, और अंग्रेज इस देश का शासक है।

— मुझे उन दिनों भूलकर भी हफ्तों तक पिछले दिन याद नहीं आते थे—बस, एक बँधा हुआ जीवन चल रहा था। ड्यूटी पर आठ घण्टे लग जाते थे। जनरल वार्ड की ड्यूटी मैं हमेशा पसन्द करती थी, क्योंकि बहुत-सारे रोगी होते थे और हमेशा ही कोई-न-कोई काम।

'सिस्टर, टेम्परेचर देख लीजिये!'—

'सिस्टर, दवा का समय हो गया।'—

में ही समय कट जाया करता था। स्पेशल वार्ड में जब कभी रात की ड्यूटी होती थी तब अधिकतर तो आराम ही रहता था क्योंकि रोगी आखिर एक ही तो होता था और वह कभी-न-कभी सो ही जाता।

— किन्तु एक घटना जो वहाँ के जीवन में कड़वी विषरेखा की भाँति लगी, वह थी—एक बटेलियन आफिसर के टान्सिल्स बढ़ गये थे और आपरेशन द्वारा वे काट भी दिये गये थे। मैं सबसे कुशल नर्स मानी जाती थी, डाक्टरों और सर्जनों का तो मुझ पर काम के कारण विश्वास था, किन्तु मुझे सदा हँसी आती थी कि रोगी क्या देखकर चाहा करते थे कि मेरी ड्यूटी उनके ही जनरल वार्ड या स्पेशल वार्ड में लगे।

मैं देख रहा हूँ कि रंजना इस समय जैसे किसी उपन्यास के पन्ने-पर-पन्ने पढ़ती जा रही है और मैं कदाचित् आँखें बन्द किये हुए सुन रहा हूँ, पर सत्य तो यह है कि मेरे स्थान पर उसकी आँखें बन्द हैं और मैं जाने कितनी देर से इसके मुँह की ओर देख रहा हूँ। मुझे बिल्कुल ही ध्यान नहीं रहा था कुछ देर से, कि मैं रंजना की ओर देख रहा हूँ। वह जो कुछ कह रही है उसे एकाग्र होकर सुन रहा हूँ। कदाचित् सब अपने-आप होता चला जा रहा है, किसी को कोई विशेष अड़चन नहीं है। रंजना की इन गोरी पलकों के पीछे उसकी झील-जैसी आँखें जाने क्या-क्या काला, सीलन-भरा तथा धूप-रचा उजला भी देख रही होंगी। परन्तु घटनाओं के उतार-चढ़ाव, व्यक्तियों की आकृतियों की रेखाएँ इन आँखों में समायी हुई होंगी, जिन्हें मैं केवल सुन रहा हूँ और देख नहीं पाऊँगा। रंजना तब आज-जैसी ही शान्त तथा गम्भीर और घटनाओं से अपने को तटस्थ रख सकनेवाली थोड़े ही होगी। और यदि होती, तो इतना सब हुआ कैसे होता? मुझे अपने पर तरस आ रहा है कि किस सीमा तक मूर्खता की बात सोच सकता हूँ। अगर यह सोचा हुआ मैंने कहीं कह दिया होता तो चारों ओर के बैठे हुए लोग सब इस तरह देखते कि जैसे 'कोई इस तरह की बात कर सकता है, जो इतनी तर्कहीन भी हो!'—और

विशेषकर महिलाएँ निश्चय ही घूरती हैं, और ऐसे समय लिपस्टिक लगे ओंठों को बिदकाना वे कभी नहीं भूलती हैं। तब सब एक-दूसरे की ओर देखकर अत्यन्त भद्रता के साथ हँसने लगती हैं, जैसे बहुत-सारी चाय की चम्मचें किसी ने एक साथ गिरा दी हों—बस, इससे अधिक इनकी हँसी का क्या मूल्य होगा?

मैं देख रहा हूँ कि रंजना आगे का कुछ सोच रही है। इस गाउन में—जिसमें यह इस समय मेरे सामने है—देखकर मेरे मन में जो बात आ रही है, वह यही कि मैं इस नारी को न चाहूँ, तब भी मोहित ही हूँगा, एकदम कैसी सुन्दर लग रही है।

— तो मैं कह रही थी अकलंक! उस टान्सिल्सवाले बटालियन आफिसर के बारे में। उसने मुझे कई बार टामस के साथ सिनेमा में, रेस्तराँ में, रात्रि-क्लबों में देखा था और हमेशा वह सामने की टेबल पर आकर बैठ जाता था और मुझे घूरने लगता था। हमारा यद्यपि एक-दूसरे से परिचय यदा-कदा से अधिक निकट का रूप ग्रहण नहीं कर सका था, क्योंकि उसके बारे में मुझे मालूम था कि वह इतना बड़ा अफसर होने पर भी आवारा व्यक्ति है और शराब पीकर सड़कों पर या फिर बिलियड्‌र्स की सैलूनों में जाकर अत्यधिक हुल्लड़ मचाया करता है।

— छावनी से लगे हुए मुहल्ले और बाजार जल्दी बन्द हो जाया करते थे। बहुत रात तक चलनेवाला वह पारसियों का मुहल्ला था, जो बदनाम था। सिविलियन लोग और विशेषकर औरतें अँधेरा होने के बाद कभी उधर जाने का साहस नहीं करती थीं। पारसियों के कुछ बँगले, कुछ चीनी बार और छोटे-मोटे दूसरे रेस्तराँ ही आबाद रहा करते थे। उस बटालियन आफिसर ने मुझे बीसियों बार आमन्त्रित किया था, मगर मैं जानती थी कि यह आमन्त्रण मात्र एक आड़ है—और हँसकर टाल जाया करती थी।

— एक बात कहूँ अकलंक! नर्सों या वेकाई-गर्ल्स के बारे में जो कुछ कहा जाता है वह सम्पूर्ण नहीं है तो अधिकांश सत्य ही होता है, और विशेषकर सैनिक अस्पतालों में तो हम लोग, उन लोगों के बीमारों की सेवा करने के लिए रहती हैं, किन्तु अस्पताल की ड्यूटी के बाद जो यह सब हम सरेआम होटलों, बारों और क्लबों में बैठकर करती हैं, वह मात्र बाह्य आवरण है। इसके केन्द्र में जो रहता है भोग, उसका मुझे पहले ज्ञान नहीं था।

— एक रात बटालियन आफिसर को बहुत दर्द हो रहा था और मैं तीसरे पहर ही जब ड्यूटी पर पहुँची थी तब से बराबर सेवा कर रही थी। वह रात को दस बजे तक डाक्टरों को काफी परेशान करता रहा और उसने मुझ पर सिद्ध कर दिया कि मुझे अपने रोगी को एक क्षण के लिए भी नहीं छोड़ना है, और मैं उसके सिरहाने कुर्सी डालकर बैठी रही। परेड ग्राउण्ड के बाद एक पहाड़ी झरना पड़ता था और फिर सागौन का बहुत ही झीना—किन्तु अत्यन्त सुन्दर जंगल। वहाँ कई अफसरों के बँगले थे और इस बटालियन आफिसर का

बँगला भी इन्हीं में से एक था। इस बँगले के दाहिने हाथ पर कुछ बँगले थे किन्तु बायें हाथ पर बहुत दूरी पर 'सी' और 'डी' कम्पनी के मेसेस थे—और बस, उन मेसेस के बाद फिर बैरकें थीं।

— जाड़े की रात, कदाचित् अगहन का अन्तिम सप्ताह था या फिर पौष का प्रारम्भ था। खिड़कियों के पल्ले, पीतल के चमकते हुए बोल्टों से एकदम बन्द थे क्योंकि बाहर तेज ठण्डी हवा चल रही थी। शाम को कोई भी उम्मीद नहीं कर सकता था फिर भी काफी तेज ओले गिर चुके थे। चारों ओर एकदम घना कुहरा घिरा हुआ था। शीशों के पार कुहरा ऐसा लग रहा था जैसे कोई काला साँभर खिड़कियों के इन शीशों से अपनी पीठ और पुट्ठे रगड़ रहा हो, और बेचारे शीशे चूर-चूर हो जायेंगे। लड़ाई के दिन थे, जापानी लोगों का बढ़ाव असम मोर्चे की ओर बढ़ रहा था और किसी भी क्षण लड़ाई के बम भारतवर्ष की धरती पर गिर सकते थे। बटालियनें आये दिन विन्ध्या के जंगलों में ट्रेनिंग पाती थीं और फिर वे एक दिन महू के उस छोटे-से स्टेशन से ईराक या मिस्त्र, जर्मनी या फ्रांस, सिंगापुर या मलय कहीं उसी तरह भेज दी जाती थीं, जैसे यह सब भी लगेज हों और थोक माल की तरह आपने गाड़ी पर चढ़ा दिया, बस !! इसलिए हर कैडेट, अफसर यही सोचता था कि आज का दिन उसका है, कल के बारे में वह नहीं जानता। इसलिए उसकी इच्छाएँ और उच्छृंखलताएँ बहुत बढ़ जाती थीं। नर्सों और वेकाइयों को लेकर वे लोग क्या क्लबों, बारों, सड़कों, परेड ग्राउण्डों तक पर देखे जाते थे। उन दिनों छावनियों में लाइटों का प्रयोग नौ बजे के बाद नहीं करने दिया जाता था। इस कुहरे में से कभी-कभी सर्चलाइट आकाश की ओर तेजी से जाती हुई दिखायी देती थी और फिर गहरा सन्नाटा हो जाता था। सैनिक आफिसरों के टेबल-लैम्पों पर गहरे काले शेड्स प्रयोग करने की आज्ञा थी। उस दोपहर मैं स्टेशन गयी थी, क्योंकि कर्नल टामस की बटालियन को सहसा बम्बई के लिए रवाना हो जाने की आज्ञा मिली थी। यह बटालियन आफिसर आनेवाले आठ दिनों में ही स्वयं के भी रवाना होने की आशा कर रहा था, और इसे इस बात का दुःख था कि इन दिनों जबकि वह नाच-गा सकता था, बेचारा बीमार बनकर लेटा हुआ है।

— मैं उसके सिरहाने बैठे हुए सोच रही थी कर्नल टामस के बारे में कि कितना सभ्य था वह। कभी उसने कोई अशिष्टता का व्यवहार नहीं किया। जबकि मिलिट्री की शिष्टता सिविलियन लोगों की अश्लीलता की समाप्ति पर प्रारम्भ होती है। पर टामस ने मुझे शिकायत का कोई अवसर नहीं दिया। जब वह मालाओं से लदा अपने कम्पार्टमेण्ट के दरवाजे पर खड़ा बहुत उदास लग रहा था, मेरा मन जाने कैसा-कैसा हो गया था। लड़ाई में जाना किसी को भी अच्छा नहीं लगता है। कदाचित् बिदा होते हुए टामस की आँखों के आगे कुछ लोग स्मरण आये होंगे। मैंने तब कितने प्रेम से उसकी सिगरेट जलायी थी

और वह तब कितना प्रसन्न दिखने लगा था। उसके बायें तरफ के एक दाँत में सोने की पत्ती जड़ी हुई थी, जो उस दोपहर जब हँसता था तब कितनी अच्छी लग रही थी। पूरा स्टेशन सैनिकों के भारी बूटों की आवाज से भर गया था। उन बूटों के नीचे लगे हुए गोखरू कैसे 'किचिर', 'किचिर' बोलते जा रहे थे। कई नर्सें, वेकाई गर्ल्स, कुछ की पत्नियाँ ट्रेन के समय अपने परिचितों, डार्लिंगों और पतियों को बिदा देने के लिए आयी हुई थीं। पूरा स्टेशन एक बार चुम्बनों और आलिंगनों के रस में डूबा हुआ लग रहा था। कइयों के बच्चे लाल-लाल पुलोवर पहने कैसे उम्दा तरीके से अपने भरे हुए गोल छोटे हाथ हिलाते जा रहे थे। इस हाथ हिलाने का अर्थ अभी वे आनेवाले कई वर्षों तक नहीं जान पायेंगे।

— ट्रेन चलने के पहले पूरी कम्पनी एक बार 'फाल इन' हुई थी। एकबारगी ही चिकने पत्थरोंवाला छोटा-सा प्लेटफार्म राइफलों के कुन्दों और एड़ियों की खटाकों से भर गया था। उसके बाद सार्जेण्ट मेजर की 'शोल्डरआर्म्स' आर्डर आर्म्स' की तेज आवाज सुनायी दे रही थी। सहमे हुए कुली लोग धीरे-धीरे पान की टोकरियाँ और दूसरा सिविलियन माल ढो रहे थे।

— और तब तीन 'हिप्-हिप् हुरें' के साथ ट्रेन की खिड़कियों में से पचासों हाथ खिड़कियों से बाहर निकल पड़े थे—स्टेशन के प्लेटफार्म को पकड़ने के लिए जैसे ट्रेन ने हाथ बढ़ा दिये हों। एक क्षण को टामस का इस तरह हमेशा के लिए चला जाना मेरे मन को बहुत बुरा लगा, ऐसा क्यों? मैं नहीं जानती पर मैंने उसका हिलता हुआ हाथ, भूरे बालों से भरा हाथ, अपनी ओर खींचकर गालों से सटाकर उस पर दो गरम-गरम बूँदें गिरा दीं, और फिर मेरे ओंठों ने तीन चुम्बन उसकी हथेली और कलाई पर टाँक दिये। उसी हथेली और कलाई पर, जो लड़ाई के मैदान में मशीनगन चलायेंगे। मशीनगन चलाते समय वे तीन चुम्बन उसके दाँत की सोने की पत्ती से भी अधिक चमकदार होकर चमकेंगे। वह कितना खुश था, कितना खुश था अकलंक! कि मैं कुछ बता नहीं सकती। मुझे हमेशा वह टामस इसलिए याद रहता है कि वही एक व्यक्ति मेरे जीवन में ऐसा आया जिसे हँसता पाया और जिसने मुझे भी हँसाया। मैं देर तक खड़ी रही प्लेटफार्म पर। चारों ओर से कुली ठेलों पर सामान लादे हुए जाने क्या समझते हुए बचते-बचाते गुजर रहे थे। जाड़े की उस कुहरे भरी मन्द मीठी दोपहरी में दोनों रेल की काली पटरियाँ पृथ्वी पर लेटी हुई कोसों बिछी हुई दिखायी दे रही थीं और, और उन्हीं दो पटरियों पर वह ट्रेन चली जा रही थी जिसमें टामस मुझे एक क्षण को जीवन की मिठास देकर चला गया था।

रंजना कितनी उत्तेजित हो उठी है कर्नल टामस की स्मृति में। यदि सम्भव होता तो निश्चित ही रंजना ने उसे पति तक बना लिया होता। किन्तु इतनी कड़वाहट के बाद जो मिठास बनकर आया था क्या उसकी भी यह उपेक्षा कर देती?

रंजना ने एकदम चौंककर अपनी आँखें खोल ली हैं और—

— जानते हो अकलंक! मैंने इस व्यक्ति के साथ शायद विवाह किया होता, शायद नहीं निश्चय ही किया होता। और यदि विवाह करती तो बिलकुल अपनी जिम्मेदारी पर करती। और, अगर इस व्यक्ति ने भी वही किया होता जो औरों ने किया है तब कदाचित् मैं इस टामस का उल्लेख तक भी नहीं करती। अकलंक! वह और सब-कुछ था लेकिन उसे केवल शरीर की अपेक्षा कभी नहीं थी; मैं कहती हूँ बिल्कुल नहीं थी अकलंक! अन्यथा यदि वह शरीर लेकर सन्तुष्ट होनेवाला व्यक्ति भी होता तब भी मुझे बहुत प्रसन्नता होती। मैं समझती कि मेरे नारी शरीर की नदी के लिए सिन्धु यही व्यक्ति है और आज इसका उपयोग हो गया; जिसकी मैं प्रतीक्षा कर रही थी, और जिसकी प्रत्येक नारी सहज प्रतीक्षा करती है। किन्तु मैं देखती हूँ अकलंक! कि न तो अच्छे क्षणों को बाँध रखने की क्षमता एवं शक्ति है मुझमें और न बुरे क्षणों को दूर रखने का साहस एवं बल। कटी हुई पतंग की भाँति, हवा की इच्छा पर निरन्तर पतनोन्मुख—यही तो कदाचित् तुम भी सोच रहे हो, क्यों ठीक है न अकलंक?

मुझे रंजना का मेरे प्रति इस प्रकार कटु सोचना अच्छा नहीं लगा है।

— ऐसा सोचने का कारण, रंजना?

आरामकुर्सी पर बहुत देर से विश्राम करती हुई अपनी टाँगों को हिलाते हुए वह बोल रही है—

— ऐसा न सोचने का क्या कारण है अकलंक? कदाचित् दयावश स्वयं तुम ऐसा सोचना चाहकर भी नहीं सोच रहे हो, या फिर....

और अब की बार उसने फिर आँखें बन्द कर ली हैं—टाँगें हिल रही हैं।

— या फिर...के आगे तुमने वाक्य पूरा करने के स्थान पर आँखें बन्द कर लीं, रंजना! और जानती हो मैं वाक्य पूरा होने की प्रतीक्षा में तुम्हारी इन बन्द पलकों की ओर देख रहा हूँ, कुछ सुना रंजना!—

— मैंने किस-किस की प्रतीक्षा नहीं की अकलंक! तुम्हारी भी की थी, और आज तक की थी—किन्तु व्यर्थ!! और हाँ देखते हो, तुम वाक्य जरा देर में पूरा होगा इस तक की प्रतीक्षा न कर सके और कह बैठे। जबकि मैं तो आज अपने ओंठों के बाहर यह सब ला सकी हूँ जबकि एकदम किनारे पर आ खड़ी हुई हूँ, क्योंकि पथ समाप्त-सा ही तो लगता है—बल्कि पथ की परिसमाप्ति, शून्य के किनारे पहुँचकर क्षितिज का व्यास बन गयी है अकलंक!

— मैं समझा नहीं रंजना!

— तुम्हें थ्योरी समझ में नहीं आ सकती यह मैं लिखकर दे सकती हूँ—प्रेक्टिकल डेमान्स्ट्रेशन के सिवा और कुछ भी कहना-सुनना सिर खपाना है। सब-कुछ समझ में आ जायेगा। मेरी समझ में यह सब इसलिए आ रहा है कि कुछ

अनागत भी देख पा रही हूँ विगत के आधार पर। तुम विगत सुन रहे हो, वर्तमान को मैंने तुम्हें देखने दिया ही नहीं; तो अनागत तो बिना आँखें फाड़कर देखे तो समझ में नहीं आ सकता; है न? भ्रम में तुम नहीं, मैं हूँ अकलंक! सब कहीं मैंने ही भूल की है; जब मैंने भूल की है तो फिर तुम-जैसे भी समझोगे, समझाऊँगी तुम्हें तो। उस टान्सिल्सवाले बटालियन अफसर के सिरहाने बैठी मैं कर्नल टामस के बारे में यही सब सोच रही थी, किन्तु वह अफसर जाने कब करवट बदल चुका था और बहुत देर से टकटकी बाँधकर मुझे घूर रहा था। उसका पूरा नाम तो बहुत बड़ा था मगर सब उसे 'रेनाल्ड' कहकर ही पुकारते थे। रेनाल्ड हम लोगों की 'जनरल सर्विस' की परेड पर भी हमेशा पहुँच जाया करता था और हाथ में हमेशा एक छोटा-सा हण्टर लिये, कन्धे पर बटालियन आफिसर का 'लाल फूल' लगाये तथा हैट में लाल रिबन लगाये हुए, स्लेटी या नेवी ब्ल्यू साड़ियों में लिपटी हुई 'जनरल सर्विस' की लड़कियों को घूरने के मामले में वह छावनी में प्रसिद्ध था। एक बार यह सोचकर पूरी कँपकँपी आ गयी और मुझे पहली बार डर-जैसी चीज अनुभव हुई कि इतनी रात में बिल्कुल अकेले जँगले में इस रेनाल्ड-जैसे आवारा की देखभाल कर रही हूँ।

कमरे का हीटर अपने तारों में लाली भरे हुए फुँका जा रहा था। डाक्टरों को गये एक घण्टे से अधिक हो चुका था। मैंने उसका टेम्परेचर भी लिया था और वह नार्मल से कुछ ज्यादा था। मैंने वातावरण को भयहीन करने के लिए बोलना चाहा, किन्तु मैं जानती थी कि रेनाल्ड को बोलना मना है। और न बोलने देने में कदाचित् वह परिस्थिति ही न आये जिसकी आशंका से इस ठण्डे और घने कुहरे में भी हल्का पसीना अपनी दोनों बगलों और माथे पर अनुभव कर रही थी। क्योंकि बोलकर कोई भी अपना मनोभाव तो प्रकट कर ही सकता है, चाहे फिर आप उसकी उपेक्षा ही कर दें। किन्तु दबा हुआ भाव स्पष्ट कर दिया जाने पर, व्यक्ति अपनी तृप्ति और वांछा के नखों से उसी तरह धरती को कुरचने लगता है जैसे बिल्ली के पंजे। सामने एक जालीवाली छोटी अलमारी रखी हुई थी उसमें ओवल्टीन, हार्लिक्स और कुछ विटामिन, टानिक, साथ ही कुछ उजली पट्टियाँ रखी हुई थीं। रेडियम डायल की टेबल-क्लाक में इस समय ११.३० हो रहे थे। घड़ी के अक्षर और काँटे हरे-हरे चमक रहे थे। उसकी 'किट्'; 'किट्' उस गहरे सन्नाटे में ठीक वैसे ही लग रही थी जैसे वह अन्धकार की नाड़ी की आवाज हो। मैंने, अपना डर दूर करने के लिए रेनाल्ड के ठीक सिर की तरफ रखी दो-तीन लड़ाई की पत्रिकाओं में से एक उठाकर देखनी शुरू की। मोटे-मोटे टैंक, स्टील के हैट पहने हुए फौजी और जाने क्या-क्या, मैं रातभर देखती ही रहती यदि बिस्तरे की उजली बेडशीट पर रखा हुआ मेरा हाथ किसी ने न छुआ होता तो, और मैं एकदम डर गयी। मेरी बगलें पसीने से लथपथ होने लगीं, अन्दर की

ब्रेसरी-जैसे एकदम पानी से भीग गयी हो। ब्रेसरी की डोरियाँ जो कि पीठ पर बँधी हुई थीं गीली लग रही थीं। मुझे लगा मेरी पिण्डलियों पर से अवश्य पसीने की धारा बह रही है जिसके कारण मेरे लम्बे मोजे गीले हो रहे होंगे, परन्तु कहीं किसी भी ओर देखने का मेरा साहस नहीं हो रहा था। मेरा उजला हुड जो कि गले से कुछ ऊपर था, बालों की जड़ों से निकले पसीने से भीगा-भीगा लग रहा था। उसकी दो उँगलियाँ बहुत अधिक सिगरेट पीने के कारण पीली-पीली दिखायी दे रही थीं और वह मेरी ओर घूरता हुआ कह रहा था--

— रेनाल्ड क्या इतना बुरा आदमी है कि उसे स्नेह का एक चुम्बन तक नहीं मिल सकता?—

और मैं जानती हूँ कि मेरी तबीयत इतने जोर से चीख पड़ने को कर रही थी कि बस!! साथ ही मुझे मालूम था कि बाहर के उस छोटे-से गार्डरूम में जो गार्ड पहरे पर है वह चीख सुनने पर भी यहाँ नहीं आ सकता है। रेनाल्ड अब तकिये के सहारे और ऊँचा हो गया था। बार-बार अनुनय करता जा रहा था तथा मेरा हाथ अब उसके सीने पर पहुँच गया था। मुझे अपने इस वेकाई गर्ल के रूप की विपन्नावस्था पर आज पहली बार तरस आ रहा था। मैंने हाथ को झटका दिया अकलंक! पर वह वैसे ही झटका खाकर पड़ा रहा जैसे किसी बन्दी की एक टाँग जेल की दीवार की साँकल से बँधी हो और वह बन्दी जब टाँग निकालना चाहता हो तो बार-बार झटके खा जाती हो। मैंने रेनाल्ड से विनती की—उसे ऐसा नहीं करना चाहिए। किन्तु अब मेरे हाथ उसके जलते गरम फौलादी हाथों में पहुँच चुके थे। मैंने—'आपको टेम्परेचर है'—कहकर हाथ खींचकर थर्मामीटर लाने का बहाना बनाया परन्तु तब तक मेरे ओंठ उसके मूँछों-भरे ओंठों पर जा चुके थे। उसके दोनों ओंठ बेतहाशा जल रहे थे। मैं एक बार जोरों से चीखी, परन्तु तेज ठण्डी हवा के बाहर बहते हुए अन्धड़ के कारण 'खड्' 'खड्' करते हुए दरवाजे और खिड़कियाँ ही उस चीख को पी गयीं, और वह मुझे अपने सीने पर झुकाये था। मैं पागल हो रही थी। मुझे याद है अकलंक! सिरहाने लगे हुए स्विच की एक बार 'खट्' से हल्की आवाज हुई थी और उसके बाद जैसे दर्जी की सुई दो कपड़ों को जोड़ती चली जाती है, बस वैसे ही....बस वैसे ही.....।

मैं जब सुबह की वेला हास्टल लौटी मेरा सिर तवे की तरह जल रहा था और पूरी दुनिया से मुझे घिन, घृणा और चिढ़ हो रही थी। मैंने निश्चय कर लिया था कि मैं अब यहाँ नहीं रहूँगी, और अगर कहीं रहने को स्थान नहीं मिलेगा तो कुएँ में कूदकर अपने इस वासनामय नारी-शरीर को सदा के लिए समाप्त कर दूँगी।

जब मैं हास्टल पहुँची सब अपनी-अपनी ड्यूटी के लिए तैयारियाँ कर रही थीं। मैंने कमरा अन्दर से बन्द कर लिया और बिस्तरे पर औंधे लेटकर अपनी हथेलियों में मुँह छुपा फूट पड़ी। दिनभर यों ही पड़े-पड़े रोती रही। साँझ को

जब वार्डन ने दरवाजा खुलवाया तो मैंने सिर में पीड़ा का बहाना बनाकर पीछा छुड़ाया। तीन दिन तक कमरे से बाहर नहीं आयी। चौथे दिन आफिस में जाकर अपना त्यागपत्र दे दिया। मेरे एकाएक इस प्रकार त्यागपत्र से सबको आश्चर्य हुआ। मुझसे लोगों ने कारण जानना चाहा क्योंकि किसी-न-किसी रूप में सभी मुझे चाहते थे और मुझ-जैसी कुशल नर्स के जाने से उन्हें धक्का लग सकता था। तुम बताओ अकलंक! कि मैं लोगों की बात का क्या उत्तर देती? क्योंकि नारी का जो शरीर मुझे मिला था और जिसे देखकर प्रत्येक के मन में वासना ही आयी, क्या कोई भी मुझे इस नारी-शरीर की यन्त्रणा से मुक्ति दिला सकता था? जब सबने मुझसे कारण जानने की बहुत चेष्टा की तब मैंने कहा कि मेरी तबीयत यहाँ नहीं लगती है। लोगों ने मुझे और कहीं चले जाने के लिए कहा, बोले, त्यागपत्र देना उचित नहीं।

— मैं जानती हूँ, कारण कदाचित् सबको धीरे-धीरे मालूम होता जा रहा था और इसलिए मैंने बैरागढ़, जहाँ लड़ाई के बहुत-से इटालियन बन्दी रखे गये थे, के लिए प्रार्थना-पत्र दे दिया।

— जिस समय मैं महू के स्टेशन से बिदा हो रही थी कर्नल टामस की स्मृति से उन दिनों के गाढ़े विषाद में भी हल्की मीठी स्मृति भर उठी। कभी मैं उसे बिदा देने यहाँ आयी थी और आज मैं स्वयं विदा हो रही थी। कर्नल टामस का ईराक से एक पत्र आया था कि उसे महू और 'रैन्तना' दोनों की बहुत याद आती है—कितना भोला था अकलंक वह!!

— कुछ सहेलियों के हिलते रूमाल और रंगीन स्कर्ट्स उस स्टेशन पर पीछे दिखायी पड़ रहे थे और मैं हमेशा के लिए महू से बिदा हो गयी। मुझे महू में ऐसा लगा था कि मेरा जीवन कितना बदल गया है। किन्तु इस रेनाल्ड ने आकर इस बदले हुए जीवन को भी कितना दुर्गन्धमय और कड़वा कर दिया था। अकलंक! मुझे लगा कि मैं संसार में कहीं भी अपने इस नारी-शरीर को लेकर क्यों न पहुँच जाऊँ, मेरे लिये वहाँ भी दुर्गन्ध और सीलन लिये कोई-न-कोई पहुँच ही जायेगा।

— दिसम्बर का दूसरा सप्ताह प्रारम्भ होने को था जिस समय मैं महू से चली थी। क्रिसमस की छुट्टियों का उत्साह मैं अपनी वेकाई सहेलियों तथा मिलिट्री के लोगों में वहीं महू में छोड़ आयी थी। मैं जान रही थी कि क्रिसमस में विशेष रूप से लोग अपने परिचितों में रहना पसन्द करते हैं। अकलंक! यह मैं कदाचित् तुम्हें बतलाना भूल ही गयी थी कि मैंने महू में अपना धर्म-परिवर्तन कर लिया था और ईसाई हो गयी थी। मेरे ईसाई होने पर टामस

बहुत प्रसन्न हुआ था। तुम या कोई भी मुझसे पूछ देख ले कि कभी कोई इसके पहले भी मेरा धर्म रहा था?

— यदि रेनाल्डवाली घटना न हुई होती तो मैं महू कभी नहीं छोड़ना चाहती थी। मेरे वे भरे-भरे दिन थे जैसे सूरजमुखी के फूल में बहुत-सारी धूप भर गयी हो। जाड़े के छोटे दिन, बहुत शीघ्र थककर साँझ बन जाते हैं, और इन्दौर तक ट्रेन के पहुँचते-पहुँचते तो आकाश लाल हो गया। इस लाली के ठीक नीचे इतना अधिक कुहरा था कि जैसे बहुत जल्दी ठण्ड और अन्धकार बढ़ जायेगा। जाने क्यों मैं इस समय बहुत उदास मन से खिड़की पर कोहनी टिकाये ट्रेन के चल पड़ने का पथ जोह रही थी।

— जिस समय रात के दस बजे के लगभग ट्रेन क्षिप्रा की ठण्ड में ठिठुरती काली कछारों में से गुजर रही थी, बिना कुहरे की चाँदनी रात एकदम आइसक्रीम की तरह जमी हुई नंगी सफेद-सी लग रही थी। ट्रेन काली मिट्टीवाले लम्बे-लम्बे खेतों के बीच से सरपट चली जा रही थी। आस-पास की छोटी-छोटी पहाड़ियों के बीच से रेल के पहिये प्रतिध्वनित होते हुए भाग रहे थे। साँझ ट्रेन में से रास्ते भर देखती आयी कि छोटे तालाब और बड़ी झीलों में कहार लोग अपनी-अपनी छोटी नावें लिये सिंघाड़े तोड़ते फिर रहे हैं। छोटे फ्लैग-स्टेशनों पर गाड़ी एक क्षण को रुकी नहीं कि कहारों के काले नंगे लड़के और कढ़ाई के तैल-सी चिकनी लड़कियाँ; लाल छींट की एकदम फटी धोतियाँ लपेटे, कच्चे हरे सिंघाड़े और काले सिंके सिंघाड़े पैसे-पैसे में बेचते फिर रहे थे। आम के पत्तों पर पाँच-पाँच, दस-दस पीली खजूर और सिन्दूरी टीमरू रखे हुए वे बेचनेवाले लड़के-लड़कियाँ कैसी विनती करते फिर रहे थे कि,—

"मेम साहब, दो-दो पैसे"

"बाबू साहब, दो-दो पैसे में—"

— और ये पुकारें ट्रेन की ऊँची सीटी तथा तेज भाप छोड़ने की आवाज में रेल के पहियों के कितने पास और, प्लेटफार्म न होने के कारण खिड़कियों से कितने नीचे थीं। रेल में बैठे लोगों की ओर अपनी छोटी गर्दनों को बहुत ऊँचे करते हुए, ये लड़के-लड़कियाँ आवाजें दौड़ा रहे थे। पता नहीं 'दो-दो पैसों' की पुकारों का क्या हुआ होगा?

— खिड़की के बाहर बहुत तेज ठण्डी हवा को काटता हुआ इंजिन बढ़ता जा रहा था। वैसी धुली कपोतवती चाँदनी मुझे मालव में ही देखने को मिली। कोसों तक चाँदनी में खड़े नहाते हुए पहाड़, वनराजि, छोटे-छोटे गाँव, तालाब, झीलें सब साफ दिखायी पड़ रहे थे। अकलंक! बड़ी-सी झील के किनारे उगे हुए ढाक और सरपत—और सरपतों के बीच में काँपती हुई झील की लहरें, जिन पर चाँद के शत-शत टुकड़े हों उन सरपतों में 'छप्-छप्' की आवाजें करती हुई विलीन होती जातीं। कितना अप्रतिम सौन्दर्य, रूप का कितना निष्कलंक

गोरा विस्तार!! वंशी में सोयी हुई रागिनियों की भाँति शान्त और निर्विकार मन की भाँति कितना एकान्त!! जिसमें के एक अंश को पाने के लिए भटकती रही हूँ, धाविता रही जीवनभर, पर क्या कहीं वह मिला? उस झील की पारे और चाँदी की तरह चमचमाती छाती पर दो उड़ती मिथुन सारसें—कैसी भली लगती हैं अकलंक! मैं भी ठीक ऐसे ही एक सारस बनना चाहती थी और एक सारस का साथ चाहती थी—किन्तु क्या हो सका? मैंने कई बार सोचा कि यहाँ उतर जाऊँ—यहाँ सरपत, चाँद और झील पर काँपती हुई सारसों की स्वप्नमयी मिथुन छायाएँ तो हैं!! अब और मुझे करने को क्या शेष है? चन्द्रमा, अपने हरिणों के साथ गोल तारिकाओं के देश में भ्रमण कर रहा था—मैं एक छोटा नक्षत्र भी न बन सकी?

तेज, ठण्डी हवा मुझे अपने पुलोवर और ओरवकोट में भी कँपा रही थी। कटे हुए नंगे खेतों में चाँदनी में भागते शशक, लोमड़ियाँ और कभी-कभी नीलगायें, साँभर एकदम असीम निर्द्वन्द्व, उन्मुक्त-से लगे। किन्तु मैं जानती हूँ अकलंक! कि इतनी स्वतन्त्रता मुझे चाहिए भी नहीं थी और यदि मिलती भी तो निश्चित ही लौटा देती। लखरावों तले ठण्ड में सिकुड़े बैठे रखवाले पत्तों का अलाव जलाये हुए अन्धकार में चमक जाते थे। कम ऊँचाइयों की झाड़ियाँ दोनों तरफ कोसों लम्बे चली गयी थीं और ट्रेन कितनी ऊँची लग रही थी। ईख के खेतों के पास गन्ने का रस निकालते हुए वे मालवी किसान इस चाँदनी में भी काम कर रहे थे। मुझे लगा अकलंक! किसानों के लिए चाँदनी रात भी काम करने के लिए है जबकि कुछ के लिए दिन भी काम करने के लिए नहीं बना है।

जब मैं बैरागढ़ पहुँची उस समय सुबह के दस भी नहीं बजे थे। अभी थोड़ी देर पहले मैंने कालीसिन्ध नदी का वह गेरुआ लम्बा पुल पार किया था जिसके नीचे से कालीसिन्ध चट्टानों के बीच से तेज बहती है। काली चट्टानों के ऊपर बना हुआ वह गेरुआ लम्बा पुल वैसा ही लग रहा था जैसे किसी कृष्ण भील ने अपने शरीर पर सिन्दूर की कई आड़ी-तिरछी रेखाएँ खींच ली हों। कालीसिन्ध इतनी गहरी है कि अभी तक उसकी सतह पर से पानी की भाप उड़ रही थी। सुबह की तेज हवा में नागफनी के मोटे, लम्बी गोलाईवाले, काँटे भरे, हरे पत्ते और लाल गोल फल की तरह के फूल भी काँपते हुए रास्ते में मिले। छोटी-छोटी खाँकरे की झाड़ियों से भरी इधर की धरती अधिकतर बनैली थी, खेती के लिए एकदम उजाड़, इसलिए रास्ते में कोई भी गाँव नहीं दिखायी दिये। बैरागढ़ पहुँचते ही मुझे लगा कि यह स्टेशन मूलतः नया बन रहा है। अभी तक प्लेटफार्म कच्चा बना था और लम्बी कतारों में खड़ी हुई ईंटें प्लेटफार्म के लिए जमायी जा रही थीं। बहुत-सारी पटरियाँ बिछाने का काम चल रहा था। यहाँ मैंने देखा कि यात्री के नाम पर कोई भी नहीं उतरा, क्योंकि थोड़ी ही दूर भोपाल जंक्शन पड़ता है जहाँ जाकर यह ट्रेन रुक जायेगी। बहुत तेजी से डाक के थैले, फूलों और फलों की टोकरियाँ, मुर्गियों

के अण्डे ढेर-के-ढेर उतारे जा रहे थे। पूरे स्टेशन पर सिविलियन के नाम पर कदाचित् कुछ ठेकेदार ही रहे होंगे। मगर कुछ नर्सें और वेकाई भी मुझे यहाँ दिखायी दीं जो कि अपने परिचित किसी सारजेण्ट या कैप्टेन को छोड़ने आयी थीं, जो कहीं छुट्टी पर जा रहा होगा, जो कि उनकी कमर में हाथ डालकर चल रहा था। अपने मिलिट्री 'पासेस' के पीछे की तरफ एक-दूसरे का चित्र लगाये आपस में देख-देखकर हँस रहे थे और चुम्बन आलिंगन में बँधते जा रहे थे।

मैं जब वहाँ उतरी तब मुश्किल से कुछ गुरखा सिपाही और दो-एक टामी जो रैंक में या तो वारेण्ट आफिसर या लेफ्टिनेण्ट से अधिक नहीं होंगे मेरे साथ ही ट्रेन से उतरे। मुझे देखते ही, जो ट्रक लेने आयी थी उसके ड्राइवर ने सामान उठाने में सहायता की। सामान स्वयं ही उठाना पड़ा क्योंकि यह मिलिट्री स्टेशन था और नाममात्र को दो-एक कुली रहे होंगे जो ठेकेदार लोगों का सामान लादने-उतारने में लगे हुए थे।

अभी सड़कें पक्की नहीं बनी थीं, मगर हजारों मिस्त्री स्टेशन, सड़कें, बँगले और बैरकें बनाने में जुटे हुए थे। यहाँ सिख रेजीमेण्ट की एक बटालियन थी जिसकी बैरकें दाहिने हाथ पर दिखायी दे रही थीं। जहाँ उस समय भी सिख लोग अपनी बनियानें पहने, धारियोंवाले कच्छे पहने और दाढ़ियों पर कपड़ा बाँधे हुए धरती खोद रहे थे—ईंटें ढोती हुई मजदूरिनों को घूरते हुए पंजाबी अश्लील गाना गा रहे थे। मैं जानती हूँ अकलंक ! वह अश्लीलता कदाचित् कम भी अनुभव हो सकती थी किन्तु हमारे मोटे ओंठों से और अजीब प्रकार के बोलने के ढंग से वह कितनी बुरी हो जाती है यह मैं बहुत बाद में अनुभव कर सकी हूँ।

क्या रंजना के मोटे ओंठोंवाली बात को ठीक मान लूँ? एकदम-जैसे ब्लेड की धार से संगमरमर की दो पत्तियाँ काट दी गयी हों-ऐसे तो रंजना के ओंठ हैं। रंजना अपनी आरामकुर्सी पर बैठी हुई जैसे पूरा जीवन दुहराकर एक बार फिर से जीना चाह रही हो, पर तब के जीने में और आज के जीने में वह केवल अन्तर इतना रख पा रही है जो कि एक लिप्त होकर जीने में होता है और दूसरा तटस्थ होकर जीने में होता है।

मैं अपने तकिये में कोहनी से गड्ढा बनाये और उस कोहनी पर अपनी ठोड़ी टिकाये सब सुन रहा हूँ। मैं कई बार बीच-बीच में प्रश्न करने की भी सोच चुका हूँ, परन्तु आज अपने प्रश्नों के 'क्या' 'कैसे' और 'क्यों' से उस विगत को न तो बदल ही सकता हूँ और न मिटा ही सकता हूँ—इसलिए मन कचोट-कचोटकर रह जाता है! रेनाल्डवाली वह रात मुझे इस समय ही नहीं अब तो जीवनभर कड़वे विष की तरह याद रहेगी। सब रंजना के पास इसी तरह ही तो आये जैसे रंजना का शरीर उनके पुरुष-शरीर का ऋण था—कुछ ब्याज लेकर चले गये, कुछ लोगों

ने मूलधन के आधार पर कुछ दिनों व्यापार किया, और रंजना ने विद्रोह नहीं किया, बल्कि समझौता किया।

रंजना का बायाँ हाथ मेरे बिस्तरे पर रखा हुआ है, जिसकी कलाई में बँधी हुई घड़ी में रात के दस बज चुके हैं। बाहर आकाश बादलों से भरा है, साँझ फूली थी पर रात मेघाच्छन्न। मेरे सामने बैठी हुई रंजना इस मेघाच्छन्न रात से किसी प्रकार भी कम नहीं है। अन्तर केवल यही कि बाहरवाली रात, बरसने का विचार कर रही होगी जबकि मेरे सामने बैठी हुई रात, आज दोपहर से अनवरत मूसलाधार बरस रही है। बरसते हुए आज लग रहा है कि मेरे आज तक के ये विश्वास के विजयस्तम्भ, कुतुबमीनार जिन्हें मैं शाश्वत की संज्ञा दिये बैठा था इस सामने बैठी हुई रात ने उन्हें अपने अनुभवो के प्रवाह-जल से धीमे-धीमे डुबाना प्रारम्भ कर दिया था और मेरे चारों ओर इस समय रंजना के अनुभव का जल-ही-जल है। एक भयंकर प्रवाह है और इस प्रवाह का संचालन इस नारी की दो बाँहें कर रही हैं। दोपहर का उठा हुआ ज्वार आधी रात होने तक भी भाटा बनेगा कि नहीं, मैं नहीं जानता परन्तु, शाश्वत मीनारों के शिखरों पर बैठा हुआ मेरा कायर मन आज निश्चय ही अपने प्रतिमानों के साथ डूब जायेगा और केवल रह जायेंगे, प्रलय की रात के काले अँधेरे के डैने, जो इस ज्वार को अपने लोहे के पंजों में सुबह होने पर चील की भाँति अवश्य ले जायेंगे। धरती फिर सूख जायेगी, प्रलय के फौलादी पदचिह्नों पर नये जीवन की हरियाली दूब उग आयेगी। पुराने प्रतिमानों की शाश्वतता, अपने अहम् के पत्थरों को लिये हुए धरती के पेट में पुरातत्त्व बनने के लिए गहरे पाताल समाती चली जायेगी। जहाँ आज के पहले जाने कितनों ही के 'अहम्' अपनी व्यक्तिगत सीमाओं के मृत्यु-चीवर ओढ़े हुए शव बन चुके हैं। परन्तु नन्हीं दूब और हरे अंकुर, प्रत्येक प्रलय संग ऊपर की ही ओर फूटते हैं, नीचे नहीं धँसते—क्योंकि उस दूब को 'अहम्' ही क्या हो सकता है? 'अहम्' तो एक चट्टान है, जो स्वयं किसी को अपने में से जन्म नहीं देती है। जितना स्थान घेर लेती है वहाँ सृष्टि या जन्म सम्भव नहीं हुआ करता। चट्टानों की फसलें नहीं होतीं, गेहूँ की होती हैं। इसीलिए फसलों को जलाने के लिए चट्टान, किला बनाकर, अयोध्या महल बना। फसलों को कुचलने के लिए तोपें और सेनाएँ अपने गोपुरों में हमेशा तैयार रखती हैं। परन्तु जलवाह या तूफान, भूकम्प या क्रान्ति से फसलें नहीं ढहा करतीं—किले और महल ढहते हैं—और मैं स्वयं ढहता जा रहा हूँ—इस सामने बिराजे प्रलय सम्मुखे। इसके ज्वार का कृष्ण जल, अपनी हुंकारें भरता हुआ लहरें मार रहा है जो कि स्वयं में कितना शान्त है, किन्तु मेरे चारों ओर हाहाकार करती हुई कीड़े-मकोड़ों की सृष्टि वह निर्मित कर चुका है!!

मैं चिल्लाकर उसे बन्द कर देना चाहता हूँ कि रंजना मुझे नहीं सुनना यह सब, जिसे सुनकर मेरे जीवन में यह हमेशा शाप की भाँति मेरा पीछा करे। किन्तु मैं जानता हूँ कि मैं कायर हूँ। मेरी कायरता ठीक उसी तरह की है जैसे भजनियों

और कीर्त्तनियों की भीड़ में खड़े प्रत्येक व्यक्ति के मन में यह कायरता होती है कि आज की इस प्रार्थना से उसे यह 'लाभ' देवता से मिलना ही चाहिए और कोई उसके मन का चोर न समझ ले इसलिए वह आँखें बन्द कर जोर-जोर से 'रघुपति राघव राजाराम' चिल्लाता है। देखने और सुननेवाले समझते हैं कि चैतन्य महाप्रभु के बारे में सुना ही था कि कीर्त्तन करते हुए तन्मय होकर नाचने लगते थे, किन्तु देखने को तो आज ही मिला। प्रत्येक कीर्त्तनिया दूसरे को चैतन्य समझता है, जबकि न कोई चैतन्य है और न मीराँ ही। यदि कीर्त्तन से ही फसलें और बच्चे हो जाते तो भारतवर्ष में सबसे अधिक अनाज होता और कीर्त्तन करती हुई प्रत्येक हिन्दू बाँझ और विधवा को अपनी गोद में वर्ष में न जाने कितनी बार बच्चों का पालन करना पड़ता। पुजारियों की कृपा से फसलों की तो नहीं पर बच्चों की बातें सुनी हैं—लेकिन वह बात विषयान्तर होगी।

परन्तु मैं जाने क्यों यह आज तक नहीं समझ सका हूँ कि मुझे बे-सिर-पैर की बातें सोच जाने का रोग क्यों है। बनियानों के डिजाइन्स देखते हुए मुझे हमेशा समुद्र में नहाते हुए स्विमिंग वेशभूषावाले भद्रलोक एवं महिलाएँ स्मरण हो आती हैं, जिनके बाल समुद्री हवा वैसे उड़ाती होती जैसे नारियल के लम्बे-लम्बे पत्ते। इसीलिए अपना काम मैं कभी भी आफिस समय में पूरा नहीं कर पाता हूँ और देर तक नित रुकना पड़ता है। शाम को घर देर से पहुँचने के कारण पत्नी हमेशा मुझ पर शक करती है कि मुझे अपनी उस ईसाई स्टेनो से आफिस समय के बाद रुककर काम करने के बहाने, प्रेम की बातें करने का रोग है। सत्य और संशय, एक ही वस्तु की दो विभिन्न गतियाँ हैं।

खिड़की के तारों से बाहर एवेन्यू की चमकती हुई लाइटों की कतार दूर तक साफ दिखायी दे रही हैं। अहाते की सीमा पर लगी हुई मेंहदी एक सीध में सुबह ही काटी गयी थी इसलिए स्मार्ट तरीके पर लम्बी हरी चली गयी है। दिन में भीग गयी थी और इस समय भी सड़क की लाइटें उसकी पत्तियों के ऊपर पड़ी बूँदों पर कहीं-कहीं चमक रही हैं। सामने के बँगले में रहनेवाले बंगीय परिवार में से थोड़ी देर पहले तक किसी का स्त्री-कण्ठ, तराना और आलाप द्रुत एवं विलम्बित लय में साधना कर रहा था। परन्तु इस समय लगता है पूरी-की-पूरी एवेन्यू शायद सोने की तैयारी कर रही है। किसी का बजता रेडियो सेट भी 'नमस्कार' करके चुप हो गया है। सिर्फ मोटर कम्पनीवाले अहाते से खँजड़ी पर आदमियों के सहगान का स्वर आ रहा है। ये इस मोटर कम्पनी में काम करनेवाले कुछ मिस्त्री होंगे, कुछ मजदूर और रिक्शेवाले होंगे—जो इस समय शराब पीकर जोरों से फाग और होली गा रहे हैं। इनमें निश्चय ही आसपास के बँगलों में काम करनेवाले महाराज, नौकर और चपरासी भी होंगे जो या तो चुपचाप या फिर आज भर की छुट्टी लेकर और जल्दी खाना बनाकर तथा साहबों का सारा काम करके इस समय उत्सवप्रिय हो रहे हैं। एवेन्यू की निर्जन सड़क दिन में पानी बरसने के कारण कुछ गीली हो गयी थी, और जो इस समय भी गीली है, जिस पर कोई खाली ताँगा किसी सवारी को

छोड़कर वापस लौट रहा है। ताँगेवाले की बीड़ी का गुल, मेंहदियों के बीच-बीच से दिखायी पड़ रहा है। वह ताँगेवाला आराम से ताँगे के पिछले भाग में बैठकर घोड़े की रास ढीली किये इस शान्त एवेन्यू को जरूर ही इसी तरह पार करेगा। बँगलों के कुत्ते आने-जानेवाले किसी अपरिचित पर अपनी भयानक डरावनी आवाजों में रह-रहकर भूँकने लगते हैं।

रंजना एकाएक उठी है और सामने की आलमारी का एक पल्ला खोलकर कुछ कागज टटोल रही है। मैं समझता हूँ कि निश्चय ही उसे कोई आवश्यक पत्र या कागज याद आ गया होगा, जिसे वह विचारों के तूफान में भी महत्त्वपूर्ण मानती है। अब वह पल्ले बन्द कर अपने हाथों में कोई चित्र लेकर लौटी—अपनी आरामकुर्सी पर बैठते हुए चित्र मुझे थमा अपने में डूब जाती है।

और मैं, चित्र में मुस्कराती हुई रंजना में विलीन होता जा रहा हूँ। चित्र देखकर कह सकता हूँ कि यह रंजना की कम-से-कम दस वर्ष पुरानी छवि है जो कि स्वयं, प्रथम कुंआरी रंजना की छाया थी। रंजना के नयन, कितने विशाल और बारीक पलकों के बीच ओस धुले इन्द्रफूल की भाँति लग रहे हैं। तब कदाचित् बाल और अधिक घुंघराले काले रहे थे। कहीं से भी कोई रेखा मुख की गोलाई को विकृत नहीं करती। संगमरमर की तरह गाल कैसे उजले चिकनी गोलाई और ऊँचाई लिये हुए पतले-पतले ओंठों में परिणत हो गये हैं, दोनों बारीक काली भौंहें—बिलकुल नाइटेंगेल के पतले तथा छोटे-छोटे डैने हों, जो कि इस रमणी को रूप की झील के पार उड़ाये लिये जा रहे हैं, और यह रूप इन दोनों डैनों पर उड़ता हुआ समस्त आकाश के नील विस्तार को छा लेगा।

— क्या देख रहे हो ऐसे घूरकर उसमें?

और मैं देख रहा हूँ कि आँखें बन्द किये हुए रंजना ने यह वाक्य अपने अन्दर के सन्तोष को अनुभव करते हुए कहा है। क्योंकि वह जानती है कि कोई भी इस छवि को देखेगा तो वह बिना अभिभूत हुए नहीं रह सकता। मैं नारसिसस के बारे में नहीं जानता किन्तु रंजना के बारे में जानता हूँ।

आज को इस रंजना की आँखों के चारों ओर जो कालिमा का घेरा बन गया है वह मुझे अच्छा नहीं लग रहा है क्योंकि इस घेरे से हीन मैंने इसके हरिण-नयन बहुत सुन्दर देखे हैं। यह ठीक है कि इस समय की आँखें ठीक वैसी लग रही हैं जैसे झील के किनारे-किनारे चारों ओर घने बुरुश की झाड़ियाँ उग आयी हों-- कदाचित् सौन्दर्य बढ़ ही गया हो, किन्तु चित्र की रंजना का तब क्या हो?? -- और वे नील हरिण-नयन!!

और मैं पागल हो उठा हूँ—

मैं कह देना चाहता हूँ, और मैं कह रहा हूँ—

-- रंजना!! मैं तुमसे .....

रंजना अपनी दोनों बाँहें आरामकुर्सी की पीठ पर डालें हुए है। उसकी बाँहों की गोराई ऊपर बहती हुई लग रही है, जिनमें से बहुत हल्की नसें दिखायी दे रही

हैं, वे नसें जिन्होंने आज तक वह रक्त अपने में दौड़ाया है जिसने रंजना को सुन्दर बना रखा है। उसका वह हाथी-दाँत की तरह चिकना गोरा शरीर इस गाउन में बन्द है। जिस शरीर की लालसा इस समय मेरे मन में जाग उठी है और जिसके न मिलने पर मैं पागल भी हो सकता हूँ, वह इस गाउन में बन्द है।

— पागल न बनो अकलंक ! यदि तुम्हें यह शरीर दे देना मेरे हाथ में होता तो क्या उस साँझ, माल रोड पर जब तुमने मुझे गुलमोहर के फूल दिये थे तब न दे डालती? तब तो सब-कुछ सम्भव भी था। यदि एक क्षण को भी अपने इस नारी-शरीर को दे पाती, मेरे शरीर का कोई-सा भी अंग तुम्हें छू पाता तो मैं कृतार्थ हो जाती अकलंक ! मुझे जीवनभर यही तो खटकेगा कि जिन्हें मैंने अपने को देना चाहा मेरा वह 'देना' किसी दूसरे के भाग का रहा। मैं अपने मनोभावों को रूप और माध्यम कब दे सकी। क्योंकि नारी के पास उसका शरीर ही उसके सारे भावों की अभिव्यक्ति है। किन्तु हटाओ अकलंक! आज तो मुझे अपने इस तन से ही घृणा हो रही है, और तुम्हीं बताओ जिस वस्तु से मैं घृणा करूँगी उसे क्या तुम्हें और कर्नल टामस तथा वान निकोलस को दे सकूँगी? आज यद्यपि देने को कुछ भी नहीं है मेरे पास, किन्तु जब कुछ माँगना ही चाहते हो अकलंक! तो जूठन तो न माँगो, क्योंकि उससे मुझे लगेगा कि जूठन के सिवाय मेरे पास और कुछ भी नहीं है।

रंजना ने एक क्षण को अपनी आँखें खोल ली हैं और मेरे हाथ से चित्र लेकर रख आयी और अब फिर वापस आकर कुर्सी पर बैठ गयी है।

— अकलंक! यदि तुम्हें कोई आपत्ति एवं थकान न हो तो आगे शुरू करूँ?

— नहीं रंजना! थका नहीं हूँ, परन्तु मेरी सिगरेट जला दो।

उसने अपनी लाल हथेलियों में पीली हल्दी की गाँठ की तरह जलती हुई दियासलाई कितने सुन्दर ढंग से मेरी सिगरेट की ओर बढ़ायी है। मुझे लग रहा है कि मैं रंजना से और कुछ यदि नहीं पा सकता, तो सिगरेट जलवाने का यह सुख ही इतना सुन्दर और मीठा होगा कि मैं जीवनभर इतना पाकर ही सन्तुष्ट रह सकूँगा। परन्तु हमारा सन्तोष, प्रत्येक चरण पर 'बस यहाँ तक' करता हुआ ही हमें मृग की भाँति मरीचिका में भटकाता है। और हम हैं कि जलते पैर लिये--लू और गर्मी में पसीने से लथपथ दौड़ते-फिरते हैं। यह 'बस यहाँ तक' न कहीं समाप्त ही होता है और न हम सन्तोष ही कर पाते हैं। यह तो एक निश्चित क्रम है, जो उतार का क्रम है; जो हर आगे जानेवाले पैर के साथ, पीछेवाले पैर को उससे भी अधिक आगे जाने के लिए ढकेलता है, परन्तु हम इसे समझ नहीं पाते। काई से भरी किसी घाटी पर पहला चरण बढ़ाकर देख लीजिये—यह बढ़ना, उस सामनेवाले गड्ढे की ओर है जहाँ सब जाकर समाप्त होने को है—समतल की ओर नहीं कि जहाँ से सब नवारम्भ होता है।

— जब मेरी ट्रक वेकाई सेण्टर पहुँची लगभग ग्यारह बज चुका था और हमारी इन्चार्ज आफिस में बैठी हुई मेरी प्रतीक्षा कर रही थी। रास्ते सब कच्चे बने

हुए थे इसलिए धूल-ही-धूल चारों ओर से उड़-उड़कर बाल, मुँह, कपड़ों पर छा गयी थी। उस समय गुस्सा आ जाता था जब सामान से लदे ईंट के, चूने के, शीशों के ट्रक,—मार धूल-ही-धूल उड़ाते हुए चारों ओर बहुत ही तेजी से निकल जाते थे। रास्ते भर अपनी नाक से एक क्षण को भी अपना रूमाल हटाने का मैं साहस न कर सकी थी। जिस समय इन्चार्ज से मैंने हाथ मिलाया, उस समय रूमाल की गन्दगी देखकर मुझे कितनी झेंप आ गयी थी, जिसे इन्चार्ज ने भी भाँपकर कहा था कि महू की तरह यह जगह स्वच्छ नहीं है अभी, परन्तु बहुत शीघ्र ही सब-कुछ ठीक हो जायेगा।

मैं वहाँ से फिर ट्रक पर चढ़ अपने हास्टल पहुँची। सामान पूरी तरह ठीक किये बिना ही; किसी प्रकार बिस्तरा बिछाया और नहाने के बाद बहुत ही गहरी नींद आ गयी। अपनी खिड़की खोले साँझ के चार बजे तक सोती रही। जब मैं तैयार होकर निकलने को हुई, सन्ध्या-धूप समाप्त होने को थी क्योंकि सामने वह लम्बी-सी पहाड़ी दिखायी दे रही थी जिसके दूसरी तरफ भोपाल शहर है और सूर्य उस भोपाल की साँझ के आकाश में अपनी अन्तिम किरणें डाल रहा था। उस पहाड़ी की तलहटी में से कोई मालगाड़ी भोपाल की तरफ से आ रही थी जिसका इंजिन बहुत-सारा धुआँ फेंकता हुआ चला आ रहा था। मैं इस समय अस्पताल जा रही थी, मुझे इन्चार्ज ने बतलाया था कि पाँच बजे जाकर मैं बड़े सर्जन को अपने पहुँचने की सूचना दे आऊँ और आज भर के लिए मेरा इतना ही काज था। अस्पताल वहाँ से दो मील से भी अधिक दूर था और इस दो मील के बीच में कोई, किसी किस्म की बस्ती नहीं बसायी जा रही थी बल्कि मैंने देखा कि तारों के घेरे एक के बाद एक घेरकर लगाये गये थे, जो आठ फिट से कम ऊँचे नहीं थे। प्रत्येक घेरे पर सन्तरियों का पहरा मिलता था, जो आने-जानेवाली प्रत्येक ट्रक, सवारी की बहुत ही सतर्कता से जाँच करता था और जब सन्तरी 'आल राइट' कह देता था तभी मोटा-मोटा काँटोंवाला लोहे का फाटक खुलता था और इस तरह सात फाटक पार करने पड़ते थे। मैं समझ गयी थी कि यह युद्ध में पकड़े गये बन्दियों का अस्पताल है इसलिए इतनी जाँच-पड़ताल होती है। इसमें अशिष्टता, पूछ-ताछ-जैसी कोई चीज ही नहीं थी। जब हर बार सन्तरी जाँच के लिए अपना हाथ बड़ी ही निर्ममता से शरीर पर फेरता था तब मेरे गाल कुछ क्षण को लाज तथा क्रोध से लाल हो जाते थे, परन्तु मैं जानती थी कि यह सैनिक नियम है और मैं जड़वत् खड़ी रहती थी। मुझे नर्स की भूषा में न देखकर कई बार उन्हें समझाने की जरूरत हुई कि आज ही मैं नयी आयी हूँ और इस समय मात्र रिपोर्ट करने जा रही हूँ। जब वे मेरा चित्र तथा मिलिट्री पास ठीक-ठीक देख चुकते थे, तब कहीं ट्रक आगे बढ़ पाती थी। जिस समय मैं अस्पताल पहुँची, छह से ऊपर हो गया था और चारों ओर का पहरा, मैं देख रही थी कि अत्यधिक कड़ा कर दिया गया था।

बीच के आपरेशन थियेटर के चारों ओर काँटों से घिरी हुई बैरकें थीं, जिनके सामने उनके वार्ड्स के नम्बर टँगे हुए थे। अँधेरा हो गया था इसलिए वार्ड्सवाली अंक-पट्टियों पर लाल बत्तियाँ जल रही थीं। काफी घना कुहरा हो गया था। मैं देंख नहीं पायी कि ये वार्ड्स की कतारें कितनी लम्बी और कितने घेरे में बनी हुई हैं। पर मिलिट्री पुलिस की हर तीस सेकेण्ड के बाद चमक उठनेवाली मीलों लम्बी बहुत तेज टार्चें बहुत दूर तक गोलाई में घूमती हुई एक-दूसरे के प्रकाश को काटती हुई दिखायी पड़ रही थीं।

मुझे महू स्मरण आया, वहाँ के जीवन में कितना खुलापन था परन्तु यहाँ तो दम घोट देनेवाली मिलिट्री पुलिस का पहरा था—उनकी बन्दूकें और काँटोंवाले तारों के घेर-ही-घेरे!!

जब मैं सर्जन के सामने पहुँची वह कोई आपरेशन करके तत्काल लौटा था, क्योंकि मुझे उसकी प्रतीक्षा में दस मिनट के लगभग बाहर तिपाई पर बैठना पड़ा था। तभी मुझे फुसफुस करते हुए उस बुड्ढे ईसाई चपरासी ने बताया था कि प्रमुख सर्जन, मेजर जांस्टीन सन्ध्या के पाँच बजे से मेरा रास्ता देख रहे थे। मेजर जांस्टीन को बिलकुल भी जोर से बोलना अप्रिय है—वह व्यक्ति अच्छा है, और अंग्रेज नहीं डच है।

तौलिये से अपना हाथ पोंछते ही उन्होंने मेरी ओर देखा और मेरा अभिवादन किया। अपनी चाय समाप्त करते हुए मुझे बिहान छह बजे आ जाने के लिए कहा, क्योंकि एक मेजर का आपरेशन कल सवेरे ही करना है और मेरी आफिशियल रिपोर्ट में यह बताया गया है कि मैं बहुत ही कुशल हूँ।

मेजर जांस्टीन की आवाज में बहुत ही विनम्रता मुझे लगी। उसकी छह फुट से ज्यादा ऊँचाई ने मुझ पर काफी प्रभाव डाला। विशेषकर उसकी वे तेज हरी आँखें और उस पर चाँदनी की सफेद फ्रेमवाला चश्मा और उसकी वह फ्रेंचकट दाढ़ी। बाल बहुत-कुछ पीछे तक उड़े-से, परन्तु उस उड़ने से कदाचित् वह अत्यधिक आकर्षक हो गया था। लाल तो वह इतना था अकलंक! कि मैंने भारत तो क्या हालैण्ड, फ्रांस कहीं भी ऐसा लाल व्यक्ति नहीं देखा। आयु उसकी पैंतालीस से कम बिलकुल नहीं थी और मुझे लगा कि इन भयानक लाल बत्तियों और युद्धबन्दियों—जो कि इन कँटीले तारों से घिरे हुए हैं—के बीच एक व्यक्ति ऐसा मिला तो, जो कि मनुष्य कहा जा सकता है वरना ये वर्दियाँ और बन्दूकें पहले हैं, बाद में भी आदमी हैं कि नहीं, इसमें भी शंका हो सकती है।

मैं जिस समय बाहर निकली मेजर जांस्टीन अपनी गाड़ी में बैठकर जा चुका था और उसकी गाड़ी की पिछली लाल बत्ती उस पहले फाटक के पास दिखायी दे रही थी। इन तारों के घेरों के चारों ओर पुलिस की मोटर-साइकिलें चक्करों में घूमती हुई पहरा दे रही थीं। मनुष्य को मार-मारकर जिलाया जाये इसके लिए चारों ओर संगीनें दौड़ायी जा रही थीं। इन तारों के

भीतर न जाने कितने मानुष भय का जीवन जी रहे होंगे। पता नहीं सब कैदी कहाँ बन्द हैं, क्योंकि यह तो अस्पताल है; यहाँ जो बीमार होते हैं उन्हें ही लाया जाता है। शेष इस कुहरे के अन्धकार में जाने कितने काँटों से घिरे पड़े हुए इसी ऊपर के आकाश के तारों को देख रहे होंगे। इस कृष्णाकाश और तारों को मैं देख रही हूँ; जाने कितने गाँववाले अपने मकानों के सामने अलाव तापते हुए ठिठुरे, आकाश और तारे देख रहे होंगे—कोई गीत खँजड़ी के संग गाया जा रहा होगा—किन्तु सबकी परिस्थितियों में कितना वैषम्य, कितनी विपरीत अनसूत्रता है!!

अस्पताल की लारी पर चढ़कर जब मैं हास्टल पहुँची तब जाड़े के आठ बज गये थे ऐसा लग रहा था मानो आधी रात हो गयी है। मैं इस समय नये वातावरण में बहुत ही घबरा उठी थी, क्योंकि महू में रहकर मेरे सामने मिलिट्री का अभी तक वही रूप सामने आया था कि जीवन—मिलिट्री के लाल-लाल फूल, रिबन और डोरियाँ लगाये हुए उम्दा पालिश किये हुए बूट पहने; हाथ में चमकती बैनटवाली बन्दूकें ताने कितने सुषमित ढंग पर उन परेड ग्राउण्ड्स के हरे लानों पर कवायद करता है और आर्डर मिलने पर गोली चलाकर निश्चिन्त हो जाता है। जैसे उससे कोई सम्बन्ध नहीं। गोली चल जाने पर उत्तरदायित्व जैसे सिर्फ दो ही का होता है—एक तो, गोली खानेवाले का और दूसरे, आज्ञा देनेवाले का। फिर मोर्चे से लौटकर वर्दियाँ पहन जीवन—पार्कों में, रेस्तराओं में, क्लबों में, थियेटरों में बैठकर या तो मूँगफली खाता रहता है या फिर शराब की रंगीन लहरों की असीम गहराइयों में खो जाता है, या फिर ईसाई या एंग्लो-इण्डियन लड़कियों के रेशमी अंगों की छाँहों में। परन्तु यहाँ उसी जीवन को तारों से घेरकर मोटे-मोटे ताले डाल दिये गये हैं। सारी मानवता से काटकर जिन्दगी अलग कर दी गयी है। पहरा देनेवालों के साथ उन बन्दियों की क्या शत्रुता हो सकती है? जो हर समय या तो अपनी बन्दूकें ताने या पिस्तौलें बाँधे हिंस्र भेड़िये बने घूम रहे हैं। यहाँ यह जो मिलिट्री है, इन कैदियों की यह देख-भाल करने के लिए है कि यह बन्द मानवता, प्रलय की भाँति, भूकम्प की तरह न उठ खड़ी हो। इन तारों के घेरों को तोड़ती हुई बन्द जिन्दगी, शेष उन्मुक्त मानवता के साथ यदि मिल जाने का प्रयास और विद्रोह करे, तो ये लोग गोलियों की मेंड़ लगाकर इस उन्मुक्तता के प्रलय को वहीं रोककर गोलियों से भून दें।

मैं इस तरह नित सोचा करती। एक दिन अस्पताल से पैदल यही सब सोचते हुए जाने कहाँ तक चली जा रही थी कि सामने से आती हुई मिलिट्री पुलिस की गारद के मार्च करते हुए मोटे बूटों की आवाज ने चौंका दिया और एकदम 'हाल्ट' की आज्ञा सुनायी दी : गार्ड कमाण्डर ने आगे बढ़कर मेरे मुँह पर टार्च डालते हुए कड़कती आवाज में पूछा, 'ह्वेअर इज पास?' और मेरा हाथ बिजली की भाँति अपने ओवरकोट में रखे पास और आइडेण्टिटी-कार्ड

पर गया। गार्ड कमाण्डर सन्तुष्ट हो गया। परन्तु इस तरह घूमने की मुझे सख्त मनाही कर दी, और आगे कोई नहीं जा सकता कहकर उसने मुझे लौटने के लिए बाध्य किया। मैं वापस होते हुए समझ गयी थी कि मुझे महू की जिन्दगी जो कि क्रिसमस के रंगीन गुब्बारों की तरह रंगमयी और हवा में उड़ जानेवाली है, भूलनी होगी। यहाँ जो ये रास्ते हैं उन पर भी प्रत्येक व्यक्ति हमेशा और सब कहीं नहीं जा सकता है। सब बातों के लिए अलग-अलग 'पास' होता है! मेरा पास इतना ही 'पास' है कि मैं इनकी गोलियों के बीच में एक सीमा तक ही घूम सकती हूँ और उस सीमा की परिधि में सम्भवतः कोई गोली मेरे सीने के पार नहीं जायेगी।

हास्टल पहुँचकर मैंने दीवाल पर कैलेण्डर टाँगा और देखा कि क्रिसमस में तीन दिन और शेष हैं। वे दिन स्मरण आये जब दशहरे या दीवाली या फिर पंजाब के गाँव में थी तब बैसाखी का पथ भी कितने उत्साह से जोहा करती थी।

टेबल पर अपने बाक्स से निकालकर आज पहली बार कर्नल टामस का चित्र पोंछ करके सजा दिया और एक क्षण को उसका वह गोरा भूरे बालों-भरा हाथ स्मरण आया, जिस पर मैंने तीन चुम्बन, सलमें सितारे की तरह टाँक दिये थे और वह उस क्षण के बाद से दूर, बहुत दूर चला गया। मैंने उठकर तौलिये से हाथ-मुँह पोंछकर किताब पढ़नी प्रारम्भ की और पढ़ते-पढ़ते ही कम्बल में लिपटी सो गयी। कदाचित् लाइट रातभर जलती रही थी।

फिर तो अस्पताल की लारी नित आती थी और अस्पताल की बँधी हुई ड्यूटी और बँधा हुआ काज। प्रारम्भ में जब वृत्ति नहीं थी तब दवाइयों की तेज गन्ध, घावों का पीला-पीलापन और घण्टों आपरेशनरूम में खड़े-खड़े 'फार्क' 'नाइफ' 'आइण्ट' वगैरह सुनना पड़ता था और मरीजों की आँतें, लाल गोश्त, चरबी से भरी हुई चमड़ियाँ, सड़े हुए पैर जिनमें कीड़े रेंगते हुए, और भी जाने क्या-क्या अकलंक! खाना खाती वेला याद आने लगते थे, और तब शुरू में खाने पर से उठ भी जाती थी। महू में यह सब कभी-कभी ही देखने को मिलता था, परन्तु यहाँ आने पर तो सिवाय इसके और कुछ होता ही नहीं था। जहाँ मैं काम करती थी यह बहुत ही सीरियस केस के लिए, साथ ही कैदियों में जो अफसर हुआ करते थे उनके लिए अस्पताल था; अधिकतर लोगों की टाँगें और हाथ काटे जाते थे। क्योंकि युद्ध की गोलियों के कारण इनके पैर छलनी हुए रहते हैं। अकलंक! कह नहीं सकती थी जब उन इतालवी बन्दियों की टाँगें या हाथ काटकर अलग कर दिये जाते थे तब वे कितने घृणित लगते थे। बालों भरा पैर और खून से लथपथ जिसमें कई जगह पीली-पीली पीप-ही-पीप पड़ गयी हो, एकदम कटकर अलग होने पर भयंकर बदसूरत लगते हैं, अकलंक! तुम नहीं जानते। और जानते हो? लारियाँ ये कटी टाँगें, हाथ, वगैरह तरकारियों, डण्ठलों की तरह लादकर ले जाया करती थीं। मेरे शरीर में

जाने कितनी कँपकँपी भर जाया करती थी और जब मेजर जांस्टीन साबुन से हाथ धोते हुए पूछा करता था, 'डू यू माइण्ड आल दैट?'—कह हँस दिया करता था तब उसका ऊपर का ओंठ बहुत देर तक फड़का करता था।

शाम को जब मेजर जांस्टीन के साथ राउण्ड पर जाया करती थी तब हम लोगों के साथ प्रत्येक स्पेशल वार्ड का एक-एक सन्तरी अपनी बन्दूक ताने आगे-आगे चलता था और इतने जोरों से 'आर्डर आर्म्स' करता था कि कैसे ही गहरे सोये हुए व्यक्ति की भी नींद टूट सकती थी। मैं मेजर जांस्टीन को हाथ में रिपोर्ट देकर तापमान और दवाइयों के बारे में सब बतलाया करती थी। मेरी ओर वह मुस्कराता हुआ रोगी को घूरते हुए बाहर निकल आता था। पहरा देनेवाला सन्तरी बन्द करनेवाले गार्ड से पूछ लेता था—

'लाक ओ के?'—

'लाक ओ के' कहकर गार्ड पहरा देनेवाले सन्तरी को ताली देकर आगे बढ़ जाता। हर पन्द्रह मिनट पर सन्तरियों को रात में टार्च की रोशनी से जाँच करनी पड़ती थी कि द्वारों के ताले और उन तालों के भीतर के बन्दी सब ठीक हैं।

— जब कभी रात के दो बजे या आधी रात में किसी आवश्यक काज से इन कैदियों के पास जाना पड़ता था तो प्रारम्भ में हमेशा कलेजा धक-धक किया करता था अकलंक! उनकी बढ़ी हुई दाढ़ियाँ उनके चेहरों को कितना विद्रूप किये रहती थीं। उनकी आँखों में कितनी गहरी निराशा और जीवन के प्रति नैराश्य टपका करता था। मुझे लगता था कि उनकी आँखों में वे कँटीले तारों के घेरे, गोल-गोल छाँहों में हमेशा-हमेशा के लिए उनमें बिंध गये हैं, बस गये हैं। और वे आँखें, हमेशा के लिए अन्धी हो गयी हैं। उनमें ज्योति नहीं रह गयी है, बल्कि वे आँखें अब पत्थर की हो गयी हैं; जैसी कि पत्थर की आँखें हुआ करती हैं।

— एक रात, मैं नाइट ड्यूटी पर थी और उसी दिन साँझ को एक सार्जेण्ट की दोनों टाँगें काट डालनी पड़ी थीं। वह इतना चीखा-चिल्लाया था कि बस !! अकलंक! मैं देखती हूँ कि व्यक्ति की स्वतन्त्रता बँधते-बँधते किस सीमा तक बँध जाती है। इसका उदाहरण मैंने उस रात आपरेशन टेबल पर देखा। वह अपने पैरों में जस्ते की गोलियाँ लिये हुए मर जाना स्वीकार सकता था, परन्तु यह टाँगहीन होकर जीना और वह भी बन्दी का जीवन कभी स्वीकार नहीं सकता था। उसके कमरे के सामने बहुत कड़ा पहरा कर दिया गया था और मुझे हर दो-दो घण्टे के बाद रिपोर्ट और दवाई के लिए जाना पड़ता था। मैं जिस समय उसके कमरे में जाती वह मुझे भूखे भेड़िये की तरह देखने लगता था। वह इंग्लिश भी ठीक नहीं जानता था, उसे मात्र कामचलाऊ कुछ शब्द आते थे। उसकी वे आँखें आज भी मुझे स्मरण पड़ती हैं कि जैसे मेरे जीवन

के आकाश में दो जलते हुए नक्षत्र बोल रहे हों, जैसे कि वह उस रात बोल रहा था—

"सिस्तर! मुझे छोड़ दो, मुझे यहाँ से भाग जाने दो, मैं अपनी इटली जाऊँगा"—

— और वह कितनी पीड़ा के साथ अपनी कटी हुई टाँगें देखता था। आँखों में कैसा चमकता हुआ पानी भर आता था। उसकी बढ़ी हुई भूरी दाढ़ी से यह स्पष्ट लगता था कि वह अभी तीस वर्ष का भी नहीं होगा। अपने उज्ज्वल भविष्य के सम्बन्ध में उसने बहुत-कुछ सोच रखा होगा। क्या मालूम वह इटली का सबसे बड़ा चित्रकार बनना चाहता होगा। क्या मालूम उसकी प्रेमिका प्रतीक्षा में बैठी होगी। वह अपने देश का प्रिय कवि भी हो सकता है। कदाचित् लग्न किया हो। उसके फूल-जैसी बच्ची होगी। उसकी पत्नी को क्या मालूम होगा कि उसके पति की टाँगें काट डाली गयी हैं। वह शायद इटली का महान् नर्तक बनना चाहता होगा—पर अब तो वह टाँगों से हीन है। इटली की राजनीति ने, फासिस्ती सरकार के जाल ने उसके कलात्मक हाथों में बन्दूक थामने को बाध्य किया होगा, और उसे बिना इच्छा के ट्रक पर लादकर लड़ाई के मैदान में भेज दिया गया होगा। उसके बाद वह पकड़ लिया गया होगा। अब तो वह दोनों टाँगों से हीन होकर बन्दूकों की छाँहों में लेटा हुआ जीवनभर इन्हीं तारों के घेरे में दम तोड़ देने के लिए सड़ रहा था।

मैं जिस समय उसके कमरे से बाहर आयी, चाँद की मन्द ज्योति पीली होकर म्यूनिसिपिल लैम्प की भाँति धीमे-धीमे बुझ रही थी। धरती ऐसी लग रही थी जैसे पसरकर, लम्बी होकर आकाश के अन्दर थककर सो रही हो। धुँधले आकाश में कुछ तारे क्षीण ज्योति में सो रहे थे। चारों ओर मिलिट्री पुलिस की साइकिलें गुर्राती दौड़ रही थीं। दूर-दूर लगे हुए हजारों मन्दे लाल बल्ब जल रहे थे कि एकाएक पीछे की तरफ जिधर मैं कभी नहीं गयी थी और जहाँ आधे से अधिक बन्दी थे—जो सभी जर्मन थे, वहाँ पुलिस की हजारों सीटियाँ चीख रही थीं। खोज-ज्योतियाँ (सर्चलाइटें) चारों ओर धरती के समानान्तर एक-दूसरे की काटती हुई गोल घेरे बनाती हुई घूमने लगीं। मैं समझ गयी कि या तो कोई बन्दी भागा है, या फिर जर्मनों ने विद्रोह किया होगा।

मुझे लगा कि जैसे बैरागढ़ का यह कटा हुआ बनैला मैदान पूरा-का-पूरा जाग पड़ा है। सन्तरियों की 'आल राइट' की हुंकारें एक सिरे से दूसरे सिरे तक दौड़ने लगी थीं। ट्रकों और लारियों पर सैकड़ों की संख्या में मिलिट्री उधर ही दौड़ रही थी जिधर जर्मन बन्दी बन्द थे। जीपें भड़-भड़ करती हुई कच्चे-पक्के बने पथों पर दौड़ रही थीं। बड़ी सतर्कता के साथ बीमार कैदियों की बैरकें एक-एक करके जाँची जा रही थीं और सन्तरी आपस में धीरे-धीरे फुसफुसाकर बातें कर रहे थे।—

"साले जर्मनों ने शैतानी की होगी, बड़े हरामी के बच्चे हैं।"—

"नहीं जी, सालों को खिलाओ भी और इनकी शैतानी भी सम्हालो, एक बार भूनने का हुक्म हो जाये तो कीड़ों की तरह मारकर भून दिये जायें क्या रखा है इनमें?"—

और उधर का आकाश मशीनगनों तथा गोलियों की ज्योति से पीला होकर चिल्ला रहा था।

नाइट ड्यूटी करके भोर चार बजे के लगभग जब मैं हास्टल पहुँची तब तक भी मेरी धुकधुकी बन्द नहीं हुई थी और मैं अपने लिहाफ में औंधे मुँह कानों के पास बहुत सारा कम्बल लपेटकर चेष्टा करने लगी कि अब कोई गोली की आवाज न सुनायी दे, पर मेरी बन्द आँखों के सामने से दौड़ रहे थे उस इटालियन सार्जेण्ट के वे कटे हुए ठूँठ-जैसे बाकी के हिलते पैर, जिन पर सफेद पट्टियाँ बँधी हुई टिंचर की गन्धवाली, और उसकी वह खूँख्वार-सी दाढ़ी तथा भावहीन क्रोधी आँखें—और वह पीला जलता हुआ आकाश जो गोलियों की बोली में बोल रहा था—जाने कितने जर्मन भून दिये गये होंगे, जाने कितनों को अब मारा जा रहा होगा, मार खाते हुए उनके नंगे शरीर जिन पर कोड़ों के लाल-लाल चिह्न, मारों की हरी पट्टियाँ!! क्या ये इतने भयानक हैं? इन्हें मोह-माया-ममता नहीं है? क्या ये स्वयं लड़ना चाहते थे? या इन्हें हिटलर और मुसोलिनी की इच्छाओं ने झोंक दिया?

और मैं शायद सुबह जब दूसरी लड़कियाँ ड्यूटी पर जाने की तैयारियाँ कर रही थीं—तब कहीं सो पायी थी। जब जागी तो धूप काफी आ चुकी थी, और अभी मैं नहा-धोकर अपने केश सँवार ही रही थी कि तब तक मेट्रन ने मुझे सूचना दी कि नीचे मेजर जांस्टीन मेरी प्रतीक्षा कर रहे हैं। उन्हें पहली बार अपने लिये इस प्रकार प्रतीक्षा करते हुए देखकर कुछ आश्चर्य किन्तु हल्का सुख भी हुआ।

मैं जब पहुँची तब वे बाहर के लान में खड़े अपने कुत्ते के साथ हास्टल के छोटे-से लान के पास हरी घास पर घूम रहे थे। मुझे आता हुआ देखकर उनके चेहरे पर वैसी ही हँसी आ जाती थी जैसी कि किसी मिठाईवाले या गुब्बारेवाले को आता देखकर बच्चों के मुखों पर आ जाती है। अकलंक! यह उपमा मेरी नहीं है, मेजर जांस्टीन स्वयं कई बार मुझे यह उपमा सुना चुका था—उसने आज फिर वैसे ही गुलाब मेरे बालों में लगाना चाहा जैसे कि उसने क्रिसमस की सन्ध्या को नये वर्ष के उपलक्ष्य में भेंट देते समय लगाया था।

उसका वह लाल गुलाब जिसके बारे में हँसकर वह कहा करता था—

"रंजना! मैं बटालियन हूँ, और तुम बटालियन आफिसर, और इसलिए गुलाब का फूल तुम्हें लगाना चाहिए।"—

मैं उसकी इस भाषा को न जानती थी सो तो नहीं था, पर वह---बहुत ही सीधा था, साथ ही क्रोधी भी बहुत! क्रिसमस की सन्ध्या को हम लोग भोपाल के सैनिक क्लब में जाकर रातभर नृत्य किये थे। अकलंक! वह शराब अधिक तो नहीं पीता था परन्तु कम पीने पर भी बहुत ज्यादा पी गये का आभास हमेशा देता था। हम लोगों ने रास्ते में उस साँझ मिलनेवाले सब बच्चों को बहुत-सारे गुब्बारे और चाकलेटें बाँटी थीं, तब हम लोग भोज के बाद सिनेमा भी गये थे। सिनेमा के बाद उसे फिर नृत्य का शौक हो आया था और इस तरह पूरी रात्रि को उसने उत्सव बनाकर ही छोड़ा। उसकी मेज पर उस सन्ध्या को लिया गया मेरा चित्र, जो कि उसने स्वयं ही खींचा था, उसके बाद से सदा रखा रहता था। एक गुलाब नित उस चित्र के सामने भी सजा दिया करता था। वह बहुत हँसमुख व्यक्ति था पर बहुत दुःखी था। अकलंक! उसका पिता हालैण्ड के मारकेन टापू का रहनेवाला था जो कि लकड़ी के जूते तथा लकड़ी पर तरह-तरह के फूल, पत्तियाँ काढ़ने का काम करता था। जांस्टीन अपने माँ-बाप की आठवीं सन्तान था और इस आठवीं सन्तान के जन्म के समय उसकी माँ की मृत्यु हो गयी थी। जांस्टीन के सब भाई-बहन आवारा थे और वे दिनभर पनीर बेचनेवाले बाजार में पनीर की चोरी किया करते थे। समुद्र की छोटी-छोटी मछलियाँ पनीर में रखकर खाते फिरते थे। जांस्टीन जब आठ वर्ष का हुआ तब तक उसका पिता भी मर चुका था और उसका बड़ा भाई पागलघर में बन्द कर दिया गया था, तथा उसकी बड़ी बहन को उसके किसी प्रेमी ने छुरा मारकर समुद्र में फेंक दिया था। इस मारकेन टापू से भागकर वह आम्सटरडम पहुँचा और बेकरीवालों के यहाँ रोटी सेंकने का काज करने लगा। वह रात्रिशालाओं में जाता और पढ़ता था। इस तरह उसने पढ़ा अकलंक! तथा लीडन यूनिवर्सिटी से डाक्टरी पास की। कदाचित् तभी उसने लग्न भी किया और बच्चे हुए। ओवरलून नगर में उसने अपनी डिस्पेन्सरी खोल रखी थी और उसका इरादा बर्लिन जाकर डाक्टरी में शोध कार्य करने का था तब तक जर्मनी ने युद्ध छेड़ दिया था, जर्मन सेनाएँ हालैण्ड की सीमा पार कर उसके देश में घुस पड़ीं तथा नगरों को नष्ट करती हुई अन्दर धँसने लगीं। पूरा दक्षिणी-पूर्वी हालैण्ड नाजियों ने अपने टैंकों और फौजी बूटों से कुचलकर रख दिया। एक दिन वह अपनी डिस्पेन्सरी से लौट रहा था। जर्मन विमानों का, सुबह के दो दस्ते के बाद यह तीसरा दस्ता था जो कि इस समय फिर आक्रमण करने के लिए गुर्राता हुआ आया था। वह हमले से बचने के लिए खाइयों की ओर दौड़ा और विमानों ने बम बरसाना शुरू किया। उस खाईं से उसका घर करीब दो सौ गज की दूरी पर था और वह हर बम गिरने के साथ बार-बार देखता था कि कहीं ऐसा न हो कि कोई बम उसके घर पर भी गिरे और उसके फूलों-जैसे दो बच्चे और मोम-सी कोमल उसकी पत्नी ढहकर चूर हो जायें, समाप्त हो जायें। उसने देखा कि

विमानों में बैठे हुए बमघाती इतने नीचे उड़ते हुए बम गिरा रहे थे कि ओवरलून नगर का कोई भी घर वे खड़ा नहीं देखना चाहते थे। पूरे एक घण्टे तक बम, ओलों की तरह गिरते रहे और सैकड़ों अट्टालिकाएँ ढह गयीं, उसी में उसकी पत्नी और दोनों बच्चे भी समाप्त हो गये।

इसके बाद मेजर जांस्टीन सैनिक सर्जन होकर मित्र-राष्ट्रों की सेना के साथ घूमता हुआ भारतवर्ष आया था। मैं जब बैरागढ़ पहुँची थी तो, उसे बैरागढ़ में आये हुए केवल आठ महीने हुए थे। अपने परिवार के नष्ट हो जाने के बाद से वह कुछ चिडचिड़ा और क्रोधी भी हो गया था। जब कोई जोर से ऊँचे बोलता था तो वह मुझसे हमेशा कहा करता था—

— रंजना! लोग बमों के धमाके की तरह क्यों इतना ऊँचा बोलते हैं?

मैं देख रहा हूँ कि रंजना को एक-एक घटना कितनी स्पष्ट, पानी में धुली हुई पत्ती की बारीक-से-बारीक नसों की तरह साफ दिखायी देने लगती है। इस तरह रंजना अपने जीवन के सारे अनुभवों को चाहे तो घण्टों में भी विभाजित करके कह सकती है। रंजना को हमेशा एक-न-एक व्यक्ति मिलता है जो या तो अपनी अच्छाइयों के कारण या अपनी बुराइयों के कारण इसके जीवन का एक अंश बनता चला जाता है और रंजना को इसमें कभी ही आक्रोश आया हो, अन्यथा अपने-आपको परिवर्तनों के हाथों में ढीला छोड़ते चले जाना ही सुहाया है—किन्तु ऐसा क्यों?

क्या यह इसकी कमजोरी नहीं है? पथ में मिलनेवाले प्रत्येक नुकीले पत्थर से न तो हम ठोकर ही खाते हैं और न प्रत्येक सुन्दर बँगले का रंग, डिजाइन तथा लान ही स्मरण रहता है। इन सब में दो-एक ही हमारे स्मरण के आकाश में चमककर रह जाते हैं, कुछ दो-एक ही हमारे पैरों को लहूलुहान कर देनेवाले पत्थर भी मिलते हैं। किन्तु प्रत्येक वस्तु, यदि अपना प्रभाव अंकित करना प्रारम्भ कर दे, तो हमारे पास स्वयं अपना कहने को कुछ भी शेष न रह जाये।

उसने मेरी ओर अपनी बड़ी-बड़ी आँखें उठायी हैं—

— क्या ग्यारह बज गये अकलंक?

— हाँ, और क्या, रंजना! तुम क्या समझती हो?

— यदि ग्यारह न समझती तो क्या ग्यारह कहती?

और रंजना ने मेरी ओर तरस की दृष्टि से हँस दिया है, जैसे अकलंक अभी तुम्हें रंजना को समझने के लिए बहुत समय लगेगा। मुझे रंजना का ऐसा बोलना अपमान-सा लगा है।

— अकलंक! तुमने यह नहीं पूछा कि मैं विगत की घटनाओं में इतनी उलझी भी थी और मुझे वर्तमान के इस क्षण के समान-जैसी छोटी वस्तु का भी स्मरण कैसे रहा? अकलंक! यही तो है जिसने रंजना को कभी भी न रुकने दिया और न ठहरने दिया। प्रत्येक क्षण मुझे विपरीत परिस्थितियों ने न तन्मय, न

घायल कुछ भी तो नहीं होने दिया। परन्तु आज तक किसी भी क्षण को मैंने रोकने की चेष्टा भी नहीं की, क्योंकि रोका वह जाता नहीं, और, यदि यही होता तो मैं सैयद को खैबर के दर्रे में क्यों खोती? मेरे चाहने पर भी तुम मेरी चाह की परिधि तोड़कर क्यों चले गये? मैं जानती हूँ कि तुम कभी भी इस सबको समझ नहीं पाओगे और इसीलिए कहीं यह न सोच लेना कि मैं तुम्हें आज यह सब इसलिए सुना रही हूँ कि तुम सब सुनते चले जाओ और वितृष्णात्मक सहानुभूति लेकर मेरा न्याय करो। अपना न्याय कराने के लिए मैंने तुम्हें आज रोका है, ऐसा कभी मत सोचना अकलंक! रंजना आज जब किसी भी बात की अपेक्षा नहीं करती है तब वह तुम्हारा न्याय लेकर क्या करेगी?

मुझे इस नारी का, पहले तो अपना विगत कहकर नैकट्य प्रदर्शित करना तारपोर अपने वर्तमान की दर्प मीनार पर खड़े होकर दूसरे को छोटा कहना चुभ रहा है। शायद वह कमजोरी कि मैं इसे प्रेम करता हूँ; इसके चेतन मन पर अचेतन रूप से उभर आयी है। यह पूरी कथा सुनाकर अपने जीवनभर का प्रतिशोध लेना चाहती है एक व्यक्ति से, क्योंकि इसके निकट मैं पुरुष पहले हूँ और सब-कुछ बाद में। शायद इसीलिए यह मुझे अपने सौन्दर्य के सहस्रफनों से मोह रही है—और मोह की सीमा में आ जाने पर प्रतिशोध अधिक सहज होगा—का विश्वास इसके मन में सम्भव है, हो। क्योंकि इसके अन्दर का व्यक्ति तो कभी का समाप्त हो चुका-सा लगता है। इसके उस व्यक्ति के श्मशान पर ही, रंजना की सौन्दर्य-प्रतिमा स्थापित हुई है जो केवल स्वयं ही विषमय नहीं वरन् चुम्बनों से विष की सृष्टि भी कर सकती है। इसीलिए रंजना को चाहकर क्या प्रत्येक व्यक्ति को नहीं बुझ, मिट जाना पड़ा? विष, अन्य की मृत्यु और स्वयं का जीवन है।

रंजना अन्य के लिए विष का चुम्बन, किन्तु स्वयं के लिए यौवन और रूप की मुस्कान!!

और मैं ग्लानि से भर उठा हूँ।

अब थोड़ी हल्की बयार चलने लगी है। वायरे में पानी की नमी और मेंहदी की तेज गन्ध आ रही है। युकेलिप्टस की पत्तियाँ हवा में बोल रही हैं। और साँझ से उदास अशोक तथा यूकेलिप्टस, लगता है, इस वेला एकदम प्रसन्न हो उठे हैं और शायद अपनी पत्तियों की नमी सुखाने की जल्दी कर रहे हैं; परन्तु हवा पर पानी का दबाव स्पष्ट दिखलायी दे रहा है। ऐसा लगता है कि वर्षा या तो पास में कहीं हो रही है, या फिर थोड़ी देर में बादल नीचे उतर आयेंगे, और तब छतों, सड़कों, लानों, पार्कों को भिगोना प्रारम्भ कर देंगे।

— अकलंक ! सोचते होगे कि मेरा व्यावहार विचित्र होता है। मैं इसे नहीं जानती हूँ यह नहीं, परन्तु मैं क्या कर सकती हूँ। मैं जानती हूँ तुम सोच रहे होगे कि मैंने व्यर्थ ही तुम्हें साँझ जाने से रोका। किन्तु यह व्यर्थ तो, यदि न मिलते तब हो सकता था, परन्तु जब मिल गये हम लोग; तब न सुनाकर निश्चय मैं

तुम्हारे निकट अपराध ही करती। अपने निकट तो मैंने कई अपराध किये, किन्तु क्या कर्नल टामस, वान निकोलस और तुम्हारे निकट कोई अपराध कर सकूँगी? कर्नल टामस के लिए भी पथ देखा, पर अब और ठहरना असम्भव है। वह निश्चय ही अब नहीं रहा है, और वह वान....गन्धर्व....अब कहाँ? वैसे तो तुम भी नहीं रहे थे, किन्तु तुम आज अचानक पुरी के मित्र रूप में समाप्त के पूर्ण विरामचिह्न की भाँति जब बँगले तक आ ही गये थे तो तुम्हें क्या न न्यौतती? न्यौतकर क्या यह सब न कहती?

रंजना को बात कहना भी आता है और बात को सँभालना भी।

— तो सुनो अकलंक! मुझे सब-कुछ समाप्त कर लेने दो तब एक साथ ही तुमसे क्षमा माँग लूँगी। इतने निकट के व्यक्ति से बार-बार क्षमा माँगते हुए लाज जो आ जाती है। क्या करूँ ऐसी लाज तुम नहीं जानते, हम स्त्रियों के लिए बड़ी सहज है अकलंक!

और तब वह अपनी उँगलियों में पहने हुए अँगूठी के लाल नग से खेलती हुई कह उठी—

— मेजर जांस्टीन मुझसे अपने हालैण्ड के बारे में इस तरह सुनाया करता था जैसे मैं भी उसके ही देश की हूँ कि किस प्रकार इस लड़ाई ने उसके देश उत्रेच्ट नगर के चर्चों को बमों से नष्ट कर दिया। वह बहुत ही धार्मिक और कैथोलिक चर्च को माननेवाला व्यक्ति था। उसने बरसों तक कई चर्चों में 'बिशप' का भी काज किया था। जब वह बच्चा था तब उसे 'क्वायर बाय' बनकर प्रार्थना गाना अच्छा लगता था, किन्तु वह इतना गन्दा था कि अपने लकड़ी के जूते पहनकर किसी भी चर्च में जाने का साहस नहीं कर सकता था। तब वह चर्च की खिड़कियों के बन्द शीशों के पीछे बन्दरों-जैसा चढ़कर प्रार्थना गाता था। इस तरह से चोरी से चर्च पर चढ़ने के लिए चौकीदार के डण्डों की मार भी खानी पड़ती थी। उसे संसार में दो ही चीजों से सबसे अधिक घृणा रही है। एक तो, जर्मन सेनाओं से; दूसरे, रूसियों के साम्यवाद से। वह इंग्लैण्ड का सबसे बड़ा समर्थक इसलिए था कि उसके यहाँ के फिलिप ने इंग्लैण्ड की मेरी स्टूअर्ट के साथ शादी की थी और तब फिलिप इंग्लैण्ड का भी सम्राट् बना था। वह बहुत ही भाग्यवादी आदमी था। उसे उन दिनों चेम्बरलेन का बार-बार हिटलर से सन्धि करने का प्रयास बुरा लगता और वह कहता था कि इसमें भी साम्यवादी रूस की निश्चय कोई चाल है और जिसे ये लोग नहीं समझ पा रहे हैं। रूस ने जर्मनी से सन्धि करके पूरे यूरोप को गड्ढे में डाल दिया है। हालैण्ड की सीमा में जर्मन टैंकों को देखकर उसे इंग्लैण्ड, फ्रांस और अमेरिका पर क्रोध आता था कि वे क्यों नहीं हिटलर को स्तालिन से लड़वा देते? हिटलर पूरे यूरोप का शत्रु है तो ये स्तालिन और साम्यवादी रूस पूरी मानवता, विश्व के लिए खतरनाक हैं। उसका तर्क था कि जब ईश्वर ने ही छोटे-बड़ों का भेद बनाया है तब गरीब और अमीरवाले सृष्टि

के नियम को ये साम्यवादी क्यों तोड़ना चाहते हैं? साम्यवादियों का यह कथन कि यह धरती और सारा शासन मजदूर तथा शोषित वर्ग के लिए होना चाहिए, षड्यन्त्र है उस परम्परागत चली आती हुई आज तक की सम्पूर्ण भद्र संस्कृति को तहस-नहस करने के लिए। मैंने देखा है अकलंक! कि जब कभी साम्यवादियों की चर्चा उसके सामने आयी है तो उस जैसा बुद्धिमान् व्यक्ति को भी पागलों का-सा प्रलाप करता देखा गया। मैं नहीं जानती, क्योंकि राजनीति से मेरा सम्बन्ध भी नहीं है, कि उसकी इस घृणा का क्या कारण था? सम्राज्ञी जूलियाना का कनाडा चला जाना उसे अच्छा नहीं लगता था क्योंकि उसका कहना था कि यूरोप और अमेरिका की इन राजकीय नीतियों पर रानी को दबाव डालना चाहिए।

वह मुझसे हमेशा पूछा करता था कि मेरा कोई सम्बन्ध यहाँ की राजनीति से तो नहीं है? और जब उसे मालूम हुआ कि मैं पहले हिन्दू थी और पति ने छोड़ दिया तब उसे बहुत दु:ख हुआ था परन्तु मेरे ईसाई हो जाने पर उसने बहुत प्रसन्नता प्रकट की थी। वह गाँधी को मानता था किन्तु उसकी राजनीति को वह भयाग्रह समझता था। वह कहा करता था कि उसका देश अगर यव आदि देशों में वहाँ के काले लोगों को छूट देता जायेगा तो उसे उन उपनिवेशों से हाथ धोना पड़ेगा। जबकि यव देश की रबड़ से उसके देश की साफ-सुथरी सड़कें बनायी जा रही थीं—अगर यह लड़ाई न होती तो उसके देश की धरती कितनी लचीली सड़कों से अब तक भर गयी होती। मगर वे यव लोग उपद्रव मचाये हुए हैं जबकि उसके देश को एक तो अपने घर में लड़ना पड़ रहा है, दूसरे जापानियों ने उसके उपनिवेशों पर आक्रमण कर दिया है। ऐसे समय में यव निवासी अवसर का दुरुपयोग करेंगे। वे न तो जापानियों के हाथ में ही रहेंगे और न उसके अपने देश हालैण्ड के ही। ठीक वैसी ही परिस्थिति गाँधी इस भारतवर्ष में कर रहा है। यहाँ के लोगों को अंग्रेज शासन से और क्या चाहिए? माना कि इस देश पर डचों का भी कभी अधिकार था। अंग्रेजों ने वह अधिकार छीन लिया, किन्तु वह केवल इस बात से ही अंग्रेजों के हाथ से छीननेवाले गाँधी और उसके साथियों को तो कभी अच्छा नहीं कह सकता है न?

वह अपनी डिनर-टेबल पर मुझसे कई बार कह चुका था कि काली जातियों को भड़काने में रूस का बड़ा हाथ है और चीन के गृह-युद्ध में तथा जापान के युद्ध के पीछे भी रूस का ही हाथ है। क्योंकि वह कहा करता था कि साम्यवाद, मजदूरों का साम्राज्यवाद है, जो ईश्वर के बनाये हुए अमीर-गरीब के भेद को मिटाने का प्रयास है—जो कि असम्भव है; क्योंकि इंग्लैण्ड, फ्रांस, अमेरिका, हालैण्ड कोई भी देश ईश्वर और सृष्टि के नियमों के विरोध में खड़े नहीं हो सकते। इस युद्ध का पक्ष यदि बदल गया तो जर्मनी इस युद्ध में रूस को समाप्त कर देगा।

मैं जानती हूँ अकलंक! कि तुम राजनीतिक व्यक्ति हो, तुम उस व्यक्ति के बारे में कुछ कहना भी चाहोगे कि वह साम्राज्यवादी व्यक्ति था या प्रतिक्रियावादी व्यक्ति था किन्तु मैं उसके विपक्ष में कुछ नहीं सुन सकती हूँ, क्योंकि वह बहुत भला था और मैंने उसके साथ विवाह भी किया था—

मुझे फिर एक धक्का लगा है। अपने मन के साथ खेलनेवाली इस नारी को क्या कहूँ? जो कहीं किसी भी दशा में भेद नहीं करना जानती है। राजनीति की बात एक क्षण को अलग भी कर दी जाये। फिर भी जो इस देश के बारे में इस तरह की धारणा लिये था, गाँधी के बारे में ऐसी प्रतिक्रियावादी बातें करता था, उसके साथ भी इस रमणी का समझौता किस बात के लिए था? शरीर की भूख!! मेजर जांस्टीन में आकर्षण ही नहीं घृणा के अंकुर थे, परन्तु उसे भी रंजना ने अपनी गोरी बाँहों में बाँधा होगा, इन्हीं ओंठों ने उसके ओंठों पर चुम्बन टाँके होंगे जिन्होंने इस देश के बारे में बुरी-भली बातें कही होंगी। रंजना! तुम्हारा पतन कोई सीमा रखता है या नहीं? क्या तुम नारी हो??...

— जानती हूँ अकलंक! मेरी इस लग्नवाली बात ने बहुत ही कड़वाहट तुम्हारे मन में पैदा कर दी होगी और तुम घृणा से भर गये होगे। एक बात कह दूँ अकलंक! कि जिस उच्च वर्ग से मैं आती हूँ वहाँ नारी के लिए पुरुष, मात्र पुरुष होता है और हमारे वर्ग के पुरुष के लिए नारी, मात्र विलास का साधन है—प्रसाधन की प्रतिमा!! यदि मैंने भी उसी तरह किया तो क्या बुरा किया अकलंक? जानती हूँ अगर मैं तुम्हारी पत्नी हुई होती तो कभी भी ऐसा नहीं कर पाती, क्योंकि तुम जिस वर्ग से आते हो वहाँ नारी का शरीर होना उतना आवश्यक नहीं है, जितना कि वह पति के काम में कितना हाथ बँटा सकती है और वह नारी है या नहीं? इसीलिए तो मेरे माता-पिता ने तुम्हारी उस विवाहवाली बात का मुँहतोड़ उत्तर तुम्हें दिया था!! और मुझे कदाचित् जीवन भर का यह शाप!! मैं भले ही पतन की इस सीमा पर पहुँच गयी, किन्तु उच्च वर्ग की रक्षा तो हो सकी—। जानते हो इस बार मैंने अन्तिम रूप से निश्चय किया था कि मैं घर बसाकर रहूँगी और यह व्यक्ति मेरे घावों पर मलहम-पट्टी कर सकेगा, जबकि मैं इसके बमों से नष्ट घर की ईंटों को फिर से जोड़-सँजोकर इसका रंगकक्ष सजा दूँगी और जहाँ मैं एक फूलपात्र की तरह रह सकूँ। यदि मैं एक बार भी ऐसा कर सकी तो मुझे सन्तोष होगा—मेरा पति होगा, मेरे बच्चे होंगे और मैं पत्नी तथा माँ हूँगी!! अकलंक! सबसे पहली बार हम लोगों का प्रेम ओंठों तक कैसे आया, जानते हो?

मैं इस नर्स की नौकरी से ऊब गयी थी साथ ही मुझे इन मिलिट्री के लोगों की इस आदत से भी घृणा हो गयी थी कि वे वेकाई लड़कियों को साथ घुमाना और मौज करना अपना अधिकार समझते थे। कई बार मन झल्लाकर रह जाता था। ज्योंही आप अकेले हुए नहीं कि कोई-न-कोई कैप्टन या लेफ्टिनेण्ट आपके साथ लग जाता था। मैं जब इन लोगों के साथ जाने की

अरुचि प्रकट कर देती थी तो इन लोगों के मन में मेरे प्रति द्वेष आ जाता था। जब कभी ये मुझे मेजर जांस्टीन के साथ देखते तो निश्चित ही शराबी का स्वाँग बनाकर कोई गन्दा गान या आँखें भिंचकाते हुए सीटी बजाकर अश्लील मजाक करने में कभी नहीं चूकते थे। कई बार तो नृत्य करते समय धक्का तक देने में नहीं चूकते थे। मेरा मन धीरे-धीरे ऊबता जा रहा था और जाने क्यों जब यहाँ से भी आगे पग उठाने की सोचती थी तो आँखों के आगे एकदम अँधेरा आ जाता था। क्योंकि मैं आगे बढ़ चुकी थी। वापस लौटकर जाने का अर्थ था, कि मैं वहीं जाऊँ जहाँ टाट के परदों के पीछे शरीर को गोट बनाकर चार आने का व्यापार रातभर खेला जाता है। हो सकता है तुम और कुछ निष्कृति देख पाते होगे, पर अकलंक! कभी तुम एक क्षण को भी नारी हो पाते, तुम्हें एक दिन के लिए भी नारी-शरीर की सारी विषमताएँ मिलतीं तो तुम जान पाते कि जिस शरीर की ओर तुम आकर्षित होते हो, या तुम पतंगे की भाँति टूटते हो—जिन रूपशिखाओं को देखकर वह शरीर, नारी के लिए यमलोक के जलते हुए महाशाप से कम नहीं है। तुम बताओ कि यदि मैं मेजर जांस्टीन का साथ छोड़ देती तो मेरे सामने वेश्या या वेकाई गर्ल के भविष्य के अलावा और क्या था? आज तुम आये हो सारे आदर्श के छत्रदण्ड लेकर मेरे द्वारे, ताकि मैं पश्चात्ताप और प्रायश्चित्त करूँ। मेरे मन में अपने प्रति ही तुम घृणा भरने आये हो कि मेरी सन्तानें जानें कि उनकी माँ, समाज की दृष्टि में लगभग वेश्या थी वेकाई गर्ल थी, चरित्रहीन थी—मैं पूछती हूँ कि क्या मैं नारी नहीं हूँ??

और मैं मेजर जांस्टीन को किसी भी दशा में अपने हाथों से जाने देना नहीं चाहती थी। जिस दिन मैंने यह अनुभव किया कि इस व्यक्ति का मेरे जीवन से चले जाने का अर्थ है मेरे सामने केवल अन्धकार!! उसी दिन मैं कमजोर पड़ी। मेजर जांस्टीन तो मेरे इस नये व्यवहार से बहुत प्रसन्न हुआ कि उसकी ओर अगत्या मेरा आकर्षण हुआ तो। और जब मैं नित नयी साड़ियाँ पहनती तो वह एक क्षण देखता ही रह जाता।

उसने उन दिनों अपने हालैण्ड जाने के लिए 'वेस्टर्न जोन' के मुख्य कार्यालय को लिखा था। पिछले वर्ष भर से उसे रोका जा रहा था पर इस बार वह जी-जान से प्रयत्न कर रहा था कि उसे जाने की अनुमति एवं सुविधा मिल जाये। उसने अपनी सरकार से भी जोर डलवाने का प्रयत्न किया था और वह रोज आशा करता था कि किसी भी दिन उसे अपने देश जाने का आदेश आ सकता है। वह मुझसे कहा करता था कि रंजना मेरी पत्नी बनकर अवश्य उसके साथ जायेगी क्योंकि बिना रंजना के अब वह नहीं रह सकता है। वह इस विचार में बैठा घण्टों प्रसन्न रहा करता था।

साँझ की ड्यूटी के बाद हमेशा हम लोग उधर काफी दूर तक घूमने जाया करते थे जिधर सब बन्दी बन्द थे। बन्दी दो भागों में बँटे हुए थे—उत्तरी भाग और दक्षिणी भाग, कुल मिलाकर दस हजार से भी अधिक कैदी थे। प्रतिदिन मालगाड़ियाँ गेहूँ, कच्चा गोश्त, मुर्गियाँ, अण्डे बैरागढ़ लाती थीं। आसपास के छोटे-छोटे गाँवों में जहाँ कभी पशुओं का काटना नहीं होता था, अब वहाँ गोश्त की बड़ी-बड़ी मण्डियाँ खुल गयी थीं और लोग-बाग अपने बैल, गाय, बकरी, गधे और सड़क पर आवारा घूमते हुए कुत्ते-बिल्ली तक हजारों की संख्या में काटने लगे थे। आसपास के पचासों कोस तक के गाँवों में पशु मिलना दूभर होता जा रहा था किन्तु पड़ोस की रियासतों के राजाओं और नवाबों ने मिलिट्री की पूरी सहायता करने का वाइसराय से वायदा किया था और गोश्त के पहाड़ इस छोटे-से स्टेशन पर रोज उतारे जाते थे।

धूप में बनियानें और पतलूनें पहने वे युद्धबन्दी जमीन खोदने का, सब्जी उगाने का, खेती करने का काम करते रहते थे। उनके चारों ओर मिलिट्री हमेशा तैयार खड़ी रहती थी। दूर-दूर तक काँटों के घेरों की सीमाएँ दिखायी देती थीं और वे नीच। सिर किये भेड़ों की तरह काम करते रहते थे। अन्तिम घेरे के दो घेरे पहले से पगवटों में काँटेवाले तार बिछे हुए थे, इसलिए कि यदि निकलकर भागें तो भाग भी नहीं सकें। रातभर सर्चलाइटें इस अहाते के चप्पे-चप्पे पर घूमती थीं। खाना लेने के समय इन्हें बाहर से ही 'फाल-इन' कराया जाता था और ये तारों के पास 'क्यू' में आते। उन्हें पानी भी नापकर दिया जाता था। जरा भी गड़बड़ी होने पर हजारों गोलियाँ चल जाती थीं और बात-की-बात में वे खड़े-के-खड़े भून दिये जाते थे।

एक दिन सन्ध्या हम लोग घूमकर लौट ही रहे थे कि बन्दियों ने आज का काज जल्दी समाप्त कर, अपने-अपने स्थानों की ओर दौड़ना शुरू किया। जहाँ ये लोग आराम करते और बैठते थे वह भी चारों ओर से पहले बाहर से ही काँटों से घेर दिया जाये इसका प्रबन्ध था और तब यह बाहर का बड़ा घेरा खोलकर मिलिट्री गारद उस पासवाले घेरे में घेरकर रातभर पहरा देती थी। इनके सोने और बैठने के लिए बहुत ही असुविधाजनक जगह बनायी गयी थी।

कैदियों को जैसे ही काम छोड़कर भागते देखा तो सार्जेण्ट ने चिल्लाकर 'हाल्ट' का आदेश दिया, पर वे सब-के-सब बेतहाशा भाग रहे थे। इस पर उसने 'फायर' का हुक्म दिया और मशीनगनें पीली लपटें उगलने लगीं। कैदियों के चीखने की आवाजें आने लगीं। पचासों ढेर कर दिये गये। शेष कैदियों ने अपने दोनों हाथ ऊँचे करते हुए समर्पण कर दिया। कैदियों को ही अपने साथियों की लाशें ढोकर बाहरवाले घेरे तक लानी पड़ीं और जब वे सब अन्दर के घेरे में बन्द कर दिये गये, तब उन लोगों की लाशों को ठोकर

मार-मारकर बाहर खींचा जाने लगा। उन कैदियों का तीन दिन का राशन बन्द कर दिया गया।

मेरा दम घुटने लगा अकलंक! आदमी की कीमत एक बन्दूक की गोली!! गोली चली और मानुष भुन गया। मेरा रोम-रोम काँप रहा था। मैं बहुत डर गयी थी। मैं भय के मारे बहुत जोरों से चीख पड़ना चाहती थी किन्तु मेजर जांस्टीन के हाथ और कन्धे का सहारा—सान्त्वना पहुँचा रहा था। मैंने निश्चय कर लिया था कि मैं यहाँ नहीं रह सकती, कभी नहीं रह सकती।

मेजर जांस्टीन का क्वार्टर दक्षिण दिशा में एक सिरे पर था, जिसके सामने एक पहाड़ी नाला कतराकर बहता रहता था। नाले के इस तरफ तक काँटों के तारों का ऊँचा घेरा था और नाले के उस पार ऊबड़-खाबड़ धरती—जो कि लाल मिट्टी के कारण धूप में गेरुए कपड़े की तरह लगा करती थी। उस पर अनार की झाड़ियाँ, खजूर के लम्बे-लम्बे पेड़, जंगल, उन्मुक्त हवा में हिलते रहते थे। उस गेरुई लाल मिट्टी में फाख्ताएँ खूब सारी फुदकती रहती थीं और कभी-कभी मेजर जांस्टीन उन्हें गोली का निशाना भी बना लेता था, जिन्हें बाहर पहरा देता गारद का सिपाही ला भी दिया करता था। नाले पर गेरुआ पुता हुआ रेल का पुल था जिस पर से मालगाड़ियों में बन्द जानवरों के सिर दिखायी दिया करते थे और सवारी गाड़ियों की सवारियों के कभी लाल-पीले लुगड़े, वर्ना तरह-तरह के सिर दिखायी देते थे। दोपहर में प्रायः रविवार को मैं जांस्टीन के साथ उस नाले में मछलियों का शिकार करने जाया करती थी, तब रेलवे ट्राली का दौड़ता हुआ वह नीली वर्दीवाला पैड्समैन और सफेद सूट पहने हुए बाबू और उस ट्राली की उड़ती हुई लाल झण्डी दिखायी पड़ती थी। छोटी-छोटी घास चरती हुई कभी कोई गाय या भैंस मुश्किल से दिखायी देती थी, परन्तु गोबर बीननेवाली या लकड़ी बटोरनेवाली स्त्रियाँ जरूर, अपनी जाँघों के ऊपर तक लुगड़े खोंसे उन खाँखरों की झाड़ियों के बीच से जाती हुई पगडण्डियों से होती हुई बहुत दूर-दूर तक दिखायी देती थीं। बिलों के पास अपना एक पंजा अन्दर डाले हुए खरगोश हमेशा ही मिल जाया करते थे और जांस्टीन जब इन्हें मारने के लिए गोली का निशाना साधने का प्रयास करता तो मेरा मन जाने कैसा होने लगता था। इस बीच गोली पिट आवाज करती हुई उनके नर्म बालोंभरे, कोमल हड्डियोंवाले शरीरों को छेद देती थी। अपने बड़े-बड़े सफेद कान लिये खरगोश, जिसके नर्म-नर्म बाल उस जंगली हवा में बहुत मुलायमियत के साथ उड़ते रहते थे, तब मात्र मांस की लोथ हो जाया करता। दूर पर चाँदमारी में चलती हुई 'थ्री नाट थ्री' की गोलियाँ 'ठाँय' 'ठाँय' करती हुई दिनभर बोला करती थीं। और मुझे ऐसा लगता कि यदि इन कँटीले तारों के अन्दर पहुँचने पर हवा, पुलिस का आदेश न माने तो कदाचित् गोलियाँ उसका भी शरीर छेदकर छलनी कर सकती थीं। लौटते मैं जांस्टीन के कन्धे पर लटकते हुए खाकी बैग में चाँदी की पत्तियों की तरह चमकनेवाली बहुत-सारी छोटी-छोटी मछलियाँ हुआ करतीं, जिन्हें शाम को नमक के साथ

उबालकर खाना जांस्टीन को बहुत प्रिय था। तब वह मारकेन द्वीप के आसपास उत्तरी सागर में मिलनेवाली मछलियों के प्रकार तथा गन्ध की बातें चाव से सुनाया करता था। बचपन में उसे अपने आवारा भाई-बहनों से एक-एक मछली के लिए कितना लड़ना पड़ता था। कई बार तो लकड़ी के जूते से एक-दूसरे का सिर तक फोड़ दिया करते थे और तब घाव पर ढेर-सारी बर्फ, धूल की तरह डालते पर कैसी काटती हुई ठण्डी लगा करती थी। वह अपनी पत्नी का चित्र हमेशा मुझे विवाह के पहले दिखाया करता था और कहा करता था कि रंजना! मेरे साथ यह पढ़ा करती थी और इसका पिता लोगों की कब्रों पर लगानेवाली मूर्तियाँ, परियाँ तथा क्रास बनाने के लिए प्रसिद्ध था। जांस्टीन कहा करता था कि इसकी आँखों-जैसी सुन्दर आँखें उसने यूरोप-भर में नहीं देखीं। केवल रंजना की आँखें इन आँखों से अच्छी ही नहीं, कई गुना सुन्दर हैं, और तब वह अपना ऊपर का ओंठ हल्के हिलाते हुए मेरी ओर शैतान बच्चों की तरह देखा करता था। यहाँ के दूसरे अंग्रेज कमाण्डर इसके अइंग्लिश होने के नाते जांस्टीन से असन्तुष्ट ही नहीं किसी सीमा तक जलते भी रहते थे परन्तु वह मिलिट्री सर्जनों में प्रथम श्रेणी का माना जाता था। जांस्टीन को दुःख इसी बात का था कि अपने हालैण्ड में रहकर शोध कार्य करने का अवसर नहीं मिल रहा था। वह छोटी-से-छोटी शारीरिक पीड़ा को भी सर्जरी से ठीक करने का विचार रखता था। वह जर्मनों को उनके देश को नष्ट करने पर कोसते-कोसते पागल हो जाता था।

मैंने अपना त्यागपत्र दे दिया था, क्योंकि जांस्टीन के साथ मेरा विवाह निश्चित हो चुका था। मगर अभी तक वह इस प्रसन्नता को दूसरी प्रसन्नता के साथ मिलाना चाहता था और इसलिए वह कहा करता था कि मैं जीवन में जितना कभी प्रसन्न नहीं हुआ हूँ उतना प्रसन्न होकर उस दिन उत्सव मनाऊँगा।

जिस दिन एरिया-कमाण्डर ने मेजर जांस्टीन को बुलाकर उसे हालैण्ड जाने का आदेश दिया उस समय मैं जांस्टीन की डायरी पढ़ रही थी।

'डायरी में मात्र मूर्खताओं का ही उल्लेख हो'—

यह जांस्टीन की धारणा थी और खिड़की के पास हँसते हुए मैं डायरी पढ़ रही थी, तभी उसने मुझे दौड़ते हुए आलिंगन में बाँध अपने हालैण्ड जाने के बारे में सुनाया।

जिस समय हम ईसा, बाइबिल और पादरी का आशीष लेकर चर्च से बाहर निकले लोगों ने चुम्बनों से मेरा हाथ भर दिया। मेरा सफेद गाउन, झीना पतला सारस के पंखों की तरह चर्च की लीचियों के पेड़ों से आती हुई हवा में उड़ रहा था और हम दोनों कार में चढ़कर लोगों की प्रसन्नता को चर्च में ही छोड़कर आगे बढ़ गये।

हम लोगों ने हालैण्ड पहुँचकर हनीमून मनाने का निश्चय किया।

— जिस समय हम लोग हालैण्ड के लिए रवाना हुए हमें पहले इंग्लैण्ड जाना था क्योंकि पेरिस, ब्रूसेल्स की तरफ के सभी नाके, सड़कें जर्मनों ने बन्द कर रखी थीं। इंग्लैण्ड के बाद ही यदि सम्भव हुआ तो हालैण्ड के लिए किसी पोत से जाया जा सकेगा। जब मैं अपने पति के साथ इंग्लैण्ड पहुँची, हालैण्ड के पूर्वी शहरों और प्रदेशों पर जर्मनों के आक्रमण बराबर हो रहे थे और ब्रिटेन और अमेरिका की सेनाएँ हालैण्ड की सीमाओं की रक्षा के लिए भेजी जा रही थीं। बेल्जियम के प्रदेश में भी जर्मनों के घुस पड़ने की सम्भावना बढ़ती जा रही थी, इसलिए राटरडम खतरे में अभी और पड़ सकता था क्योंकि सन् चालीस की मई में, शहर के केन्द्रीय भाग को बिलकुल विध्वंस कर दिया गया था। चारों ओर उस समय जर्मन आक्रमण का आतंक छाया हुआ था। हालैण्ड पहुँचकर आम्सटरडम में सर्जिकल प्रेक्टिस करने का जांस्टीन का विचार था।

राटरडम से उत्रेच्ट होते हुए जब रात में हम लोग आम्सटरडम पहुँचे तो उस समय पूर्वी हवा, अम्सटेल नदी के ऊपर हल्के उड़-उड़कर कुहरे और बादलों को भिगोती चली जा रही थी। अपने पति से सुने गये सत्रहवीं शताब्दी के उन डच लोगों के उत्साह पर मुझे हँसी आने लगी, जिन्होंने अपने आम्सटरडम को वेनिस की भाँति ही सुन्दर 'वरुण नगर' बनाने के लिए बहुत-सी नहरें बनाने की योजना प्रारम्भ की थी और उसे 'उत्तर का वेनिस' भी कहना प्रारम्भ कर दिया था। ट्रेन में बैठे हुए अन्धकार और बिजली के प्रकाश में लिपटे इस उत्तर के वेनिस से मुझे सहसा मोह हो आया जहाँ कि शेष जीवन अपने पति संग बिताने का निश्चय करके आयी थी। इस विचार ने, अपने पहियों के नीचे से गुजरती हुई प्रत्येक सड़क, बिजली के खम्भे, साइकिलों पर जाते हुए हैट और फ्राक से परिचित हो लेने में ही अपने-आपका भला समझा। समुद्र से लड़कर धरती छीननेवाले इन डच लोगों को बाहुओं में अपने परिश्रम पर कितना दृढ़ विश्वास है—इस विचार ने मुझे अपने पति की बाँहों पर सिर टेकने के लिए बाध्य कर दिया। मेरा मोह पति की बाँहों में ऐसे ही टिका रहना चाहता था जैसे समुद्र की बाँहों पर धरती का सिर!!

और आम्सटरडम का स्टेशन आ गया।

आम्सटरडम में मेरे पति जांस्टीन का एक गहरा मित्र रहता था—वान निकोलस, जो कि संगीतज्ञ और चित्रकार था। दोनों बचपन में साथ-साथ पढ़ते थे। वान निकोलस ने स्कूल-कालेज के दिनों में जांस्टीन की हर तरह से

सहायता भी की थी। वान निकोलस का पिता, उत्तरी हालैण्ड में सरकार से समुद्र के भीतर से धरती निकलवाने का ठेका लिया करता था, और वह एक तरह से हालैण्ड के राजनीतिक तथा सार्वजनिक जीवन में प्रतिष्ठित व्यक्ति था। वान निकोलस की बहन मेरिया, पागल थी और वान निकोलस अपने पिता तथा बहन को छोड़कर आम्सटरडमवाले अपने विला में आकर रहने लगा था। उस दिन स्टेशन पर उतरते ही मेरे पति ने कहा कि—'रंजना! यहाँ वान है और सीधे उसके घर ही चलना चाहिए'—और हम लोग सीधे उसके यहाँ गये। वान को अपने आने की सूचना हम लोग दे न सके थे।

जिस समय अटेण्डेण्ट ने अपना सिर झुकाकर नमन किया और जांस्टीन को पहचाना, वह स्वामी को सूचना देने के लिए उस बड़े जीने से ऊपर चला गया जिस हाल से होकर हम लोग नीचे के अतिथिवाले कमरे में जाकर वान निकोलस की प्रतीक्षा कर रहे थे।

हालैण्ड का दक्षिणी-पश्चिमी भाग तो यूरोप की जलवायु की तरह गर्मी में गरम और सर्दियों में ठण्डा रहता है पर केरेबियन समुद्र की गल्फस्ट्रीम के कारण इधर न तो इतनी गर्मी और न सर्दी ही होती है। वान निकोलस अपना सन्ध्या-गाउन पहने था। कोमल श्वेत रंग, उन्नत ललाट; लम्बी नाक, पतले ओंठ और लम्बे बाल, स्त्रियों की-सी ऊँचाईवाला यह व्यक्ति देखने पर प्रभाव ही डालता था—कमरे में प्रवेश करते ही न तो डच और न यूरोपियन रूपरंग की एक रमणी को देखकर आश्चर्य में आ गया। परन्तु मेरे पति ने—

'यह मेरी पत्नी रंजना जांस्टीन, भारतीय हैं'—कहकर मेरा परिचय दिया।

मेरे लम्बे उजले दस्ताने में झुका हाथ उसने बहुत ही भद्रता से चूमकर अभिवादन करते हुए हालैण्ड में स्वागत किया। मुझे उसके इस व्यवहार से प्रसन्नता हुई। वह अगले महीने ही हालैण्ड के प्रसिद्ध चित्रकार रेमब्राण्ड के 'नाइट-वाच' वाले चित्र के आधार पर एक संगीत आपेरा प्रस्तुत करनेवाला था और उसी की तैयारी में वह लगा हुआ था। जिस समय वह नम्रतापूर्वक विदा हुआ, हम लोग अत्यधिक थक चुके थे।

कदाचित् जांस्टीन अपने देश में बहुत दिनों बाद आया था और आते ही जैसे हालैण्ड की इस शरदऋतु की कुहर बाँहों ने उसे प्रगाढ़ आलिंगन में बाँध लिया और वह गहरी नींद में सो गया।

विला की सुषमा तथा वैभव, वान निकोलस की कलाप्रियता का परिचय दे रहे थे। प्रत्येक वस्तु सुरुचिपूर्ण तथा रंगमेलमयी थी। प्रकाश बुझा दिया गया था। नीचे के तल्ले के इन कमरों से सटा हुआ इस बँगले का कदाचित् वह बगीचा है, जिसके घने पेड़ों की काली छायाएँ खिड़कियों के शीशों से दिखायी दे रही थीं, और चन्द्रमा बिल्कुल बर्फ की तरह उज्ज्वल एवं शीत उगने को हो रहा था। मुझे लगा यह चन्द्रमा बिल्कुल दूसरा है उससे जिसे लाहौर, बम्बई में

हमेशा देखा करती थी, या महू से चलते हुए उस दिन मैंने ट्रेन में बैठे हुए क्षिप्रा की ठण्डी कछारों को धोता हुआ जिसे देखा था। मेरा मन हो आया है कि हालैण्ड की इस ठण्डी कुहरे-भरी रात्रि में भी चलकर देखूँ कि आम्सटेल नदी पर इस चन्द्रमा की वैसी ही परछाईं पड़ रही है जैसाकि उस दिन सरपतों से भरी उस झील में देखी थी? कुहरे के नीले-नीले गुब्बारे धुएँ के छल्लों की तरह चन्द्रमा के मुख पर उड़ रहे थे और वे यहाँ के आकाश में बहुत नीचे लग रहे थे। मुझे लगा कि यदि मैं बर्फ पर पहननेवाले मारकेन टापू के बने लकड़ी के जूते पहनकर उत्तर की ओर चलती चली जाऊँ तो निश्चय ही बर्फ को पार करती हुई इस चन्द्रमा को पा सकती हूँ। और तब यह चन्द्रमा का गोल, ठण्डा, विशाल श्वेत कमल, मेरी अंजलियों में होगा और जिसे मैं अपनी जलती पलकों पर फेरकर एक गहरे सुख का अनुभव कर सकती हूँ। या, मैं इस ठण्डे कमल को अपने जूड़े में लगा सकती हूँ।

ऊपर के उजालदान खुले हुए थे जिनमें से ठण्डक और कुहरा आ रहे थे। कमरे के फायरप्लेस की लाल-लाल रोशनी की छाया, सब चीजों को गरमाहट और लाली बाँट रही थी। दूर कहीं से धीमे-धीमे पियानो के स्वर आ रहे थे। मुझे लगा वान निश्चय ही उस 'नाइट वाच' वाले चित्र से सम्बन्धित संगीत आपेरा की स्वरलिपि बना रहा होगा और मैं कल्पना करने लगी कि कैसा होगा वह चित्र, और वान निकोलस का उस चित्र के भावों को स्वर देने का प्रयास!! मुझे अँगीठी की हलकी आँच की भाँति सुन्दर, रंगीनं और हल्के मीठे वे दूर से आते हुए पियानो के स्वर लग रहे थे—जैसे चारों ओर इस समय बर्फ की चमेली झर रही है और मैं पियानो के उन स्वरों में वह 'नाइट-वाच' वाला चित्र देख रही हूँ। इसी कल्पना में मैं कब सो गयी मुझे पता न चला, परन्तु बिहान उठने पर सिरहानेवाली टेबल पर फूलों के गुच्छे दिखायी दिये। अवश्य ही किसी ने इन्हें सिरहाने रखा।

दूसरे दिन जांस्टीन, अपने मित्र वान निकोलस को और मुझे लेकर आम्सटरडम घुमाने ले जाना चाहता था, परन्तु कुहरा बहुत सवेरे से ही घना घिर आया था। घूमने के प्रस्ताव को रद्द देखकर जांस्टीन कुछ लोगों से मिलने चल दिया और मैं वान निकोलस के उस उपवन में घूमने लगी। एक क्षण को लगा मैं निश्चय ही यह सब स्वप्न देख रही हूँ। यदि मैं विगत को सत्य माने लेती हूँ तो फिर वान निकोलस के इस उपवन में इस तरह आम्सटरडम में घूमते हुए को क्या मानूँ?? यहाँ मेरा पति है, और अब मैं सदा के लिए यहाँ रहने आयी हूँ।

जानते हो अकलंक! जब हम एकदम विभिन्न परिस्थिति में पहुँच जाते हैं तो हम बचपन की रटी हुई संख्यावाली गिनती को आँख मूँदकर फिर से दुहराने लगते हैं कि कहीं हम बदल तो नहीं गये हैं? और जब देखते हैं

कि प्रारम्भिक कक्षा की वह गिनती हमें ठीक उसी तरह स्मरण है, तब हमें कितनी प्रसन्नता होती है कि नहीं, हम वही हैं, कहीं से नहीं बदले हैं। ठीक उसी प्रकार एक-एक घटना हमारे सामने आती है और हम उन सबके बीच में अपने-आपको जब सूत्रित पाते हैं तब हमें विश्वास हो जाता है कि नहीं, हम निरन्तर बने हुए हैं, कहीं से भी हमारी संज्ञा लुप्त नहीं है। इन सब विभिन्न परिस्थितियों का सूत्र हमारा 'हम' अखण्ड रूप में है। किन्तु अकलंक! मुझे हमेशा लगा कि मैं निरभ्र आकाश की भाँति ही रही, जिस पर किसी के भी पदचिह्न आज तक अंकित न हो सके—फिर चाहे वह आँधी हो या काली पतली रेखाओं में उड़ते हुए सारस के झुण्ड हों, या हरे-हरे तोतों की उड़ती हुई बन्दनवार!! तुम इसे मेरा दर्प कहोगे, तुम कहोगे कि यह सब कहकर तुम्हारी दृष्टि में यदि मैं गिर गयी हूँ इसलिए यह आकाशवाली उपमा कहकर अपने को ऊँचा किया चाहती हूँ—किन्तु क्या ऐसा सोचना सत्य होगा?

रंजना का इस समय बहककर स्वयं मुझ तक आ जाना अच्छा लगा है क्योंकि मैं कुछ सोच सकता हूँ। रंजना ने जिस भाँति जिया बिलकुल निरुद्देश्य जिया है ठीक उसी रीते वह निरर्थक सोचती भी है। मैं नहीं जानता रंजना ने कब मेरे हाथ की अँगूठी का लाल नग छोड़ा और वह मुझे अपनी कथा सुनाने में तल्लीन हो गयी थी। रंजना कभी किसी व्यक्ति या घटना के प्रति सचमुच विद्रोह करके उठ खड़ी हुई हो, ऐसा नहीं लगता। यह क्यों? पता नहीं!! या तो छलवश ऐसा करती है या स्वभाववश।

परन्तु अपने-आपको कोई कैसे छल सकता है? और इस प्रकार अपने को छलने की ऐसी क्या आवश्यकता आ पड़ी थी? मुझे तो उसके जीवन के प्रत्येक मोड़ पर लगता है कि वह चाहती तो अपने विद्रोह का फन उठाकर खड़ी हो सकती थी जबकि उसने ऐसा नहीं किया। विवशता नाम की वस्तु ही गिरने के लिए बाध्य करती है, पर रंजना के साथ ऐसी विवशता क्या कहीं थी? सचमुच की विवशता क्या इसके सामने कभी थी?—गिरने पर व्यक्ति में असन्तोष पैदा होता है जबकि रंजना ने अपने प्रत्येक पतन को रस माना। आवेश में पग उठाने पर भी मनुष्य विवेक आने पर लौटा लेता है, किन्तु जब कोई आवेश में पूरा जीवन जी जाता है तो इसका अर्थ तो हुआ कि वह सब-कुछ उसके मन को अच्छा लगता था। क्योंकि बिना मन या इच्छा के तो जल-जैसी वस्तु तक को हम नहीं पी पाते हैं फिर यह तो स्तर की सीमाओं का प्रश्न है, जहाँ तन और मन दोनों का मिलना एक नितान्त आवश्यक शर्त है। बिना मन के, दवाई की बाध्यता क्षम्य और समझ में आती है, किन्तु यह रंजना तो अपने तन और मन दोनों को समझाती रही।

— देखती हूँ तुम बहुत सोच रहे हो, ठीक है, अब मैं तुम्हें रोकना भी नहीं चाहती—सुनो, तुम हल्का ड्रिंक लोगे?

मैं देख रहा हूँ कि वह कमरे से अभी-अभी बाहर गयी है और सोच भी सकता हूँ कि एक क्षण में पेग लिये वह आ रही होगी और कदाचित् ब्राह्मण घर

में पैदा होने के कारण मुझे स्मरण आ रहा है कि शिव की मूर्ति पर एक अभिषेक-पात्र टँगा रहता है, और उसमें से जलधारा निरन्तर शिवलिंग पर गिरती रहती है। मुझे ऐसा लग रहा है उच्चवर्ग की इन पार्वतियों पर भी अभिषेक रूप में वारुणी इसी प्रकार गिरती रहे तो कदाचित् उपमा में कहीं कोई असंगति न हो।

पेग की रंगीन तरलता उसके कण्ठ के नीचे पहुँच रही है ताकि कथा की धरती और भी मसृण हो जाये, तो क्यूटेक्स रँगे नाखूनोंवाले कोमल पैरों को रखने में अड़चन न हो।

— अकलंक!

मेरी इच्छा उत्तर देने की नहीं हो रही है।

— क्या इस सीमा तक सोच रहे हो? या कुछ बुरा लग रहा है अकलंक! तुम्हें अपनी बदली हुई रंजना को देखकर आश्चर्य हो रहा होगा, है न?

— नहीं तो?

— क्यों नहीं आश्चर्य हो रहा है? तुम्हारी रंजना क्या कभी ऐसी थी? नहीं अकलंक! रंजना उस समय तक कभी भी ऐसी नहीं थी। तुम भूलते हो, या फिर तुम मेरे प्रति घृणा के इतने ऊँचे शिखर पर खड़े हो कि मैं फिर कहीं तुम्हें न छू लूँ। तुम लोग भले ही अपनी ऊँचाई-नीचाई लेकर आओ, परन्तु ऐसा मैं नहीं कर पाऊँगी।

तुम कहोगे मैं उस रंजना को भूल गया। परन्तु देखती हूँ मुझे कितना सारा सब-कुछ साफ-साफ याद है। जब पहले दिन मैंने तुम्हें देखा था, तुम लड़कों का जुलूस लेकर आगे-आगे चल रहे थे, तुम्हारे हाथ में झण्डा था। तुम सिर से पैर तक खादी पहने थे। तुम्हें देखकर जानते हो पहली और अन्तिम बार विचार आया था कि मैं अपने जूठे मन से अगर तुम्हें चाहूँगी तो देवता के प्रसाद को निर्माल्य-सा जूठा कर दूँगी—परन्तु स्वार्थ, पवित्रता और अपवित्रता तो नहीं देखता है न? तुम कहोगे कि जब यह स्वार्थ समझती हो तब फिर इसे प्रेम नाम मत दो, परन्तु अगर तुम ऐसा कहोगे तो मुझे क्लेश होगा। क्योंकि स्वार्थ, यदि समर्पण कराता है तो चाह के बन्धनों में बँधकर घुल भी जाता है। और, जब वह नहीं घुलता तब वह मात्र मैथुन होता है। मैंने कितनी बार सोचा कि मैं तुम्हें छूकर भ्रष्ट कर दूँगी क्योंकि मुझे तुम्हारी पवित्रता पर उतना विश्वास नहीं था जितना कि मुझे अपने शाप पर, और हुआ भी वही। परन्तु मैं पार्कों में बैठ-बैठकर स्वप्न देखनेवाली, स्वयं को कालिदास की शकुन्तला, शेक्सपीयर की जूलियट, ट्राय की हेलेन समझनेवाली उस पगली रंजना को क्या कहती बताओ अकलंक? शेली की सारी कविताएँ मुझे लगतीं जैसे उस अंग्रेजी कवि ने मेरे ही विरह में लिखी हैं। मेरा ही वह मुख है जिसने अनेकों जलयानों का संतरण करवाया और हजारों मस्तूल भस्मीभूत करवाये। रंजना के वे कल्पना-पंख उस निरीह को रावी की उस रेती पर थोड़े ही रहने देते थे अकलंक। वह तो डैन्यूब के किनारे आल्प्स की

बर्फ-चोटियों पर पहुँचकर अपने स्वर्णिम केश खोले—बर्फ की भाँति उजला गाउन पहने नाइटेंगिल की तरह गा उठना चाहती थी कि—

देखो, मैं आ गयी—मैं ही वह गीत हूँ जो चिड़ियों के कण्ठों में है, मैं ही वह तुम्हारी कल्पना हूँ जिसे तुम आकाश की खिड़कियाँ खोलकर इन्द्रधनुष के महलों में देखा करते हो—

और सब देखते कि हाँ, मैं आ गयी—जलते हुए मस्तूलों पर फिर से रंगीन झण्डियाँ आ जातीं। अकलंक! उस असीम वांछामयी रंजना के विराट् मोह को क्या मैं बाँध सकी कभी? और मैं ही क्या, किसी भी नारी के मन को यदि उन्मुक्तता मिल जाये तो संसार की कोई बाँह उसे नहीं बाँध सकती है। तुम समझते हो कि तुम्हारी दो बाँहों ने उसे बाँध लिया है, किन्तु यह तुम्हारा भ्रम है। क्योंकि वह सत्य की नारी नहीं है वह तुम्हारी धर्म द्वारा बाधिता दासी पत्नी है जिसका तुम शरीर बाँध सके हो, और जिसके पास मन तो कभी था ही नहीं —जब मन नहीं तो वांछा नहीं, मोह का तो प्रश्न ही नहीं उठता। और जो मेरी उस रंजना की नारी को बाँध सकता था किसी सीमा तक, तो उनमें से एक था अकलंक जो मूर्खों की तरह उस दिन लाहौर की सड़कों पर गुलमुहर का गुच्छा देकर सदा के लिए अण्डमान चला गया। रंजना से अधिक महत्त्वपूर्ण उसके लिए उसकी राजनीति थी। दूसरा था वान निकोलस जो गन्धर्व था—पुरुष नहीं, रंजना आज खो नहीं गयी, बल्कि टुकड़े-टुकड़े होकर नष्टभ्रष्ट, खण्ड-खण्ड होकर कुरूप निर्लज्ज बनी हँस रही है, तो तुम्हें क्यों आश्चय होता है? रंजना आज निर्लज्ज, चरित्रहीन, वासनामयी और पतिता लग रही है तो इसका उत्तरदायी कौन —रंजना या अकलंक? या वान निकोलस? कदाचित् कोई नहीं।

लेकिन रंजना जहाँ भी रहती, सीमातीत होकर ही रहती। प्रेम वह कर चुकी थी, शेष जीवन में उसे उपेक्षा करनी थी और वह उपेक्षा उसने अपनी सामर्थ्यभर की। उपेक्षा में वह प्रलय की तरह बहती चली गयी। मनुष्य होने के नाते कुछ मोह हुआ हो, किन्तु उसके अन्दर की प्रतिक्रिया ने उसे कहीं रुकने नहीं दिया। उन दिनों न रुकने का कारण नहीं जान पायी थी परन्तु आज जानती हूँ, क्योंकि ज्योंही दोपहर में ताँगे से तुम उतरे; जानते हो, दौड़ती हुई नदी जैसे समुद्र को दूर से ही देखकर समझ जाती है कि नहीं—वह व्यर्थ ही इतने लम्बे मैदान, जलते मरुस्थल और जंगली पहाड़ पार करने के लिए ही घर से नहीं चली थी—यही वह समुद्र है, यही उसका चिर अन्त है, महामिलन है, जहाँ के लिए उसकी अपनी लहरें शेषायित थीं। अकलंक! तुम मेरे महामिलन थे, जिसके लिए मैंने अपनी लहरें शेष रखी थीं। और जानते हो तुम लँगड़ाते हुए ठीक वैसे ही आये जैसे तुम लाहौर की सड़कों पर लँगड़ाते हुए आया करते थे।

रंजना यह सब कहती है, परन्तु क्या वह यह सब तर्क देकर भी एक क्षण को सिद्ध कर सकेगी कि रंजना का सीमातीत तथा असामाजिक व्यवहार उचित था? नागरिका है रंजना।

वह पेग भरना चाह रही है और मैं टोकना चाह रहा हूँ।—

– रंजना! ज्यादा न...

– अकलंक! कितने वर्षों को भेदकर अगत्या आज तुम्हारा आदेश मुझे मिला तो। क्या मुझमें इतनी सामर्थ्य है कि मैं तुम्हारा आदेश टाल सकूँ? कदाचित् नहीं, क्योंकि तुम्हारा आदेश मेरे लिये बिल्वपत्र है, जिसे अपने सिर पर धारणकर अब मैं शेष को जी ले जाऊँगी। अकलंक! अब मुझे कोई चिन्ता नहीं!! तुम्हारा आदेश मुझे ठीक तरह याद है—उस दिन विद्यार्थी-सभा के चुनाव के लिए मैं तुम्हारे लिये होस्टलों के कमरों में घूम-घूमकर प्रचार कर रही थी, पोस्टर बनाये थे, सभा-गान किया था; क्या वह सब मैंने तुम्हारे आदेश से नहीं किया था? लड़के तुम्हें देख-देखकर मुस्कराते थे और मैं विभोर हो जाती थी। तुम तब तक पूरी तरह राजनीति में भी शायद उतर चुके थे। मैंने तुम्हें क्रान्तिकारियों के बीच जाने से मना किया और तुम गुस्सा हुए थे।

और जानते हो मैं कितना रोयी थी। तुमने मुझे जीवनभर सामने न आने के लिए भी आदेश दिया था। उस दिन रावी के पानी की लहर को सिर पर धारण करते हुए तुम्हारी वह आज्ञा मान ली थी। तुम्हारी आज्ञा मेरे लिये कवच थी अकलंक! पर तुम चले गये और मेरा कवच भी तुम्हारे साथ चला गया। मैं कुण्डल तथा कवचहीन कर्ण की भाँति हो गयी। यदि मैं कवचहीन होकर जीवन में घायल या रक्तरता हो गयी, तो मेरा क्या दोष इसमें अकलंक? यदि तुम भी मुझे दोषी समझोगे तो मैं उस समझने पर रोक नहीं लगा सकूँगी। लेकिन तुम्हीं ने कब पलटकर कवचहीन रंजना को देखा, जो आज इतने बरस बाद, जबकि मैं अपना सारा लेन-देन पूरा कर चुकी हूँ, रंजना को कुलटा एवं चरित्रहीन कहने आये हो? जो भी मैं हूँ, क्या उसमें तुम कहीं नहीं हो? केवल मैं ही हूँ उसमें ? और मैंने ऐसा क्या किया अकलंक?

मेरा मन फिर कोमल होना चाह रहा है और मैं रंजना में ऐसा कुछ भी तो हीं पा रहा हूँजिसमें मुझे उससे घृणा होनी चाहिए।

– हाँ अकलंक! तुम अपनी ओर से भी कुछ थे मेरे लिये, पर आज तो नहीं हो तभी तो ऐसा हो पा रहे हो। काश, मैं भी ऐसा हो पाती। किन्तु क्या कभी हम ऐसा हो पाती हैं? निर्लिप्तता, तुम पुरुषों को शोभा देती हो, किन्तु नारी तो प्रजनन के कीचड़ में आपूर्ण सनी रहती है अकलंक! इसलिए ऐसा सोचना मेरे लिये अशुभ है, और अशुभ का मुकुट पहनकर ही यहाँ से क्या विदा होना पड़ेगा?

और वह जान कैसी हो गयी है।

मेरा मन भी जाने क्यों खिन्न तथा उदास हो गया है।

रंजना ने अपनी जलती आँखों पर अपने हाथ में मेरा हाथ लेकर फेरना शुरू कर दिया है। रंजना की आँखों पर मेरा हाथ धीमे-धीमे फिर रहा है।

— वान निकोलस का वह बँगला और उपवन थोड़ी ऊँचाई पर होने के कारण काफी लम्बे बसे हुए नगर का अंश वहाँ से बहुत साफ दिखायी देता था। मैं, वान निकोलस के उपवन में खड़ी धुन्ध में लिपटे हुए शहर को देख रही थी, वह कहीं बाहर से लौटा था और मुझे शहर की तरफ बगीचे लगी रेलिंग के पास खड़ी देख, अभिवादन करके हैट उतारकर खड़ा हो गया। वह उस समय गहरे भूरे रंग का सूट पहने था—जो, पीछे की ओर से लम्बी काटवाला उसका कोट था, वेस्टकोट को उसकी सोने की चेन उसकी साँस के साथ ही ऊपर-नीचे होते हुए हिल रही थी, पतली मोहरी का उसका पैण्ट और गले में बहुत ही उम्दा सफेद स्कार्फ लपेटे वह अत्यन्त मोहक लग रहा था। बाहर की ठण्ड से लौटने के कारण उसके गालों के पास ही हड्डी एकदम लाल चिकनी होकर चमक रही थी। उसकी आँखों में हल्की लाली थी जो बतला रही थी कि वह बहुत ड्रिंक करता रहा है। उसके पतले-पतले ओंठों में मुस्कान बहुत ही कोमलता के साथ दबी हुई थी। उसका कहना था कि वह इंग्लैण्ड भी गया है, फ्रांस भी गया है, और जर्मनी भी, पर हालैण्ड—हालैण्ड ही है, और आम्सटरडम-सा सुन्दर स्थान जब ठण्डे देशों में नहीं है तो गरम मुल्कों में तो क्या होगा (यह ठण्डे-गरम का तर्क कदाचित् उसके सामने खड़ी महिला अतिथि को ध्यान में रखकर कहा गया होगा) किन्तु गलत उसने कुछ नहीं कहा था क्योंकि आस्मटरडम मुझे भी बहुत पसन्द आया।

वह मुझे मेरे कमरे तक छोड़ गया और दूसरे पहर यदि ऋतु साफ रही तो आम्सटरडम घूमा जायेगा, कहकर, अपना लम्बा ऊँचा हैट पहन तथा हाथ में बेंत को हल्के घुमाते हुए कमरे के बाहर निकल गया। मैंने द्वार बन्द कर लिया सिर्फ उसे छिपकर देखने के ख्याल से कि वह जीना चढ़ते समय कहीं कूबड़ निकालकर तो नहीं चढ़ता अथवा वैसा ही मोहक लगता है? किन्तु वह जीना चढ़ते समय भी सुन्दर लग रहा था। कूबड़ निकालकर चलनेवाले से हम स्त्रियों को बहुत ही घृणा होती है।

जांस्टीन, मेरा पति लगभग बारह बजे लौटा और वह अपने कई मित्रों, डाक्टरों वगैरह से मिलकर बहुत प्रसन्न था। वह चाहने लगा कि उसकी पत्नी भी उसकी इस प्रसन्नता में आज साँझ डान्स की अनुमति देकर उसे कृतज्ञ करे। लंच के बाद वान हमें अपने कमरे में ले गया और मैंने देखा कि उसके

पास आवश्यकता से भी कहीं अधिक स्थान है और वह यहाँ अकेला, बिल्कुल अकेला रहता है। उसकी अपनी एक चित्रों की गैलरी है, जिसमें पुराने-से-पुराने चित्रकारों के तथा उसके समकालीन प्रसिद्ध चित्रकारों के छविचित्र हैं। उसने अपने निजी चित्रों की गैलरी बिलकुल अलग बनायी हुई है और जहाँ उसने बचपन की मूर्खताओंवाले चित्रों से लेकर आज तक के बहुत-से चित्र एकत्रित कर रखे थे। उसे अपने चित्रों में, संगीत में और स्वयं के व्यक्तित्व में एक बहुत बड़ा अभाव लगता है। वह मानता है कि उसकी कला में रंगाभरण एवं मधुर स्वरगुम्फन भले ही हो किन्तु मूल प्रेरणा का सम्पूर्ण रूप में अभाव है। अपनी कला में उसे आत्मा का सौन्दर्य नहीं लगता था। यह कहते हुए वह कई बार पियानो के पर्दे की तरह हँसने लगता था। वान निकोलस की संगीत में इतनी अधिक रुचि थी कि वह बचपन में रात-रात-भर कन्सर्ट गेबो, नीदरलैण्ड ओपेरों में व्यस्त रहता था। वान निकोलस आम्सटरडम का एक बहुत ही प्रसिद्ध व्यक्ति माना जाता था। वह स्वयं आर्केस्ट्रा निर्माण भी करता था और उसने संगीत को कई नये-नये आपेरा-संगीत दिये थे। उसका अपना पियानो पूरे आम्सटरडम में प्रसिद्ध था। जांस्टीन कहता था कि वान निकोलस बचपन में रात को घर से भाग-भागकर सड़कों पर बेला बजानेवालों के साथ घूमा करता था। वह भिखारियों, मजदूरों की संगीत-सभाओं में हमेशा बेला बजाया करता था।

मैं मानती हूँ कि वान का प्रभाव मेरे मन पर होता जा रहा था, किन्तु मैं इस बार अपने को सभी प्रकार के संकल्प-विकल्प से परे ले जाना चाहती थी, क्योंकि किसी भी दूसरे प्रकार के विचार आने का अर्थ था—भयंकर परिवर्तन!! मैं उन दिनों जांस्टीन के साथ अधिक-से-अधिक रहा करती थी और प्रयत्न करती थी कि किसी भी प्रकार वान से अकेले में न मिलूँ, क्योंकि मुझे अब अपने पर से बहुत पहले ही विश्वास उठ गया था।

रात देर तक जो पियानो की ध्वनि के साथ हल्की मन्द रागिनी उठ-उठकर वान की खिड़की से निकल सुनसान बगीचे एवं मुझ तक आती थी, जो कि डच भाषा में होने के कारण समझ में तो नहीं आती थी, किन्तु वह इतनी मन्द और काँपती हुई हुआ करती थी कि जैसे यह स्वरप्रिया, पूरा यूरोप और समुद्र पार करती हुई मुझे भारतवर्ष से यहाँ खींच लायी है। और अकलंक! कई बार मैं रात-रात-भर सो नहीं पाती थी। मैं अपने को इस नये मोह से बचाने के लिए, पास के पलँग पर सोये हुए अपने पति की बाँहों को अपने मन पर ओढ़कर, जैसे इन स्वरप्रियाओं से बचना चाहती थी और जांस्टीन मेरे बालों में हाथ फेरते हुए, मेरे काँपते मन को अपने भुजपाशों से सन्तुष्ट कर देता था। किन्तु वे स्वरप्रियाएँ मेरे मन को बारम्बार खिड़की के बाहर बुलाती थीं—जो कुहरे के रूप में शतशः रूपों में घिरती थीं।

जांस्टीन कहा करता था—

रंजना! वान कितना मीठा गाता है और इन मधुमयी रातों में रूप के चन्द्रमा की भाँति वान के ये नाइटेंगिल के-से स्वर!! जानती हो यह गान क्या है?—

नाविक!

उत्तरी समुद्र में बहनेवाली गर्म जलधारों में सम्हलकर आना,
कारण कि वहाँ भाप के बादल गहरे, बहुत गहरे हो जाते हैं—
तुम लौटकर जब तक नहीं आओगे,
मैं सफर के लिए तुम्हारी प्रतीक्षा करूँगी।
वीथिकाएँ निर्जन हो जायेंगी—
उत्तर दिशा में पतझर भी आ जायेगा,
फूलों के रंग
बर्फ की ठण्डी रुई से ढँक जायेंगे।
परन्तु
मेरा मन,
तुम्हारे पोत के गोल पालवाले ऊँचे मस्तूल को
दूर-दूर तक के आकाशों में वैसे ही खोजा करेगा—
जैसे कि 'ओरीरिया बोलिस' के रंगमण्डल
नक्षत्रों को ध्रुव प्रदेश में खोजते हैं!!

और मैं अपने तन को पति की बाँहों में छोड़, मन के साथ स्वरप्रियाओं के लिए जाने कहाँ-कहाँ उड़ानें मारती हुई, जाने कब तक सोचा करती और सो जाती थी। कदाचित् जांस्टीन तब मुझे ओढ़ा जाता। एक नहीं अनेकों रातें मैंने इन मोहपाखी यात्रिकों के लिए काटीं अकलंक! मैं समझ नहीं पाती थी कि क्या करूँ? क्योंकि अब मेरे लिये वान एक स्वप्न था और यदि मैं स्वप्न के पीछे बराबर भागती रहूँगी तो कैसे क्या होगा? और अकलंक! मैं जांस्टीन से बराबर कहती थी कि वह शीघ्र अपनी डिस्पेन्सरी खोलकर प्रेक्टिस शुरू कर दे क्योंकि वान का घर चाहे मित्र का घर हो, परन्तु हमें अलग रहना ही चाहिए। जांस्टीन स्वयं यही सब करने के लिए उतावला था, परन्तु उन दिनों पूर्वी और दक्षिणी हालैण्ड से बहुत-से शरणार्थी आ-आकर आम्सटरडम में भर गये थे। उन दिनों बन्दरगाहों पर सेनाएँ, फौजी गोला-बारूद, भारी-भारी लड़ाई की मशीनें ही दिखलायी पड़ती थीं। छोटा व्यापारी वर्ग और बड़ा पूँजीपति वर्ग दोनों बाजारों से पैसा लूटकर अपने अमेरिकन बैंकों में भेजते जा रहे थे। खाने की साधारण चीजें, कपड़ा, सब-का-सब लड़ाई के मोर्चे पर भेजा जा रहा था। सारे कल-कारखाने लड़ाई की वस्तुएँ बनाने में लगे हुए थे। निम्नवर्ग के सामने लड़ाई की विभीषिका मुँह खोले खड़ी थी। फैक्टरियों में मजदूर अठारह और बीस घण्टे से भी ज्यादा काम कर रहे थे। डच सरकार तथा व्यापार पर ब्रिटेन और अमेरिका की सरकारें, फौजी शासन कर

रही थीं। परन्तु अकलंक! वान निकोलस के आर्केस्ट्रा के स्वर फिर भी नित्य रात उठते थे। जीवन दो भागों में बँटा हुआ था—उधर आपेरा-घरों में सिम्फनीज की रागिनियाँ लहरा रही थीं और दूसरी ओर फैक्टरियों में लड़ाई का सामान बनाता हुआ मजदूर बीस घण्टे की कड़ी मेहनत में पिसा जा रहा था। वान की एक मुस्कान मुझे मोह की रंगीन साँझ में बाँध लेती थी। मैं समुद्र-तट पर खड़ी-खड़ी वान के बारे में सोचा करती थी—जो कि मेरे पास ही खड़ा रहा करता था—कि कैसा स्वप्नशील व्यक्ति है, स्वर और रंगों के माध्यम से अनेक रूपों और भावों की सृष्टि में विश्व को ओतप्रोत कर देनेवाला यह वान, मेरे कितने निकट, बिल्कुल इतने पास जितने कि आलिंगन में कोई व्यक्ति पास आ जाता है—परन्तु ;

और अकलंक! मुझे लगता कि कहीं अब ऐसा न हो कि जांस्टीन भी मेरे जीवन में चिकनी घाटी बन जाये और मैं फिर वहाँ से फिसल पड़ूँ। फिसलते-फिसलते अब किसी चीज पर मेरा विश्वास नहीं रह गया है। मैंने कितनी बार जांस्टीन से अनुनय-विनय की थी,

'जान! किसी भी तरह तुम अब अपना काम शुरू कर दो—

परन्तु बेचारा जान अपने लाख प्रयत्नों के बाद भी क्लीनिक नहीं खोल पा रहा था। डच सरकार उसे बाध्य कर रही थी कि फ्रण्ट पर जाना होगा कारण कि वह एक प्रमुख सर्जन जाना जाता था।

मुझे ठीक याद है जब जान के युद्ध में जाने का निश्चय हो चुका, तब हम लोग मारकेन टापू पर सप्ताहान्त बिताने गये थे। वान से बिदा लेते समय उसकी आँखों का भाव मैं समझ रही थी कि—रंजना! तुम अवश्य पति के साथ जाओ, किन्तु मेरी स्वरप्रियाएँ और रंग तुम्हारी प्रतीक्षा करेंगे—और उसने मेरा हाथ चूमकर कितनी नम्रता से हैट उतार, झुककर मुझे पोत पर चढ़ाया था और बहुत देर तक मैं डेक पर खड़ी-खड़ी देखती रही थी कि उसका वह श्वेत हिलता हुआ रूमाल ऐसा लग रहा था जैसे कुहरे में कोई बलाका उड़ रही हो।

जान और मैं उस टापू पर पूरे सात दिन रहे और मैं अनुभव कर रही थी कि मुझे अपने पति को इतना प्यार करना है इस बार कि अपने मन में ऐसी कोई सन्धि न रहे जिसमें वान ही क्या और भी कोई प्रवेश न कर सके। यहाँ के लोगों के लकड़ी के लट्ठों पर बने मकान बहुत नैनप्रिय लगते हैं अकलंक! हम लोगों ने इस टापू के एकान्त छोर पर एक लट्ठों पर बना लकड़ी का मकान किराये पर लिया। दिन-दिनभर समुद्री हवा और बर्फ पर अपने पैरों को धँसाते मछलियाँ पकड़ते हुए हम इतना घूमते थे कि कई बार अपने निवास पर लौटना भी दूभर हो जाता था। किन्तु इस सबके पीछे कितना उत्साह और गहरी प्रसन्नता थी। जान की वे गोरी बाँहें, अपने कन्धों पर डाल जीवनभर मैं घूमना चाहती थी—पर प्रत्येक क्षण वान निकोलस अपनी छड़ी घुमाता हुआ,

श्वेत स्कार्फ बाँधे मुस्कराता मेरे सामने खड़ा हो जाता था, और मैं पागल हो जाती थी।

जान को जाननेवाले इस टापू पर बहुत थोड़े लोग रह गये थे क्योंकि एक तो वह बहुत पहले यहाँ से चला गया था और दूसरे जो साथी थे उनमें से कुछ तो नीचे हालैण्ड में जाकर बस गये थे और कुछ पोल्डर तथा युद्ध के लिए इस टापू को छोड़ चुके थे। जब कभी कोई मारकेनी स्त्री अपनी चटकीली रंगीन वेशभूषा में दिखायी पड़ती थी तो जान को अपनी माँ स्मरण आ जाती। इस टापू पर जो भी जान को जानता था वह उसकी विचित्र, किन्तु सुन्दर पत्नी पर आश्चर्य एवं प्रसन्नता प्रकट करता था, और जब जान उन्हें बतलाता था कि वह अपनी पत्नी ईस्ट इण्डिया कम्पनीवाले देश से लाया है तो देहाती मारकेन निवासियों की भूरी सफेद पलकें, प्रसन्नता में बन्दरों की तरह खुलने-भिंचने लगती थीं।

मैं यहाँ सात दिन से अधिक ठहरना चाहती थी, क्योंकि एक तो जान के युद्ध पर जाने में अभी देरी थी और दूसरे मैं वान के प्रभाव को अपने मन से सम्पूर्ण रूप से नष्ट करना चाह रही थी। एक और कारण यह भी था कि अगले सप्ताह जो वान का 'नाइट-वाच' वाला आपेरा हो रहा था उसमें मैं सम्मिलित नहीं होना चाहती थी। परन्तु मेरा पति जान, अपने मित्र की इस कृति को किसी भी मूल्य पर देखना नहीं छोड़ सकता था। मैं स्वयं से संघर्ष कर रही थी। भला जान को मैं कैसे बताती कि वान से मैं क्यों दूर रहना चाहती हूँ? और हम लोग आम्सटरडम के लिए ठीक समय पर रवाना हुए।

जिस दिन हम वापस वान निकोलस के घर पहुँचे, आपेरा में दो दिन और शेष थे। वह उन दिनों, दिन-दिनभर रिहर्सल में व्यस्त रहता था। घर भी बहुत रात में लौटा करता था। उस रात जब वह घर देर से लौटा और उसे मालूम हुआ कि हम लोग लौट आये हैं, तो वह सीधा हम लोगों के कमरे की तरफ आया, क्योंकि कमरे में अभी तक प्रकाश था और उसे पूर्ण विश्वास था कि मैं जाग रही हूँगी। जब धीरे से उसने दरवाजा खोला, मैं यद्यपि कुछ पढ़ रही थी परन्तु सच बात तो यह थी अकलंक! कि मैं वान की प्रतीक्षा कर रही थी—मैं समझ गयी कि वान ही है और मैंने मुड़कर देखा तो उसके बाल बहुत ही अस्त-व्यस्त तथा मुख पर गहरी थकान के काले चिह्न दिखलायी पड़ रहे थे। जान पास ही के पलँग पर गहरी नींद में सो रहा था।

हम दोनों कमरे के बाहर आये और वान के कमरे में ऊपर पहुँचे । कदाचित् रात के तीन से भी ज्यादा हो रहा था। अपने को गरम पानी से स्वस्थ बनाते हुए वान ने पूछा—

'रंजना ! यात्रा कैसी रही?'

और मैं बैठी हुई वान की आँखों में पिछले दिनों के विरह का इतिहास पढ़ रही थी। जब उसने मुझे चुप देखा तो उसने पूछा—

'रंजना! क्या कोई गाना सुनना पसन्द करोगी?'
और मैं तो जानती थी कि वान काँपते स्वरों के रेशमी बन्धनों में मेरे मन को बाँध लेगा और तब मेरा क्या बस चल सकेगा? वान के चेहरे पर गहरी प्रसन्नता और निरपेक्ष गम्भीरता दोनों साथ-साथ दिखलायी पड़ रही थीं। उसकी बगल में बैठते हुए मैंने उसके बालों की लटों को ठीक करना शुरू किया। उसकी आँखों में जाने कितने इन्द्रधनुष बनते-मिटते जा रहे थे। उसने आज पहली बार मुझे अपनी बाँहों में कस लिया। अकलंक! कहना तो नहीं चाहिए पर मुझे लगा कि मैं कदाचित् बहुत दिनों से प्यासी थी और वह भी इसी जल की—पर उसी क्षण इस विचार ने कि जान नीचे सो रहा है, वह मेरा पति है, और उसके विश्वासों को मैं वान के चुम्बनों द्वारा जूठा कर रही हूँ, मुझे विचलित कर दिया और मैं तेजी के साथ वान से अपने को छुड़ाकर नीचे अपने पति के कमरे की ओर भागी। मेरा पति उस समय भी गहरी नींद में सो रहा था। मैंने उसके सोते हुए मुख पर, जिस पर अँगीठी की आग की लाल छाया गिरकर उस मुख को ताँबे के रंग का बनाये हुए थी, अपना एक बहुत हल्का मीठा चुम्बन अंकित किया। मेरा मन बहुत उद्विग्न हो रहा था अकलंक! वान इतनी रात गये भी पियानो पर वही 'प्रतीक्षा-गान' दोहरा रहा था—वही।

— जिस रात वान निकोलस का आपेरा होने को था, जांस्टीन और वान दोनों प्रसन्न दिखलायी दे रहे थे। जब-जब भी मैं वान के साथ आम्सटरडम से बाहर निकली, लोगों का ध्यान मेरी ओर आकर्षित हुआ और मुझे अच्छी तरह मालूम हो गया था कि वान आम्सटरडम का बहुत ही प्रसिद्ध तथा सम्भ्रान्त व्यक्ति है। अकलंक! हँसोगे, किन्तु सचमुच ही मुझे लोग वान की 'भारतीय प्रेमिका' तक कहने लगे थे। वह दिन आम्सटरडम का सबसे बड़ा कलात्मक प्रदर्शन का दिन था। जब मैं, वान और जान के साथ आपेरा-घर पहुँची, लोगों का एक दल वान की प्रतीक्षा में बाहर ही खड़ा था। वैसे लोग, मुझे पहचानने लगे थे फिर भी सम्भ्रान्त व्यक्तियों से वान ने मेरा परिचय कराया। वान, मुझे और जान को बिठलाकर मंच पर चला गया। मुझ अपरिचित को साड़ी में देखकर लोगों की दृष्टियाँ उठी-की-उठी रह जाती थीं। अकलंक! मेरी सचेष्ट सज्जा भी चाहे कारण रही हो किन्तु मैं लोगों की ओर न देखते हुए भी अनुभव कर रही थी कि उनके नील नयन मुझे ही देख रहे हैं। तभी पर्दा उठा और स्वरगन्धर्व की भाँति वान निकोलस, जो कि इस आयोजन के लिए विशेष परिधान पहने हुए था—अभिवादन कर मुसकराते हुए रेम्ब्राण्ट की कला की महानता में बोलने लगा। मंच के प्रकाशपुंज में वह नारियलों की-सी ऊँचाईवाला व्यक्ति—मन्त्रमुग्ध भाव से मेरी ओर देखते हुए बोल रहा था—मैं कई बार सहम उठी थी कि कहीं जान को कुछ आभास न हो जाये। उसकी उस समय की आँखों में बिलकुल दूसरी ही भाषा थी। वान का 'नाइट वाच' वाला प्रदर्शन प्रारम्भ हुआ।

रूप, स्वर एवं छवि की दृष्टि से वह आपेरा, काल्पनिक सृष्टि भले ही रहा हो, पर सभी पात्र कितने यथार्थ की भूमि पर खड़े थे। इस महान् आपेरा के स्रष्टा को मैंने मोहा था—मैंने उसे प्रेरणा दी थी—और मुझे लगने लगा कि मैं इन सबसे ऊपर हूँ। इस महान् सृष्टि की आत्मा तो मैं हूँ—वान और उसकी ये अभिव्यक्ति के रूप, रंग, संगीत मुझ प्रेरणा के सम्मुख कितने बौने हैं!! वान को मैंने मोहा है। आमी प्रज्ञा!!

जिस समय आपेरा समाप्त हुआ जान ने मेरा कन्धा हिलाते हुए कहा—'रंजना! चलोगी नहीं?'

और अकलंक ! मैं उस समय स्वप्न देख रही थी कि—मैं और वान हंस-मिथुन के समान चाँदनी भरे आकाशों में उड़ते हुए चन्द्रमा को पकड़ने के लिए सन्तरित हैं, और वान के पंख बारम्बार मेरे अंगों को छू रहे हैं—नीचे धरती पर गोरी चमचमाती बरफ बिछी है—मात्र मैं, वान और चन्द्रमा—कि तभी जान ने मेरा कन्धा हिलाया। मंच पर से बच्चों की भाँति प्रसन्न वान ने दौड़ते हुए आकर मेरा हाथ थामते हुए पूछा—

'रंजना'

और मुझे पहली बार लगा कि वान बिलकुल बच्चा है। उत्तर देने में थोड़ी-सी भी देर कर देने का अर्थ होगा कि वान के टुकड़े-टुकड़े हो जायेंगे। मैं अपने दोनों हाथों में उसके काँपते हुए दोनों हाथों को लेकर केवल यही कह सकी—

'वान! सचमुच कितना विराट् और महान् था!!'

जिस समय हम लोग बधाइयों और लोगों की प्रसन्न भीड़ से अलग हुए तब उसने धीरे से कहा था—

'तुम्हारी बधाई मेरे जीवन के आकाश का उज्ज्वल नक्षत्र है रंजना!'

और मेरी बधाई उसके यश के आकाश का सबसे उज्ज्वल नक्षत्र है, यह मैं समझ गयी थी।

मैंने कितने आवेश में उस आपेरा के बाद आम्सटरडम की वे चमचमाती हुई सुन्दर विशाल सड़कें, बग्घी में बैठे हुए पार कीं और रास्ते भर वान मेरे बायें हाथ को अपने हाथ से दबाते हुए आया था। दाहिने हाथ पर बैठा हुआ जान कदाचित् इस बात से प्रसन्न हो रहा था कि उसकी पत्नी का मन यहाँ अब लग जायेगा, क्योंकि पिछले दिनों से वह इसी बात की चिन्ता में था और कई बार वह उसकी चर्चा भी मुझसे कर चुका था। वह इस समय इस चिन्ता से मुक्त था और उसे विश्वास हो चला था कि उसकी पत्नी को अब हालैण्ड प्रिय हो जायेगा। उसकी इस प्रसन्नता की झलक बग्घी में आते हुए हल्के प्रकाश में स्पष्ट दिखायी पड़ रही थी।

रात बहुत देर तक हम लोगों ने उस 'नाइट-वाच' वाले आपेरा की चर्चा की। जान, जो कि हमेशा वान निकोलस की कला का प्रशंसक रहा है, उस रात

बहुत प्रभावित शब्दों में प्रशंसा करता रहा। हम लोग कला की बातों में उलझे हुए थे और हालैण्ड की सड़कें सो रही थीं। पूर्वी और दक्षिणी हालैण्ड कदाचित् जर्मन बमों से छलनी हो रहे होंगे। वहाँ का आकाश उस समय भी पीली लपटों में लिपटा हुआ गरम हो गया होगा, परन्तु आम्सटरडम तब भी वान निकोलस के आपेरा के मन्द स्वरों में तन्मय था और अब अपने-अपने गरम कमरों, नाइट सूटों में लिपटा हुआ सोने की तैयारी कर रहा था।

जांस्टीन जाने की तैयारी में लगा था और उसे जल्दी ही चला जाना चाहिए था, परन्तु मैं गर्भवती थी, और वह लड़ाई पर जा रहा था इसलिए हम लोग अधिक-से-अधिक साथ रहना चाह रहे थे। जिस दिन उसके जाने का मुहूर्त्त आ ही गया, वान ने और मैंने निश्चय किया कि जान को उत्रेच्ट तक पहुँचाया जायेगा, जहाँ वह रिपोर्ट करने के बाद आगे मोर्चे पर चला जायेगा। जब मैंने भी उत्रेच्ट तक चलने की बात कही थी, मुझे अभी तक याद है अकलंक! जान की आँखों में जल भर आया था। मैं जानती हूँ वह एक बहुत सीधा व्यक्ति था, उसने मुझे बहुत चाहा; और पत्नी की तरह मैंने भी उसे सन्तुष्ट किया। परन्तु वान निकोलस ने बीच में आकर मुझे उसके प्रति भी ईमानदार नहीं बने रहने दिया। जान के मना करने पर भी वान ने उसे मजबूर कर दिया था कि रंजना इस देश से बिलकुल अपरिचित है, फिर जान लड़ाई पर जा रहा है, तीसरे रंजना गर्भवती है, इसलिए रंजना का अलग प्रबन्ध नहीं किया जा सकता।

जब जांस्टीन उत्रेच्ट से आगे फ्रण्ट पर जाने के लिए विदा हुआ, मुझे सच ही बहुत बुरा लगा और मैंने पहली बार जान के कन्धे पर विमन हो सिर रख दिया था। मेरे आँसुओं ने उसका कन्धा भिगो दिया था और कदाचित् उसके कन्धे पर के वे मिलिट्री के तारे भी भीग गये थे। उसने मेरे गालों पर थपकियाँ देते हुए कहा था—

'रंजना! अपने जान को कमजोर न बनाओ—फिर वान तो है ही, चिन्ता किस बात की?'

उत्रेच्ट में वान ने मुझे बहुत घुमाया। वहाँ के चर्चों की ऊँचाइयाँ देखते-देखते अकलंक! आज तक मेरी गर्दन दर्द करती है। उत्रेच्ट और आम्सटरडम के रास्तेभर वान मुझे प्रसन्न रखने का प्रयत्न करता रहा क्योंकि जान को विदा देते समय मेरी जो मानसिक स्थिति हो गयी थी वह उसे मालूम थी। रास्तेभर वान मुझे अपने देश के बारे में बताता रहा कि कहाँ क्या हुआ है। किस तरह उसके देशवासियों ने इस धरती को समुद्र की डाढ़ों में से लड़-लड़कर छीना है और मुझे वाराह अवतार की बात याद आ गयी। उसने भारत के बारे में बहुत कम पढ़ा था परन्तु वह यहाँ के संगीत और चित्रकारी के विषय में जानता था, तानसेन और अजन्ता दोनों ही नाम उसके लिए परिचित थे। उसने कितनी नम्रता तथा कोमलता के साथ हँसते हुए कहा था कि—

'रंजना! जान को लौट आने दो और अब की बार तुम्हारे साथ तुम्हारा भारत देखूँगा तथा तानसेन की कब्र पर एक आपेरा तैयार करूँगा, साथ ही सुना है कि अजन्ता की चित्रकारी संसार की सर्वश्रेष्ठ चित्रकारी है, मैं उन चित्रकारों की महान् कला के सम्मुख प्रार्थना में नतमस्तक होना चाहता हूँ।'—

और हमारी ट्रेन उस आम्सटरडम प्रदेश के गुलाबी लम्बे फूलों से भरी हुई धरती के बीच में से चली जा रही थी।

जिन दिनों मुझे बच्चा होनेवाला था, युद्ध की जलती लपटों के बीच से बड़ी मुश्किलों से जान आठ दिन के लिए आ सका था। जिस साँझ मैं अस्पताल में दर्द से परेशान थी, जांस्टीन और वान निकोलस दोनों ही बाहर नवागन्तुक प्राणी की प्रतीक्षा में बैठे हुए थे। जब नर्स ने जाकर उन लोगों को सूचना दी कि 'लड़का', तब जान पागलों की भाँति दौड़ता हुआ आकर अपने खुरदरे काँपते हुए हाथों से मेरा हाथ दबाने लगा था। मेरे चेहरे पर कदाचित् पहली और अन्तिम बार एक वास्तविक पत्नी के माँ बनने की स्वस्थ हँसी आयी थी और वान हम दोनों को देख-देखकर मेरे पैताने पलँग की रेलिंग पर कोहनी टिकाये खड़ा था। एक क्षण को अकलंक! मेरे मन में जाने कहाँ से यह भाव आया, जिसके लिए, मैं अपने-आपको कभी भी क्षमा नहीं कर सकती—

'काश, यह वान की सन्तान होती'—

ऐसा क्यों हुआ अकलंक!!—और तत्क्षण मैंने वान की ओर से अपनी आँखें हटाकर जान के सर्जनवाले हाथ, प्रसव के कारण अपने पीले चिकने गालों पर लेकर फेरना शुरू किया। मैं अनुभव करने लगी कि यदि ये हाथ न होंगे तो मैं कहीं भी, कभी भी भटक सकती हूँ। किन्तु ये हाथ इतने सबल नहीं हैं कि स्मृति में भी बल दे सकें और इसीलिए अब मैं स्वयं से डरती हूँ—इसीलिए इन हाथों को अपने पास चाहती हूँ, पर यह भी जानती हूँ कि इन हाथों का महत्त्व जान के देश के लोगों के लिए बहुत अधिक है, लोगों की गोली खायी टाँगों और बाँहों के लिए ये हाथ जरूरी हैं, दवा हैं और मैं स्वार्थी बनकर इन हाथों को केवल अपना बनाकर नहीं रख सकूँगी।

जान ने नर्स से बच्चे को लेकर अपने दोनों फैले हाथों पर लिटा लिया था और कितना प्रसन्न होते हुए कहा था—

'रंजना! तुमने हालैण्ड को एक और सर्जन तथा सिपाही दिया जो बीमारों की सहायता करेगा, साथ ही जर्मनों से लड़ेगा भी।'—

और नर्स ने हँसते हुए बच्चे को लेकर मेरे पास लिटा दिया था। वान ने जान को टोकते हुए कहा था—

'रंजना! मैंने इसीलिए कहा था कि बच्चा जान को कभी मत देना, वरना जान इसे सिपाही और सर्जन बना देगा। तुम इसे या तो अपने साथ रखना जिसमें यह बहुत सुन्दर हो, या फिर मुझे दे देना जिसमें यह एक कलाकार बन सके।'—और दोनों मित्र हँसने लगे थे—

जब मैं अस्पताल से लौटकर आयी तो वान चौबीसों घण्टे मेरी देखभाल किया करता था और मेरे बच्चे के साथ खेला करता था। हँसते हुए कहा करता था—

'पता नहीं, आकृति तो रंजना की पायी है मगर शक है कि कहीं जान के जैसा दिमाग न हो।'

और इस प्रकार मैं हँसते हुए स्वस्थ हो रही थी।

वान कई बार मेरे बच्चे को इतना अधिक स्नेह करता था कि जैसे उसकी अपनी ही वह सन्तान हो। जब वह थोड़ा बड़ा हुआ, तब वान उसको अपने साथ ऊपर ले जाकर पियानो के पास लिटा देता था और अपने देश की लोरियाँ गाया करता था। हमेशा हँसकर वान कहा करता था कि—

'तुम इसे और कोई भाषा सिखा दोगी और बेचारा बच्चा डच सीखने से वंचित रह जायेगा तो इसे हालैण्ड छोड़कर भागना पड़ेगा!'—

कहते हुए वह बच्चे को जाने किस-किस तरह के फूलों के नाम, रंगों के नाम और वाद्य-यन्त्रों के नाम सिखाता रहता था। बच्चे की आया को उसने कड़ा आदेश दे रखा था कि इस बच्चे को दूसरे बच्चों की अपेक्षा जल्द और अधिक शुद्ध डच आनी चाहिए।

वान मेरे हाथ पर अपनी उँगलियाँ फेरते हुए दूर आया की गोदी में जाते हुए बच्चे को देख-देखकर कहता था कि मैं इसे वान निकोलस से कहीं अच्छा संगीतज्ञ और चित्रकार इसलिए बना सकूँगा क्योंकि इसे संस्कार रूप में अपनी माँ के देश का संगीत और चित्रकारी भी तो मिलेगी।—और मैं वान के इन विचारों में कितना खो जाती थी कि मेरा पुत्र एक दिन संगीतज्ञ और चित्रकार बनेगा जबकि इसका पिता प्रसिद्ध सर्जन है और इसकी माता? और मैं अपने को किसी भी चीज पर टिकाना चाहने लगी, लेकिन फटी-फटी आँखों से स्वयं से प्रश्न करने लगती थी कि मैं क्या हूँ?—कदाचित् सुन्दर, पर सुन्दरता तो शरीर का गुण है, क्या इस गुण पर विश्वास किया जा सकता है? नहीं!! वान के निकट बैठकर मुझे इतनी प्रसन्नता और इतनी मिठास का अनुभव क्यों होता है? इसके बारे में मैं आज तक नहीं जान पायी।

एक साँझ—

आया मेरे बच्चे को लेकर बाहर घूमने गयी थी और मैं दिनभर वान के पास, बहुत-सारे पत्रों के लिखने के झमेले में जा नहीं सकी थी। गोधूली को जब मैं ऊपर उसके पास गयी, वह सिर नीचा करके कोई चित्र बना रहा था। लाइट जल रही थी। आज सुबह से ही धूप इतनी उजली फैली थी कि पूरा आम्सटरडम एक खिली हुई पीली सूरजमुखी की तरह लग रहा था। मेरी समझ में यह नहीं आया कि वान लाइट जलाकर दिन के इस चौथे पहर में

क्या कर रहा है? ठीक है, चित्र बनाये, यह तो इसका काम ही है पर दिन के प्रकाश में लाइट की क्या आवश्यकता?

मैं जब पास में पहुँची, वह अपनी टेबल पर झुका हुआ इतना तन्मय था कि मेरे आने की आहट भी उसे नहीं हुई। वह पहले 'वाश' की तैयारी कर चुका था। मुझे लगा कि किसी स्त्री का चित्र है और कदाचित् वान ने रात इसी के पीछे काट दी थी। दिन हो आया, धूप भी आज है—इन सबका कुछ ध्यान ही नहीं है इसे। और जब मैंने टेबल लैम्प को बुझाया तब वह चौंका और एक क्षण मेरी ओर देखते हुए मुझे अपने आलिंगन में भरते हुए कहा—

'जानती हो, किसका चित्र है?'

'मैं नहीं जानती—'

'तो, फिर कल देखना—'

और कहते हुए मेरे बालों को सूँघने लगा। मैं समझ गयी कि वह मेरी ही छवि है जिसने वान को रातभर सोने नहीं दिया है।

जब मेरा चित्र वह पूरा कर चुका और बड़े गर्व से उसने अपने कमरे के ठीक बीच टाँगा वहाँ, जहाँ पहले उसने प्रिन्स आफ आरेंज, सौम्य विलियम का चित्र टाँगा था। और जब वह मुझे बुलाने नीचे आया, उस समय मैं एक पत्र उसे लिखने बैठी थी और जो आधे से ज्यादा भी हो गया था। उसे इस तरह एकदम प्रसन्न, बाल बिखराये और ढीली कमीज जिसकी आस्तीनें चढ़ी हुई तथा तंग मोहरी का पैण्ट पहने आते देखा तो मैं एकदम पीली पड़ गयी। मैं चाहने लगी कि उस पर मेरी मनोदशा अभिव्यक्त न हो और मैंने बहुत ही फीकी हँसी हँसते हुए उसका स्वागत किया था। मुझे परेशान देखकर भी वह समझ नहीं पाया था और हँसते हुए बोला।

— 'रंजना! चलो, ऊपर एक महिला आयी है, तुम्हें उनसे मिलाना है।' और मैं जान रही थी कि उसने मेरा चित्र पूरा कर लिया है, क्योंकि जब वह सौम्य विलियम का चित्र उतार रहा था और मेरा चित्र टाँग रहा था, तब मैं उसे छुपकर देख आयी थी और तभी पत्र लिखने बैठी थी। मैं जान रही थी कि वान मेरे लिये पागल है और मैं कदाचित् वान को उससे भी अधिक चाहने लगी थी। किन्तु मुझे जान और अपने बच्चे के प्रति ईमानदार बने रहना है—के विचार ने पत्र लिखने के लिए बाध्य किया था। जिस समय वह मुझे लेकर अपने कमरे में पहुँचा तो आशा कर रहा होगा कि रंजना शायद प्रसन्नता से भर जायेगी और वह उसे चुम्बनों से भर देगी।

किन्तु जब वान ने देखा कि मेरे चेहरे पर उसके अनुमान के अनुपात में एक अंश भी प्रसन्नता नहीं है तब उसके उत्साह पर पानी फिर गया। अकलंक! यह नहीं था कि मैं अपने-आपको वान निकोलस की चित्र गैलरी में देखकर प्रसन्न नहीं हुई थी, पर मैं क्या करती, बताओ? वह जिस गति से मेरी ओर बढ़ रहा

था, उसी गति से मुझे पीछे हटना था, तभी तो दूरी यथावत् रह सकती थी, अन्यथा मैं बहुत पहले ही वान से टकरा गयी होती। किन्तु अकलंक ! मैं जो यह कह रही हूँ यह मिथ्यात्मक सत्य है; या तुम चाहो तो अर्द्ध-सत्य की संज्ञा भी दे सकते हो। मेरे मन में कहीं छुपा हुआ यह भी एक भाव था कि सौन्दर्यमयी रंजना को दर्प करने का यह प्रथम अवसर प्राप्त हुआ है। जबकि वान निकोलस-जैसा रूपवान्, कलावान्, धनवान्, ज्ञानवान् तथा महान् कलाकार एक प्रेमी के रूप में प्राप्त हुआ है। तब तुम बताओ कि मेरे अन्दर की दर्पमयी सुन्दरी हेलन का अभिमान करना, क्या युक्तिसंगत, सहज नहीं था? रंजना के अन्तरतम दर्प को गौरव के उच्च शिखरों तक पहुँचाने का श्रेय चित्रकार वान निकोलस को था। उस समय अकलंक! वान निकोलस की कला की प्रेरणा सुन्दरी रंजना ने यदि कलाकार को तृणवत् समझा तो क्या तुम नारी का यह मिथ्या अभिमान समझोगे?

और बेचारा वान उस समय कितनी वेदना से सिर झुकाकर खड़ा हो गया जैसे उसने रंजना के निकट, उस नारी के निकट, जिसे वह जीवन में सब-कुछ मानकर चल रहा था, एक ऐसा अपराध किया है जिसे वह कलात्मक दोष, मान रहा था! अपनी दृष्टि में मेरी इस छवि को निर्मित करके उसने संसार के सभी नारी-चित्रों को पीछे छोड़ दिया था। अकलंक ! मैंने उसके निकट क्या अपराध नहीं किया? क्या मैं नहीं जानती थी कि वह मुझे अत्यन्त प्रेम करता है? मैंने अपने-आपको तभी क्यों नहीं उससे उसी भाँति अलग कर लिया, जैसे हम बिजली छू लेने पर झटका खाकर अलग हो जाते हैं? और उस दिन अकलंक! उसकी कला की प्रेरणा के चरम क्षणों में मैंने अपने-आपको धोखा दिया और अनायास ही अनजाने ठीक उसी तरह शतशः खण्डों में वान के टुकड़े-टुकड़े हो गये—जैसे शीशे का बना हुआ इन्द्रफूल किसी मूर्ख के हाथों से गिर जाये और वह मूर्ख अपने हाथ भी काट बैठे!!—किन्तु अन्तरतम में बैठी हुई दर्पमयी सुन्दरी रंजना को कहीं हल्के प्रतिहिंसा का सन्तोष भी था, जिसे आज कह देने में मुझे कोई संकोच नहीं क्योंकि मेरे लिये अब शेष कुछ नहीं है। और शेष है भी क्या अकलंक! बोलो??

वान जाकर अपनी टेबल पर सिर थामकर बैठ गया और मैं अपनी भूल ठीक करने के लिए उसके कन्धे पर हाथ रखकर खड़ी हो गयी। 'वान'।

परन्तु वान पत्थर के बस्ट की भाँति चुप था—

रंजना का 'वान' पुकारने का ढंग इस तरह का था कि मैं चौंक पड़ा हूँ, और मेरी वे सारी चेतनाएँ वापस लौट रही हैं जिन सब पर रंजना का प्रभाव था। कदाचित् बारह से अधिक ही होंगे! सुबह जो रंग आँखों में गिरा था, वह इस समय तक भी जल रहा है। और रंग का ध्यान आते ही मुझे लगा कि इस नारी ने मुझे इतनी बार 'अकलंक' कहकर मुझसे अपना नाम तक छीन लिया है। मुझे एक क्षण को इस सामने बैठी हुई नारी की साहसिकता पर ईर्ष्या हुई,

जो जीवन न जीकर, उपन्यास जीकर मेरे सामने सवेरे से बैठी हुई है। मैं सोचने लगा हूँ कि कभी एक क्षण को मुझे उपन्यास की एक पंक्ति ही जीने के लिए मिल जाती।

दूर पर बारह की गजर बज रही है और मुझे याद आ रहा है कि होजरी में काम करते हुए रातपाली के मजदूर बगासी ले रहे होंगे। कुछ अपने बगलवालों को साँचा देखने के लिए कहकर गन्दे होटलों में बैठे चाय पी रहे होंगे तथा सस्ती-सी सिगरेट पीते हुए खों-खों खाँस रहे होंगे और आज की इस महँगाई पर नेहरू सरकार को गालियाँ दे रहे होंगे।

मैं इस तरह बहुत-कुछ सोच सकता था पर मेरे हाथों पर रंजना का गदराया हुआ कोमल हाथ फिर रहा है और मैं जानता हूँ कि भावुक होने की सीमा पर पहुँच चुका हूँ। सच तो यह है कि मेरे सामने बैठी हुई नारी मेरी इस कमजोरी को भी भली-भाँति पहचान गयी है और कदाचित् यह सब इसीलिए है भी। मैंने हाथ हटाना चाहा है, पर हँसकर उसने मेरा हाथ दाबते हुए कहा—

— क्या तुम मुझे सचमुच ऐसा समझते हो अकलंक?—

मैं समझ नहीं पा रहा हूँ कि इसका मतलब 'ऐसा' से क्या है? यदि कुछ नीच या चरित्रहीन से है तो क्या मैं गलत सोचूँगा? पर नहीं, मुझे क्या रंजना से! मैं अनायास ही आया था आज, और अब बिहान होने में कोई विशेष देर भी नहीं है, जबकि मैं कानपुर होता हुआ कुछ दिनों में वापस विजगापट्टम पहुँच जाऊँगा, जहाँ मेरी पत्नी है, मेरी बच्ची है, कमरा है, पुस्तकें हैं और मेरे मित्र हैं—तब रंजना कहीं भी तो नहीं होगी।

परन्तु क्या मैं सचमुच ही रंजना से अपने को एकदम अलग रखकर देख सकता हूँ? सोच ले जाना इस समय तो सम्भव है, किन्तु सवेरे यही सब सोचना मेरे मन को चाकू की तरह धीरे-धीरे उसी तरह काटेगा, जैसे बकरे की गर्दन ! मैं रंजना को बहुत ध्यान से देख रहा हूँ।

— क्या है अकलंक? कितने स्नेह से उसने कहा है।

रंजना के इस मोहक प्रश्न का मेरे पास क्या उत्तर है?

— तुम सोच रहे होगे कि वान के निकट मेरा वह रूप, दर्प, प्रेम सब छल था। किन्तु अकलंक! मैं उसे प्रेम करती थी—हो सकता है, तुम उसे छलनामय का रूप दो, यदि मेरे प्रेम में छलना का कोई अंश हुआ तो मैं उसे परिस्थिति ही कहूँगी। क्या तुम इस सब में दोष मुझे ही दोगे? जानती हूँ, हम काम कर चुकने पर उसी तरह अपना कन्धा हटा लेना चाहते हैं, जैसे शव को ले जानेवाले थोड़ी-थोड़ी देर में उस शव को किसी दूसरे के कन्धे पर लाद देना चाहते हैं। ठीक भी तो है, प्रत्येक तो शिव की भाँति सती का शव लिये पूरी पृथ्वी की प्रदक्षिणा करने से रहा! यदि मैंने भी वही किया तो क्या बुरा किया? जानती हूँ; तुम कहोगे कि मैं क्यों बुरा मानूँगा? ठीक है कि ओंठों का

कहा हुआ यदि मन का भी हो जाया करता तो मुझे अपनी ओर से कुछ भी कहने को नहीं।

मैं इसका प्रतिवाद करूँगा क्योंकि यह तर्क से किसी के सामने भी सिद्ध कर सकती है, जो कुछ उसने किया वही ठीक था।

— देखो रंजना! तुमने अपने व्यक्तित्व को इतना फैला दिया कि उसमें की सारी गहराई नष्ट हो गयी, और सम्पर्क में आनेवाला छोटे-से-छोटा व्यक्ति भी तुम्हें आर-पार देख सका। तुम्हारे विशाल फैलाव का आतंक कहीं भी तो गहरा नहीं था, तभी तो आज सब जगह सूखकर अपने विगत को मात्र रेगिस्तान के रूप में देख पा रही हो, जो प्यासा है, जिसमें पानी के नाम पर एक बूँद भी नहीं।—

— मैं देखती हूँ कि तुम्हारी इस उपमा को ठीक मानकर तो मुझे लगेगा कि मैंने सब गलत किया।

रंजना ने सामने की दीवारों में कहीं देखते हुए कहा,

— न मानने का तो कोई प्रश्न ही नहीं अकलंक! न तो तुम्हारी उपमा ही और न मेरा पश्चात्ताप ही विगत की अजगर-जैसी चट्टानों को रंगफूलवाले कदम्ब में परिणत कर सकते हैं। इसीलिए तो विश्लेषण करके तुम मुझसे दूर हो जाओगे और, पश्चात्ताप करके मैं अपनी ही दृष्टि में गिर जाऊँगी। ईसाइयों में, जानते हो, अन्तिम क्षणों में सब स्वीकार कर लेने पर पादरियों का कहना है कि ईश्वर क्षमा कर देता हैं। अकलंक! कितनी मजे की बात है। उस एक स्वर्गीय क्षमा को प्राप्त करने के लिए, जानते हो, कितना बड़ा बलिदान तुम्हें देना होता है? पूरा जीवन! परिताप के प्रतिदान में मिलती है ईश्वर की क्षमा !

— कौन कैसी जाने होती है वह क्षमा? और पता नहीं, मिलती भी है या नहीं— क्योंकि तब हम सुख-दुःख अनुभव करनेवाले इस शरीर और मन को त्यागने के जलते तटों पर होते हैं। इसके आगे किसने देखा कि कोई लोक है भी!

मैं देख रहा हूँ कि वह झूठ कहती है कि उसे पश्चात्ताप नहीं हो रहा है—तब यह बार-बार आँखों में हल्की नमी क्यों?

— जानते हो अकलंक! तुम अपने मित्र से मिलने आये, यह सब सुनने नहीं आये थे। दोपहर से लेकर पूरी रात थकाने के लिए रंजना तुम्हें फिर मिल जायेगी, इसकी भी तुम्हें कल्पना नहीं थी और बिना कुछ विरोध किये चुपचाप सुनने के लिए तुम बाध्य हुए हो! क्या, बहुत-कुछ ऐसी ही बाध्यता मेरे पूरे जीवन के जीने में नहीं अनुभव कर सकते? सहानुभूति क्या 'स्व' के लिए ही स्वीकारोगे, अन्य के लिए नहीं?

और वह मेरी ओर फटी हुई आँखों से देख रही है, जिनमें लाल रंग के डोरे अँजे हुए हैं।

— अकलंक! अभी कथा की परिसमाप्ति थोड़े ही हुई है कि मैं तुम्हारे निर्णय और विश्लेषण को अन्तिम मान लूँ—जानते हो, मैंने अपने बच्चे का नाम तुम्हारे नाम से मिलता-जुलता 'असित' रखा था, और बपतिस्मा के दिन जान और वान दोनों ने मिलकर, उसका पूरा नाम 'विन्सेण्ट वान असित' रख दिया था। मैं उसे 'असित' पुकारती थी, वान उसे 'विन्सेण्ट' पुकारता था और कभी-कभी छुट्टियों में आने पर जान उसे 'वान द यंगर' कहता था।

— मैं उन दिनों बहुत प्रसन्न थी अकलंक ! असित को वान दिनभर खेलने के लिए फूल, रंग और वाद्यों से घेर देता था। जान को कदाचित् सबसे अधिक प्रसन्नता थी कि उसकी पत्नी आम्सटरडम में बहुत प्रसन्न है, और इसका कारण वह वान को मानता था। मैं असित को बुलाती ही रहती थी और वह वान की ओर देखकर मुस्कराता हुआ अपने छोटे हाथों से आने के लिए मना कर देता था। मैं उन दोनों को एक साथ देखती और मेरा मन एक हल्की उदासी से भर जाता था—कि वान को इस इतने गहरे प्रेम का प्रतिदान मैंने क्या दिया है?? कदाचित् यही कि वह मेरे लिये हमेशा विकल बना रहे, नैकट्य की विभीषिका!!

मुझे उसने समाज के जिस वर्ग की एक प्रतिष्ठित महिला बना दिया था, साथ ही मेरे उस चित्र के कारण मैं दूर-दूर तक प्रसिद्ध हो गयी थी—वे ऊँचाई के सबसे ऊँचे कँगूरे थे जहाँ से पूरा आम्सटरडम, पूरा हालैण्ड रेंगता हुआ लगता था। मैं नारी से कला-आत्मा बनी अकलंक! किन्तु....जाने दो।

उस रात 'नाइट—वाच' के कार्यक्रम पर आलोचना करते हुए उसने कहा था—

'रंजना! आज के पहले तक भी वान ने स्वर और रंग की कल्पना-सृष्टि से हालैण्ड की कला को सँवारा अवश्य था, परन्तु क्या उनमें बासी फूल की-सी या कब्र पर चढ़ाये फूल की भाँति एक गहरी उदासी नहीं थी? यह ठीक है, हालैण्ड ने उसकी उन कृतियों को भी कला माना, पर ऐसा लगता था कि मैं किसी की चिर प्रतीक्षा कर रहा था। जिस दिन जान के साथ हालैण्ड में तुम उतरीं, मुझे लगा कि मैं जिन मस्तूलों की प्रतीक्षा कर रहा था, वे मस्तूल धीमे-धीमे लौटते हुए मेरे कुहरे-भरे तटों पर आ रहे हैं और आज की रात जो कुछ भी मैंने दिया, वह रंजना का दान है;—वान तो निमित्त मात्र है—रंजना! परन्तु वे मस्तूल किसी दूसरे पोत के मस्तूल हो चुके थे, कदाचित् कुछ क्षणों का व्यवधान हुआ था, किन्तु इससे क्या होता है, मैं फिर प्रतीक्षा करूँगा कि वे मस्तूल फिर कभी मेरे तटों पर, मेरे ही पोत के बनकर लौटें—प्रतीक्षा करना मेरा धर्म है—और प्रतीक्षा कर भी रहा हूँ रंजना। तुम खेद क्यों करती हो?'

नित रात को सोने के पूर्व वह मस्तूलवाला 'प्रतीक्षा-गान' जरूर सुनायी पड़ता और मैं बेचैन होकर अपने पति के विचारों में खोयी बच्चे से लिपटकर सोना चाहती थी कि कहीं भटक न जाऊँ —परन्तु असित, मेरे पास न होकर वान

के कमरे में पलँग पर लेटा होता, और मेरा पति घायल सिपाहियों के पैरों में धँसी जस्ते की जर्मन गोलियों को अपनी पूरी ताकत से निकालता रहा होगा— चारों ओर बम बरसते होंगे,—'घुम' 'घुम' और वान का पियानो प्रतीक्षा के गान स्वर बजाता रहता—

'मेरे नाविक, मैं प्रतीक्षा कर रहा हूँ—दूर-दूर के आकाशों में मस्तूल!!...'

मेरे अन्दर बैठी हुई नारी क्या निर्णय कर पाती अकलंक? क्योंकि मैं डरती थी कि यदि वान-जैसा कलाकार मेरे छू लेने पर शापभ्रष्ट हो गया तो मैं कहीं की भी नहीं रहूँगी—तुम इसे भी मेरी छलना ही कहोगे, ठीक है मैंने निश्चय कर लिया था कि अब की जान लौट आये और फिर मैं यहाँ से चली जाऊँगी।

वान को जब कभी मैं दूर चले जाने के लिए कहती थी तो वह हँसकर कह दिया करता था—

'अपनी ओर से चेष्टा कर सकती हो, मैं तुम्हें रोकूँगा तो नहीं, परन्तु यह तुम्हारा भ्रम होगा कि वान से दूर चले जाने पर तुम उसका, उसकी कला का भला करोगी। हाँ, जीवित रहना चाहता हूँ; पहले कदाचित् कला के लिए जीवित रहना चाहता था और अब कला तथा विन्सेण्ट दोनों के लिए !! क्योंकि, विन्सेण्ट एक महान् संगीतज्ञ और चित्रकार बनेगा, कारण कि वह वान की तरह टूटे-फूटे व्यक्तित्ववाला भी नहीं बनेगा। पश्चिम की वाद्य-कला को विन्सेण्ट पूर्व के रस और आत्मा से परिपूर्ण करेगा। मैं इसे विन्सेण्ट क्यों कहता हूँ? इसलिए कि 'विन्सेण्ट वान गो' को 'मावे' जैसे महान् कलाकार ने हालैण्ड की सारी कलाओं में दक्ष करके संसार को एक चित्रकार दिया। हो सकता है, 'विन्सेण्ट वान असित' 'स्टिल लाइफ विद आई राइजेज' जैसी अन्यतम कृतियाँ जिनमें पूर्वीय भाव और आत्मा दोनों हों—दे सके। वान यदि विन्सेण्ट के साथ यह सब कर सका रंजना! तो वान का, कला का ऋण, तुम्हारे प्रति कर्त्तव्य, सब पूरा कर सकेगा—'

और वह दूर गगन में उड़ते किसी समुद्री काक को देखने लगता।

और मैं पागल हो उठती थी।

वान का वह प्रेम मुझे हमेशा, वेस्टर्न टारेन के चर्च पर लगे पवित्र क्रास की तरह ही दिव्य महान् लगा करता था। चर्च में प्रार्थना करते हुए बच्चों के स्वरों में भी मुझे वान का वह 'प्रतीक्षा-गान' सुनायी देता था और मैं तब अपने और वान के बीच में बैठे हुए असित को एक क्षण के लिए सटा लेती थी। वान चर्च जाने में विश्वास नहीं करता था, परन्तु रंजना के लिए वह सब-कुछ कर सकता था। रायल-पैलेस पर बने रोमन त्रिभुज की उन तीनों मूर्तियों की तरह वान का विश्वास कितना उजला, मांसल तथा कलात्मक था।

जिन दिनों असित बीमार पड़ा, पतझर बीत चुका था। वान उन दिनों लैण्डस्केप में नये-नये प्रयोग कर रहा था। पहले तो वह समझा कि विन्सेण्ट की तबीयत मामूली खराब होगी, और वह प्रयोगों में दिनभर डूबा रहता।

किन्तु एक दिन सहसा जब मैंने देखा कि असित की बीमारी बढ़ती जा रही है, तब वान को चिन्ता हुई और उस दिन से उसने अपने रंग और ब्रश रख दिये। असित चार वर्ष का हो गया था। उसकी वेशभूषा पर वान का ही अधिक प्रभाव था—साथ ही यह कह दूँ अकलंक! कि नाममात्र को मेरा और जान का पुत्र था अन्यथा वह वान को ही सब-कुछ मानता था। वान किसी मूल्य पर जान को असित की बीमारी की सूचना नहीं देना चाहता था और, उसने असित के लिए आम्सटरडम के बड़े-से-बड़े डाक्टर को बुलवाया। मुझे जाने क्यों इस बार बहुत डर लग रहा था कि असित को हालैण्ड का क्या संसार का कोई डाक्टर बचा नहीं सकेगा, किन्तु वान के लिए यह जीवन-मरण का प्रश्न बना हुआ था। वह अपना सब-कुछ देकर भी विन्सेण्ट को बचाने पर तुला हुआ था। उन दिनों वान के पिता फिलिप निकोलस वान से बहुत असन्तुष्ट थे, इसलिए उसे पैसों की तंगी भी बहुत थी, जिसे उसने मुझ पर कभी व्यक्त नहीं होने दिया था।

लगभग छह महीने तक असित बीमार रहा और मैंने देखा कि रात-रात वान ने मुझे जागने न देकर स्वयं जागकर मेरे असित को बचा लिया। और जिस दिन असित के ओंठों पर छह महीने बाद पहली बार मुस्कान आयी, वान की आँखों में इतनी प्रसन्नता, जल बनकर आने लगी कि वह वहाँ से उठकर अपने कमरे में चला गया। मैं पीछे-पीछे उसके कमरे तक पहुँची, कदाचित् कई महीने बाद मैं उस दिन उसके कमरे में गयी थी। वान उन दिनों बहुत कमजोर हो गया था। उसका कमरा भी अस्त-व्यस्त था और मैं अनुभव कर रही थी कि वान और असित दोनों, एक-दूसरे को कितना अधिक चाहते हैं। मैंने कमरे में पहुँचते ही देखा कि वान के बहुत-से चित्र गायब हैं। मेरे पूछने पर भी वह मौन रहा। मुझे बाद में पता चला कि असित की बीमारी में उसे अपने चित्र बेचने पड़े थे और उसने अपनी कला बेचकर मेरे पुत्र की प्राणरक्षा की थी अकलंक! जिस दिन मुझे यह पता चला था, मैं वान के कन्धे पर अपना सिर रखकर कितना रोयी थी। मैं जानती थी कि वान को इसके प्रतिदान में तो क्या, वैसे भी सब-कुछ देकर मैं उसके प्रेम की ऊँचाइयों तक नहीं पहुँच सकती थी—और वह मेरे मुख को अपनी दोनों हथेलियों में जलफूलों की तरह समेटे कहने लगा—

'रंजना! जो मुझे नहीं मिल सकता, मैं उसकी कामना कर सकता हूँ, किन्तु अपनी कामना पूर्ति के लिए नीचे स्तर तक उतर जाऊँ तो वह नहीं होगा'—

और मेरे सामने की उस कमरे की दीवारें, दो तैल चित्र, जिनमें समुद्र किनारे की संझा और पतझर के नंगे पेड़ बने हुए थे—सब घूमने लगे थे!!

निराकरण हम कई बार नहीं पाना चाहते हैं और कामना करते हैं कि जहाँ हम हैं, जो हम देख रहे हैं, वहाँ तक सब वैसा ही बना रहे तो हमें सन्तोष होगा, परम सन्तोष होगा। परन्तु अकलंक! परम सन्तोष हुआ नहीं कि सृष्टि उसी

दिन ताश के महल की मानी ढहकर बिखर जायेगी। तभी तो चलते हुए क्रम में ये व्यतिक्रम आते हैं, और जिसके जीवन में ये व्यतिक्रम जितने ही अधिक आते हैं उसका जीवन जापान के लकड़ी के घरों की तरह छिन्न-भिन्न होता रहता है। लकड़ियाँ जोड़कर घर फिर खड़ा हो जाता है—परन्तु सम्पूर्ण रूप में घर कभी नष्ट नहीं होता। परन्तु यह सामनेवाले का मात्र प्रवचन समझना चाहिए। आज मैं अपने ऊपर भी ऐसा ही प्रवचन कर सकती हूँ, पर उन दिनों तो मैं यह सोचकर भी काँप जाया करती थी कि क्या कभी वान से अलग जा सकूँगी?

जान के बराबर पत्र आते रहते थे, पर कुछ दिनों से जान के पत्र आने बन्द-से हो गये थे। अर्नहेम के पास जर्मन फिर तेज हो रहे थे। पिछले दिनों से लड़ाई में बहुत तेजी आ गयी थी। कदाचित् १७ सितम्बर, १९४४ को रविवार था, जिस दिन वान को लेकर मैं चर्च गयी थी। आसपास के लानों में तब बहुत कम बच्चे दिखायी पड़ते थे। धीरे-धीरे सभी के घरों के कोई-न-कोई आये दिन लड़ाई में काम आता जा रहा था। हालैण्ड का पूर्वी भाग धीरे-धीरे एक बड़ी कब्रगाह बनता जा रहा था। इस दिन जनरल उरक्यूहार्ट के कमाण्ड में आठ हजार सैनिक ऊस्टरब्रीक और वूल्फबेझ के पास उतरे थे, और वहाँ अर्नहेम पर स्थित राइन नदी के पुल की तरफ से बढ़ना शुरू किया था। दक्षिण की ओर से आती हुई मौंटगुमरी की सेना के लिए यदि यह पुलवाला रास्ता साफ हो जाता, तो मित्रराष्ट्रों के हाथों में इसका अधिकार हो जाता। परन्तु जर्मन सेना ने, जो कि संख्या और अस्त्र दोनों में ही मित्रराष्ट्रों से अधिक शक्तिशाली थी, अधिकार न होने दिया। पुल से लगे 'वान लिम्बर्ग स्टीरम' स्कूल के पास अंग्रेज पराजित हुए। जर्मन सेना ने मित्रराष्ट्रों पर पीछे से हमला बोलकर, सारे अस्पताल, रक्षा पंक्तियाँ और रक्षा शिविरों को नष्ट कर दिया। जान जिस अस्पताल में था उस पर भी जर्मन विमानों ने खूब गोलाबारी की, और आगे बढ़ती हुई जर्मन सेना ने सब तहस-नहस कर दिया।

सोमवार का वासर था। अर्नहेम की इस लड़ाई का समाचार आम्सटरडम में भयावह रूप से फैल गया कि जर्मन सेनाएँ जिस प्रचण्ड गति से बढ़ रही हैं उस हिसाब से तो किसी भी दिन उत्रेच्ट को तहस-नहस कर देंगी, और फिर तो सीधी सड़क की भाँति वे आम्सटरडम पहुँच सकती हैं। अर्नहेम में जो कुछ हुआ था वह अपनी पूरी भयानकता के साथ आम्सटरडम के घर-घर पहुँच चुका था कि—

'वहाँ एक भी नहीं बचा।—'

मैं बेचैन हो उठी क्योंकि मुझे जान के बारे में कई दिनों से पत्र न आने के कारण चिन्ता थी ही। उसी दिन शाम को अखबार में जिन-जिन लोगों को अर्नहेम की लड़ाई में काम आना पड़ा उनमें जांस्टीन का भी नाम पढ़कर मैं बेहोश हो गयी।

जिस समय मैं होश में आयी, साँझ बीते काफी समय हो चुका था। और, मैंने अपने सिरहाने वान तथा असित को बैठे पाया। मुझे असित को देखकर फूट-फूटकर रोना आ गया। आज मैं और मेरा लड़का असित फिर समय के प्रहारों द्वारा परिवर्तन के द्वार पर खड़े कर दिये गये थे। वान की समझ में यह नहीं आ रहा था कि वह किस तरह मुझे सान्त्वना दे। उसे स्वयं ही अपने मित्र जांस्टीन की मृत्यु का बहुत शोक था।

मैं फिर एक बार बाध्य हुई कि अपने लिये कोई अन्य मार्ग निश्चित करूँ, परन्तु वान किसी भी प्रकार आम्सटरडम से चले जाने या हालैण्ड छोड़कर वापस भारत लौट जाऊँ, का पक्षपाती नहीं था, और मैं वान के कथन की उपेक्षा भी नहीं कर सकती थी। वान की चिन्ता भी अब मेरे लिये दिनोंदिन बढ़ती जा रही थी। वह मेरे लिये दिन-प्रतिदिन अधिक चिन्तित रहा करता था। वह मुझे लेकर अपने बगीचेवाले गाँवों में सप्ताहों के लिए घूमने जाया करता था।

समुद्र के किनारे मीलों फैले हुए लम्बे ये उपवन, डचों की पुरुषार्थी बाँहों के प्रतीक थे। मेरा मन कहीं और न भटक जाये, इसलिए वान-जैसा कलाकार मेरी छोटी-से-छोटी इच्छाओं की पूर्ति के लिए कृतसंकल्प रहा करता था। और मैं धीरे-धीरे जान के दुःख को कम कर सकी। वर्षान्त होते-होते जान हम लोगों की चर्चा का विषय बन गया। उन दिनों जब मैंने बहुत जोर दिया कि नहीं, मैं जान क़ी कब्र पर फूल चढ़ाने जाना चाहती हूँ, तब वान ने कितने दुःख से अपने आँसुओं को रोका था, क्योंकि लड़ाई का भय यद्यपि कम हो गया था और जर्मन धीरे-धीरे खदेड़े जाने लगे थे, पर वह जानता था कि रंजना जब उन कब्रगाहों को देखेगी, तो उसके कोमल मन को कितनी ठेस पहुँचेगी। परन्तु, वह मेरे आग्रह को भी जानता था, और साथ ही अपने मन को भी कि वह किसी भी मूल्य पर रंजना की इस इच्छा की पूर्ति करेगा ही।

और हम अर्नहेम गये—

जून का वह अन्तिम सप्ताह था—

पूर्वी हालैण्ड को जर्मन सेनाओं ने एकदम कब्रगाह बना दिया था। उत्रेच्ट के बाद हालैण्ड उजाड़, वीरान तथा सुनसान हो गया था। सड़कें, मकान, शहर सब ध्वस्त कर दिये गये थे। गिरजाघरों की टूटी मीनारें, जून की उस उजली धूप में तथा खुले आसमान में किसी लूले आदमी की बाँह-जैसी लग रही थीं। फैक्ट्रियों के टुकड़े-टुकड़े कर दिये गये थे। स्टेशनों की आधी दीवारों पर गिद्ध बैठे हुए चीखें भर रहे थे, जली हुई दीवालों की छतों की फ्रेमें, आधी पिघली हुई झूलती हुई दिखायी दे रही थीं। कभी इन सब चीजों में भी जीवन था, परन्तु आज तो वे अधजले शव की भाँति दिखायी दे रही थीं। रेलवे गोदामों की टीनें, दोपहरी की इस हवा में खड़-खड़ करती हुई कह रही हों जैसे—

'अब यहाँ कोई जीवन शेष नहीं है, हमें मत घूरो'—

टूटे पड़े वेगन, कुछ उल्टे पड़े हुए, कुछ तिरछे हुए ऊपर, आसमान में जाते हुए विमानों की कर्कश आवाजों को भय से देख रहे थे। लोग कहीं-कहीं मलबा हटाने में लगे थे। वे बाँध, जिन्हें बाँधकर हालैण्ड के लोगों ने समुद्र की तूफानी डाढ़ों में से धरती को छीना था, जर्मनों द्वारा तोड़ दिये गये थे। कई स्थानों पर धरती फिर जलाप्लावित हो गयी थी। पश्चिमी हालैण्ड के कई बाँध तोड़कर जर्मनों ने पूरे हालैण्ड की रीढ़ ही तोड़ देनी चाही थी।

साँझ होते-होते वान, असित और मैं अर्नहेम पहुँचे। परन्तु हम उस वेला कब्रगाहों की ओर न जा सके, क्योंकि वह लड़ाई का क्षेत्र अभी भी माना गया था और साँझोपरान्त वहाँ जाना असम्भव था। रातभर हम लोग एक बहुत ही छोटे और असुविधापूर्ण होटल में ठहरे। मुझे उस रात जाने क्यों नींद नहीं आयी, प्रत्येक क्षण उन कब्रगाहों में से, जो कि दूर पर इस खुली अनिन्द्य चाँदनी में दिखायी दे रहे थे—हजारों सिपाही लड़ते हुए दिखायी देते थे। और जान उन सबकी टाँगों और हाथों में से जस्ते की गोलियाँ निकालता हुआ हाँफ रहा-सा लगता था। उसकी फ्रेंचकट भूरी डाढ़ीयुक्त आकृति, बिखरे-बिखरे बाल और फटी कमीज—जैसे वह थककर 'रंजना' 'रंजना' पुकार रहा हो।

तब जाकर कहीं भोर हुई—

असित को जगा हम लोग सिमीटरीज की ओर बढ़े। भिनसार हवा निंदासी बह रही थी। सड़क कभी अच्छी रही होगी, परन्तु गोलों ने उसे कई स्थानों पर तोड़-फोड़ डाला था तथा दोनों ओर गिरे हुए मकान खड़े थे, जो सब घायल सिपाहियों की तरह लग रहे थे—जिन्हें बन्दी कर लिया गया हो और अब वे सब कँटीले तारों में घिरे चुप हैं। हमारे दोनों ओर जीप पर बैठे हुए मिलिट्री के अफसर, लारियाँ गुजर रही थीं। यह ब्रिटिश कब्रगाह थी, जहाँ जांस्टीन की कब्र बनी हुई थी। मिलिट्री के पहरों में काँटे से घिरे इस कब्रिस्तान में, मैं अपने पति की कब्र पर फूल चढ़ाने आयी थी।

अकलंक! उस लम्बी कब्रगाह में वे सफेद क्रास चिह्न खोंसे कब्रें, जैसे अपने प्रिय व्यक्तियों की प्रत्येक क्षण प्रतीक्षा करती हुई लग रही थीं। कुछ कब्रों पर कल के बासी फूलों की गोल मालाएँ रखी हुई थीं। उन मृत सैनिकों की कब्रें प्रान्तीय ओस में भीगी हुई एक गहरी मौन में लेटी हुई थीं। मैं, जितनी जल्दी हो सकता था, जान की कब्र पर पहुँचना चाह रही थी। बड़ी दूर से सफेद क्रास पर जान का नाम लिखा हुआ था—जैसे वह रातभर मुझे पुकारती रही हो कि—

'रंजना, मैं यहाँ हूँ'—

और मैं आँसुओं में डूबी, भीगा मन ले उसकी कब्र से लिपट गयी। पीछे-पीछे वान और असित आ रहे थे। वान आँसुओं में डूबा हुआ असित का हाथ थामे

खड़ा था। और असित का एक हाथ मेरे कन्धे पर था। मैंने घुटने के बल बैठकर फूलमाला चढ़ायी। एक कतार में खड़ी हुई नर्सों की तरह वे उजली कब्रें—प्रात:कालीन आकाश में कदाचित् चुप थीं। इनको चुप करने के लिए जर्मनों ने गोले बरसाये थे और इन बोलते हुए मानुषों की जगह जब तक चुप रहनेवाले क्रास नहीं लग गये, संगीने, बम और गोलाबारी होती रही थी। मुझे लगा कि जान अब हमेशा यहीं पड़ा रहेगा और अब शायद मैं भी न आ सकूँ। जब दूसरों की कब्रों पर लोग फूलमाला चढ़ाने जायेंगे, मेरे जान की कब्र अपनी प्यासी आँखों से रंजना और असित तथा अपने मित्र वान का पथ जोहा करेगी।

मेरा पति, जो कभी व्यक्ति था, आज मात्र एक क्रास लगी कब्र!! तुम कहोगे अकलंक! कि मैं नीच थी, जो जान-जैसे पति को वर्ष भर में भूल चली। मैं तुम्हें ऐसे सोचने से रोकनेवाली कौन हूँगी, किन्तु वान जो कि जीवित मेरे लिये घुला जा रहा था, मेरी चिन्ता का कारण बनता जा रहा था। मैं जानती थी कि जान को अब लौटाया तो नहीं जा सकता था, किन्तु वान को भी तो खोया नहीं जा सकता था। मैं पूर्ण रूप से आश्वस्त हो गयी थी कि मेरी छाया भी अगर वान को छू गयी, तो यह वान भी दूसरे सब व्यक्तियों की तरह बालू के महल की भाँति ढह जायेगा और मैं अपने को वान से बचाना चाह रही थी। अपने लिये नहीं—स्वयं उसके लिए, उसकी कला के लिए और मेरे अपने बच्चे के लिए, जिसका वह पिता और माता सब-कुछ था।

मैं मानती हूँ कि वान ने उन दिनों बहुत सुन्दर चित्र बनाये। वह कब्रगाहों का एक चित्र बना रहा था। परन्तु वान प्रत्येक क्षण मेरे जीवन में पास और बहुत पास आता चला जा रहा था। मैं अपने-आपको समेटने के स्थान पर ढीला करती जा रही थी। वान उन दिनों बहुत प्रसन्न रहने लगा था। वह अपने चित्रों के आधार पर आपेरा भी लिख-लिखकर प्रदर्शित करता था। वापस लौट जाने का मेरा प्रत्येक निर्णय, उसकी उदासी की एक रेखा के सामने टिक नहीं पाता था। मैं अपने को उससे हमेशा के लिए अलग रखने में ही भला समझ रही थी, परन्तु वह बेतहाशा दौड़ रहा था जैसे कोई बर्फ पर स्केटिंग कर रहा हो। अब असित भी पाँच वर्ष से ज्यादा का ही हो गया था, वह बहुत ही सुन्दर बिल्कुल वान की तरह की डच बोलने लगा था। वह रंगों का मेल मिलाना उन दिनों सीख रहा था। जब कभी वान अपने आपेरा की रागिनियाँ बनाता था, असित उसके पास घण्टों बैठा रहता था और वान उसे एक बार सिखलाकर वैसे ही पियानो बजाते हुए गाने के लिए कहता था। और जब वह बिल्कुल वान की ही तरह पियानो पर गा लेता, तब वान पागलों की तरह उसे उठाकर चूमने लगता। मेरे मन को कितनी ठेस लगती थी कि, इसी वान को, इसकी कला के लिए मुझे छोड़ना होगा और मैं अथाह दु:ख से भर उठती थी।

वान की समझ में यह नहीं आता था कि मुझे ऐसा क्या दु:ख है जिसे मैं कभी भी न तो बूझ पाती हूँ और न कह ही पाती हूँ—इस तरह की चर्चा हो आने पर उसके मुख पर गम्भीरता आ जाती थी। कभी-कभी मैं स्वयं काँप उठती थी कि रंजना और असित के बिना इस वान का क्या होगा? अकलंक ! कदाचित् मैं अपने अलग होने का विचार उसमें बहुत धीमे-धीमे उस पर प्रकट करती, जिसमें उसे ठेस न लगे। क्योंकि वान के साथ रंजना स्वार्थी कभी नहीं होना चाहती थी। मैंने उसे तभी इतना चाह लिया था, अब मैं उसे फिर चाहकर पथभ्रष्ट ही करती, उस पर शाप की छाया ही डालती। वान मेरे निकट पुरुष से पहले कलाकार के रूप में आया था और उन दिनों पुरुष के रूप में मेरे लिये पति था ही। अब इस वान में ही दोनों को एक साथ देखने का अर्थ था कि मैं वान से विवाह करूँ। मेरे विवाह के अशुभ पंख इसे अवश्य ही ग्रस लेंगे, ऐसी मेरी धारणा हो चली थी और वान के न रहने की कल्पना से ही मेरा रोम-रोम काँप उठता था—यदि मेरे कारण वान को कुछ हो गया, तो तुम्हीं बताओ अकलंक ! क्या फिर मुझ-जैसा दूसरा पतित व्यक्ति हो सकता था? या फिर मेरे लिये जीवन सम्भव था? यदि मैं वान के न रहने पर जीवित रहती, तो उसका अर्थ होता कि रंजना मात्र शरीर है, उसमें आत्मा की छाया तक नहीं!!

उस दिन आसमान बहुत साफ था। पीली धूप, नभ की नीली दीवारों में ठीक वैसे ही चमक रही थी जैसे दिशाओं के संगमरमर के खम्भों से मेघराजा के नीले महल में बड़े-बड़े पीले रेशम के परदे टँगे हों। हम लोग समुद्र नहाने के लिए गये। समुद्र के किनारे और दिनों की अपेक्षा आज कोसों तक धुले-धुले लग रहे थे। लड़ाई बन्द हो चुकी थी, पिछले सप्ताह ही हम लोगों ने पूरे आम्सटरडम के लोगों के साथ मित्रराष्ट्रों की विजय खूब नाच-गाकर, दिवालियाँ मनाकर तथा आसमान में रंग-बिरंगे गुब्बारे छोड़कर मनायी थी, परन्तु मेरे मन पर जान को लेकर हल्का विषाद भी था। समुद्र में नहाते हुए वान ने आज पहली बार छाती तक गहरे समुद्र जल में मेरा हाथ थामकर कहा—

'रंजना! मैं तुमसे विवाह करना चाहता हूँ—क्या तुम भी...'

और मैं एक क्षण के लिए काँप गयी अकलंक! समुद्र का जल एकदम मुझे बहुत ठण्डा लगने लगा जैसे मुझे ज्वर हो आया हो। मुझे वान के साथ विवाह कभी नहीं करना चाहिए, यह धारणा पक्की हो चुकी थी, और मैं कभी भी वह स्थिति नहीं चाहती थी कि वान विवाह के लिए प्रस्ताव रखे और मुझे गहरा सुख होते हुए भी अस्वीकार करना पड़े।

वान की मूर्खता ने मुझे उसी क्षण, चारों ओर समुद्र जल से घिरे हुए यह निश्चय करने के लिए बाध्य कर दिया कि मैं अपने पुत्र के साथ भारत वापस

लौट जाऊँ, किन्तु वान की कला पर अपने इस अशुभ शरीर की छाया न पड़ने दूँगी।

वान ने कदाचित् समझ भी लिया कि उसने प्रस्ताव रखकर अच्छा नहीं किया। रास्तेभर हममें से कोई कुछ नहीं बोला था। बेचारा असित, गाड़ी में हम लोगों के बीच बैठा हुआ दोनों की ओर गुमसुम देख रहा था।

एक सप्ताह के बाद मैंने वान को एक दिन अपने कमरे में बुलवाया, क्योंकि उन दिनों हम लोग रात को और दोपहर में लंच के लिए ही मिलते थे। शेष दिन वान, असित को लेकर अपना काज किया करता था। मैं या तो खिड़की में बैठी उदास सामने दीखते हुए बगीचे और आम्सटरडम की सड़कें देखती रहती थी या फिर कुछ पढ़ती रहती थी। जान के बीमे के तथा सरकारी रुपये भी आ गये थे।

मैंने उस दिन अन्तिम रूप से अपना निर्णय वान को सुना देने के लिए बुलवाया था। असित और वान दोनों मेरे कमरे में आये और मैंने असित को पुचकार कर कहा कि—

'असित, तुम बाहर जाओ, हम लोग कुछ व्यस्त हैं।'

असित एक क्षण वान की ओर देखता रहा और वान को कहना ही पड़ा कि—'जाओ विन्सेण्ट! हम लोग व्यस्त हैं।'

विन्सेण्ट वान असित अपने पैरों को घसीट रहा हो की तरह उदास बाहर चला गया। मैंने वान को बोलने का अवसर न देते हुए कहा—'वान, मैं अगले सप्ताह भारत जा रही हूँ, क्योंकि मुझे जाना चाहिए।'

वह एक क्षण मेरी ओर देखता रहा। कारण कि, रंजना को उसने कभी इस तरह गम्भीर होकर बोलते हुए नहीं सुना था।

और ठीक भी था अकलंक! क्योंकि मैं गम्भीर नहीं थी, बल्कि मन-ही-मन रो रही थी।

उसने मेरा हाथ अपने हाथ में लेते हुए पूछा—

'रंजना! क्या यह सत्य है?'

और मैंने कह दिया था—

हाँ, यह सच है वान! क्योंकि मेरा, तुम्हारा, असित का और सबसे अधिक तुम्हारी कला का भला इसी में है कि मैं चली जाऊँ और चाहती हूँ कि हम लोग इस चर्चा पर अब आगे कुछ न कहें।—

बीमे का और सरकारी रुपया आ गया है।

मैंने देखा कि वह अपराधियों की मानी जैसे हुक्म सुनकर अपने भारी कदमों को रखकर चला जा रहा है। आज वह और दिनों की भाँति मुड़ा नहीं; बहुत गम्भीरता के साथ जीना चढ़ रहा था।

वह दिन, मेरा विदा-वासर था—

मैंने वान से असित को साथ में ले जाने के लिए कहा, परन्तु उसने मुझे ऐसा करने से इन्कार किया, किन्तु मैंने उससे जिद की क्योंकि कुछ भी हो मैं उसकी माँ हूँ —जिसका अर्थ था कि वान तुम कुछ भी हो अगत्या असित के पिता के मित्र ही तो हो। उसने हँसते हुए कहा था—

'रंजना! उसी से पूछ लो, यदि वह जाने को तैयार हो, तो मुझे क्या आपत्ति हो सकती है?—

असित आया, और मैंने देखा कि वान की साश्रु आँखों में कितनी पीड़ा और दुःख दोनों एक साथ हैं। असित बिलकुल वान के जैसे ही कपड़े पहने था। वान ने उसका हाथ पकड़ते हुए कहा—

'विन्सेण्ट! तुम्हारी ममी जा रही हैं, और तुम्हें ले जाना चाहती हैं—अकलंक! असित ने मेरे सारे दर्प, गर्व और माँ होने का अधिकार अपने उस एक वाक्य से ध्वस्त कर दिया—

'ममी कहीं भी जायें, मैं आपको छोड़कर नहीं जा सकता।'

मेरा ही हाड़ मांस, रक्त मुझसे विद्रोह कर रहा था, और मैं चुपचाप सुन रही थी। असित के लिए वान सब-कुछ था और मैं उसकी माँ होते हुए भी कुछ नहीं थी। उसने वान का हाथ इस तरह पकड़ लिया जैसे सामने खड़ी हुई यह अपरिचित स्त्री, उसे कहीं घसीटकर ले जाना चाहती है। वे दोनों मेरे कमरे से चले गये।

और मैं फूट-फूटकर रो पड़ी अकलंक !!

प्रत्येक व्यक्ति मुझसे रूठकर या रुष्ट होकर या विद्रोह करके आज तक विदा होता गया। मैं कौन तट लगूँगी, यह समझ में नहीं आ रहा था। एक क्षण को यह भाव जगा कि जब असित भी नहीं जा रहा है, तब वापस भारत जाकर ही क्या होगा? वान का मुझ पर कितना प्रेम है, मैं उसे ठुकराकर, अपनी सन्तान से अलग होकर, वापस अपने देश, या कहीं भी जाकर क्या पाऊँगी?? परन्तु रंजना के अन्दर बैठी दर्पमयी को यह अपमानजनक लग रहा था कि रंजना कमजोर बने। आज तक जब वह बढ़ती ही आयी है तब उसे ऐसी क्यों झिझक होनी चाहिए?

और मैंने सन्ध्या की गाड़ी से विदा होने का निश्चय कर लिया—

शाम को वान और असित मुझे स्टेशन पर छोड़ने आये। वान की आँखों में आँसू रह-रहकर आ रहे थे। मैं भी कम दुःखी नहीं थी, परन्तु मेरे लिये लौटना भी सम्भव नहीं था। वान ने गाड़ी चलती वेला एक बार फिर पूछा था—

'रंजना! क्या यही अन्तिम निर्णय समझूँ?'

मैंने असित को प्यार करते हुए कहा था—

'वान! रंजना को निर्णयों की सीमा के परे मुझे अब ले ही जाना होगा, रोको मत, भले ही आगे मेरे लिये गति न हो।'

और अकलंक ! आम्सटरडम स्टेशन की लाल, हरी लाइटोंवाले प्लेटफार्म पर खड़े वान और असित धीरे-धीरं दोनों दूर होते गये और मैं अपने कम्पार्टमेण्ट में फिर रो पड़ी।

मेरे विचारों में वान का वह लम्बा-सा हैट, छड़ी, बगुले की मानी हिलता हुआ सफेद रूमाल, और वह छोटा वान मेरा असित, अपने गोरे गदराये हाथ हिलाता हुआ—बार-बार घूम रहे थे, क्या मैं अब कभी देख सकूँगी? वे दोनों ही प्रश्न बनकर स्टेशन पर पीछे छूट चुके थे और मेरे साथ असमाधान के अश्रु अनागत जीवनभर के लिए गाड़ी में चल रहे थे।

हालैण्ड जाते वेला जब भारत छोड़ा था, तब मैंने कितनी करुणा से दूर होते हुए अपने देश को देखा था और एक क्षण के लिए विचार घिरा था—कि अब कदाचित् जीवनभर के लिए यहाँ लौटकर नहीं आ पाऊँगी। मेरे देश के पेड़, पौधे, फल, फूल बसन्त में रंग ओढ़कर हँसनेवाली ऋतु, पतझर में हर बरस नंगे होते रहनेवाले वन—ये सब नहीं देख पाऊँगी और सदा के लिए इन सबसे दूर हो रही हूँ, पर तब मेरा पति जान साथ में था!!

परन्तु, जब मैं वापस बम्बई पहुँची, बिलकुल अकेली थी। मुझे लगा कि बम्बई के समुद्र की एक-एक लहर वैसी-की-वैसी ही है। आज प्रत्येक की गति में परिवर्तन आ चुका है—बल्कि अच्छा तो यह होगा कहना कि शेष लोग तो चींटी की चाल चलकर थोड़े से ही बदले होंगे, परन्तु रंजना की गति में अवश्य ही गरुड़ की योजनप्रियता, ईगल के डैने लगे थे और रंजना, मात्र बदल ही नहीं गयी है, वरन् नूतन जन्म ही हो गया है उसका!! कदाचित् पथभ्रष्ट होना भी द्विज होना है।

बम्बई पहुँचकर मैंने पहली बार चाहा कि क्यों न एक बार बम्बई घूम लूँ? और मैं पूरा घूम भी आयी अकलंक! कैसा निपट एकाकीपन अपने ही देश में। क्या मैं इसी के लिए वान को छोड़कर आयी? तो, अब क्या होगा? प्राय: चौपाटी पर बैठे यही सब सोचती रहती। एक दिन अपनी ही बेंच पर एक बहुत साधारण व्यक्तित्ववाला मिलिट्री का कोई अफसर, बैठा देखा। मैं थोड़ी देर में उठकर वहाँ से चल दी। मैंने बम्बई पहुँचने की सूचना वान को दे दी थी, और आगे कहाँ जाकर रहूँगी, के बारे में उचित समय पर सूचना कर दी जायेगी—यह भी लिख भेजा था। मुझे लगभग रोज ही वान को पत्र लिखने पड़ते थे।

बम्बई का वह दिन—

मैं अन्तर्राष्ट्रीय चित्र-प्रदर्शनी से लौटी और वहाँ मैंने संसार के महान् कलाकारों के बीच में अपने वान निकोलस के भी चित्र देखे तो मेरा मस्तक गर्व से

ऊँचा हो गया। मुझे देखकर कितना आश्चर्य हुआ कि उसने अनेक चित्रों में मेरा चित्र भी प्रदर्शन के लिए भेजा था।

मैंने अनुभव किया कि वान से अलग होकर मैंने कदाचित् अच्छा नहीं किया क्योंकि उसकी कला ने मुझे कितना महान् बना दिया था। मैंने अपने मनोवेग को वान के नाम एक पत्र लिखकर अभिव्यक्त किया। पत्र लिखकर प्रेषित करने के पूर्व इस पर काफी सोचा कि वान के पास लौट जाने की जो अभिलाषा प्रकट की है, वह कहाँ तक उचित है? मेरे पास इसका कोई उत्तर नहीं था, क्योंकि मेरा यह आचरण आज तक के व्यवहारों से एकदम पृथक् ही तो था। लौटकर जाना रंजना का स्वभाव—कम-से-कम उसे तो नहीं स्मरणता कि ऐसा कभी हुआ हो। मैं कई दिनों तक चौपाटी पर बैठी-बैठी अपने इस आचरण के औचित्य एवं अनौचित्य पर सोचती-विचारती रही। मेरे सामने वान के वे सभी चित्र आ-जा रहे थे क्योंकि उनके निर्माण में मेरा हाथ था, उनकी एक-एक रेखा जब निर्मित हुई थी तब मेरा हाथ या तो वान के बालों पर रहता था या फिर कन्धे पर, और उसका विन्सेण्ट, सामने बैठा हुआ रंगों के साथ मजाक किया करता था। जिस दिन ये चित्र भेज रहा था उस दिन वान ने केवल चर्चा की थी पर बताया नहीं था कि वह कौन-कौन से चित्र भेज रहा है क्योंकि उसके प्रति मेरी उदासीनता काफी बढ़ गयी थी।

समुद्री साँझ —गुलाबी कूचियाँ आकाश के नीले वस्त्रों को रँगने की चेष्टा कर रही थीं—वह ज्वार की परिसमाप्ति का क्षण था। मैं चौपाटी पर बैठी हुई थी और वह मिलिट्री अफसर आकर उसी तरह ठीक मेरी बेंच के दूसरे कोने पर बैठ गया और मुझे घूरने लगा—जैसे वह मुझे पहचानने का प्रयत्न कर रहा हो। मैंने उसे कई दिनों से इसी तरह नित साँझ को अपने पास आकर बैठते देखा था, तब मुझे अच्छा नहीं लगा और मैंने उसे फटकारते हुए कहा था—

'कहिए, किसे खोजते हैं आप?'

और उसने कितने सहज हँसते हुए उत्तर दिया था—

'क्षमा करें, देख रहा हूँ कि चित्र को अकेला छोड़कर चित्रकार कहाँ चला गया।'

मैंने आँखें तरेरते हुए कहा था

'क्या तात्पर्य आपका?—'

'मेरा मतलब है कि वह आपका चित्रकार कहाँ है, जिसने आपको प्रदर्शन की वस्तु बनाकर तो भेज दिया और स्वयं कहीं...'

और मुझे लगा कि वह त्यक्ति व्यर्थ ही प्रदर्शनी नहीं देख सकता था। चित्र-प्रदर्शनी में मेरे पास खड़े होकर मैंने किसी मिलिट्री अफसर को बराबर ही देखा था और मुझे तब स्मरण हो आया कि वह यही मिलिट्री अफसर था।—

अबकी बार मैंने रंजना को फिर ध्यान से देखना चाहा है और मैं उसकी ओर देख रहा हूँ कि उस हालैण्ड के चित्रकार वान ने इस रमणी को किन रंगों में चित्रित किया होगा।

रंजना के शरीर के एक-एक अंग की बनावट मेरे कितने निकट है, जो कभी रंग और कला द्वारा कैनवस पर निखर पड़ी होगी। मैं कल्पना कर सकता हूँ कि वान ने संसार के समस्त नारी-चित्रों को चुनौती देने का जो साहस किया था और उसके लिए जिस व्यक्ति का अंकन किया था, वह मिथ्या नहीं था, क्योंकि उसने वह चित्र बनाकर स्वयं और व्यक्ति दोनों को अमर कर दिया—किन्तु उस वान-जैसे कलाकार को अपनी कला की अमरता का कितना बड़ा पुरस्कार इस नारी के हाथों प्राप्त हुआ है। विश्व की कड़ी-से-कड़ी आलोचना वान को ढहा या गिरा नहीं सकती, किन्तु रंजना की एक अस्वीकृति—क्या किसी भूचाल या प्रलय से कम है? फिर, वह भी वान-जैसे संस्पर्शवान् व्यक्ति के लिए!! और मैं देख रहा हूँ कि अगर वान मुझे मिल सके तो मैं सब कहकर बतला दूँगा कि तुम्हारी रंजना जिसे तुमने रंग और कला का रूप देकर इतना उत्कृष्ट बनाया और उस नारी को अपना मन देकर पीड़ा या ठोकरें पायीं—वह क्या है? मात्र छलना, जो कगारों को छूकर उन्हें सदैव के लिए उपहास में जीने देने के लिए पीछे छोड़ जाने में विश्वास करनेवाली इस ब्रह्मपुत्र रंजना को वान ! तुम समझ सके?

और मैं भी समझ रहा हूँ यह दावा भी गलत है, क्योंकि मेरा मन तटस्थ का मन तो नहीं है न ? मैं जानता हूँ अपने मन के भाव को अभिव्यक्त करके वान की-सी ही गलती करूँगा..

वान एक महान् कलाकार और मैं एक बनियाइन की फैक्टरी में डिजाइनर!

दो व्यक्तियों का महान् अन्तर।

रंजना इस अन्तर को जानती है, परन्तु वह तो मुझे अकलंक समझती है।

— देखो अकलंक! हो सकता है जितनी देर तुम्हें सुनने का अवसर मिले, सोचने के लिए कम ही अवसर मिले परन्तु मैं तुम्हें उसके लिए भी अवसर दूँगी! इसलिए मुझे अपना विगत समाप्त कर लेने दो, और मुझे वर्तमान के भी निर्णय आज ही लेने हैं, इसलिए बाधा न पहुँचाओ। और, शेष अब है ही कितना?

यह मिलिट्री अफसर कर्नल कुलकर्णी था; और उसके साथ मैं तब नित प्रदर्शनी जाती थी। वह घण्टों मेरे चित्र के सामने मुझे ले जाकर एक-एक रेखाओं का उतार-चढ़ाव बहुत ध्यान से देखता हुआ वान निकोलस की महान् कला की प्रशंसा करता था।

धीरे-धीरे कुलकर्णी, मेरे यहाँ आने लगा और मैं उसके साथ साँझ को नियम से घूमने जाती थी। वह पक्का रोमन कैथोलिक था।

वान सोचता था कि मैं अवश्य ही उसके पास लौट जाऊँगी और उसका सोचना बिलकुल उचित भी था। वान के लगभग प्रतिदिन के हिसाब से लम्बे-

लम्बे पत्र आते थे और जिसमें मुझे वह लौट आने का अनुनय करता था। वान का कभी-कभी अनुनय तो सीमा पर पहुँच जाया करता था और अकलंक! मेरा मन एकदम उस तक पहुँच जाने के लिए विकल हो उठता था—परन्तु मुझे प्रतिदिन नये-नये निर्णय लेने पड़ते थे।

सुनो, क्या हमारा मन ज्यामिति की पुस्तक है? कि हम कुछ सिद्धान्त प्रतिपादित करके कि बस—प्रत्येक त्रिभुज के तीनों कोणों का योग १८० ही होगा; या इसी प्रकार के सिद्धान्तों से हमारा मन बाँधा जा सकता है?—कि नहीं, इस प्रतिपादित सिद्धान्त की तरह यही प्रतिपादित व्यक्ति है, और हमें इसी के साथ प्रेम या घृणा करनी है! कदाचित् कुछ लोग ऐसा करने में विश्वास करते हों। तन को तुम बाँध लो क्योंकि उसकी सीमाएँ हैं, परन्तु मन को कौन-सा सिद्धान्त सिखाओगे?

मैं अनुभव करती थी कि वान से दूर आकर मैं तन से दूर आ गयी हूँ, परन्तु वान का प्रत्येक शब्द मुझे उसके निकट पहुँचा देता था और मैं प्रत्युत्तर में जाने क्या-क्या लिख जाती थी—यह प्रत्युत्तर लिखनेवाला मेरा तन था या मन? कुलकर्णी को जाने क्यों विश्वास होता जा रहा था कि मैं वान के साथ विवाह कर चुकी थी। यदि विवाह नहीं भी हुआ था, तो विवाह करना चाहती थी और किसी कारण-विशेष से मुझे हालैण्ड छोड़ना पड़ा और वह मूर्ख कलाकार अभी तक आकर्षित करने के लिए अपनी चेष्टाएँ कर रहा था। मैं कभी-कभी कुलकर्णी की इन चेष्टाओं पर उसी तरह ठहाका मारकर हँस देती थी जैसे वह मेरे सामने अभी बच्चा है और मुझे आकर्षित करना चाहता है। जिसने वान निकोलस-जैसे संसार-प्रसिद्ध कलाकार और संगीतज्ञ के प्रेम को ठुकराया, क्या वह कुलकर्णी-जैसे बौने व्यक्तित्व के व्यक्ति के साथ कभी प्रेम के बारे में सोच भी सकती है? और अब—जबकि ऐसी धारणा की कल्पना भी नहीं की जा सकती।

लेकिन कुलकर्णी अपनी धुन में था। हम लोग प्रत्येक सन्ध्या रेस्तराँ में बैठकर डिनर लेते, उसके बाद वह ड्रिंक के लिए मुझे बाध्य करता। प्रारम्भ में मैंने बिलकुल अस्वीकार किया, क्योंकि मुझे वान की वे आँखें स्मरण हो आतीं, जब वह और मैं दोनों ड्रिंक करते थे, और उसके बाद पियानो पर वान के वे सजग एवं मादक स्वर जो आम्सटरडम के ठण्डे नीले आकाश में उड़ते-से लगते थे—कला की साक्षात् प्रतिभावत् निकोलस के वे सप्तवर्णीय रंगगन्धमय स्वर!! कितने कलात्मक ढंग से तब वह अपनी नीली आँखों से मेरी आँखों में समस्त वेदना उँड़ेलता हुआ कहा करता था—

'रंजना! तुम मेरी प्रतीक्षा हो और मैं जीवनभर प्रतीक्षा करने के लिए बना हूँ।'

और उसके बाद मैं अपना हाहाकार मन ले अपने कमरे में चली आती थी। तभी मुझे मेरे सामने ड्रिंक करता हुआ कर्नल कुलकर्णी एक फूहड़ बच्चा-सा लगता, जो सिंगापुर के आक्रमण के बारे में, जापानियों की पशुता के बारे में

मिलिट्री के चन्द रटे हुए वाक्यों में घण्टों दुहराता रहता था। व्यक्तियों के इस अन्तर को जानते-बूझते भी मैं कुलकर्णी की उस एकरस कथा पर रेस्तराँ के सफेद बगुले के पर की भाँति उजले रूमाल से अपने ओंठ पोंछते हुए कितनी मुलायमियत के साथ उसकी प्रशंसा करती रहती थी। आसपास बैठे हुए सिविलियन और दूसरे मिलिट्री के लोग कर्नल की ओर कितनी ईर्ष्या से देखने लगते थे।

— मैं आज अब और झूठ बोलकर अपने सिर बोझा नहीं बढ़ाने की अकलंक ! सच तो यह था कि लोग मुझे देखते रहें, इसके लिए मेरा प्रत्येक अंग अपने सारे मुलायम स्वभावों को कलात्मक ढंग से उघाड़ने में विश्वास करता था। मुझे अपनी गोरी चिकनी सुडौल बाँहों पर तब कितना मोह हो आता था जब वे पानी के गिलास या काँटे-चम्मच के साथ व्यस्त रहा करती थीं। मेरा सिर, चारों ओर के व्यक्तियों को अपनी ओर देखकर कितने दर्प के साथ एकदम ऊँचा कुतुबमीनार की मानी उठ आसमान में जा लगता था; जैसे मैं कितनी महान् हूँ, इन बौनों की पूरी बाँहें मिलकर भी मेरी महानता को सम्पूर्ण रूप नें छू पाने की सामर्थ्य नहीं रखतीं। आसपास बौनों से भरी धरती पर मेरे ये संगमरमर की तरह उजले पैर रखे हुए हैं, इस बात का मुझे खेद भी होने लगता था। अपने इस दर्पभरे रूप को इतने बिखराकर चलते रहने पर भी, भले ही बहुत देर से, किन्तु अब जाकर ही उसे शस्त्र बनाने का अवसर मिला था। सच तो यह भी था कि वान निकोलस इसे अनुभव करे कि रंजना को वह रंगों में बाँधना चाहेगा तो वह जीवनभर उसके लिए अप्राप्य रहेगी—और अकलंक! वान निकोलस के लिए वह जीवन में प्राप्या कभी नहीं रही; परन्तु मुझे उससे प्रेम था। वान मेरे लिये आवश्यक नहीं था, वरन् मैं उसके लिए आवश्यक थी। क्योंकि, मैं उसकी कला थी, कलाकार नहीं थी। लेकिन एक बात है अकलंक! रंजना का वान के विषय में कभी कोई निश्चित मत नहीं था, क्योंकि सच तो यह था कि वान ने रंजना से प्रेम करके रंजना को दर्प करना सिखा दिया था।

मैं जानती थी कि कर्नल और मेरा परिचय इसी भाँति चलता रहा तो विधिपूर्वक एक दिन विवाह-प्रस्ताव पर आकर वह रुकेगा और मैं उसे ठुकराऊँगी। परन्तु कर्नल कुलकर्णी मेरी सारी सम्भावनाओं को पार करता जा रहा था। हम लोगों को लगभग बम्बई में छह महीने से अधिक हो गये थे इस तरह मिलते-जुलते और उसने अपनी ओर से आवेश या उत्तेजना की कोई भी चेष्टा प्रदर्शित नहीं की थी। पिछले दिनों से वान के जो पत्र आ रहे थे उनमें उसकी व्यग्रता चरम होती जा रही थी और मेरा मन वान के लिए विकल था। उस दिन साँझ मैं लान में बैठी हुई वान का पत्र पढ़ रही थी और साथ ही प्रतीक्षा कर रही थी कि कर्नल आयेगा और मैं उसे वान का यह पत्र पढ़ाऊँगी। क्योंकि वान ने मुझे धमकी दी थी कि यदि मैं शीघ्र हालैण्ड लौट

नहीं जाती हूँ तो वह भारतवर्ष आकर मुझे यहाँ से ले जायेगा, क्योंकि वह बिना रंजना के नहीं रह सकता है और फिर असित तो है—क्या कोई माँ अपने बच्चे को इस तरह छोड़ सकती है?

अकलंक! वान का यह पत्र पाकर मैं कदाचित् हालैण्ड के लिए चल पड़ती अगर असित के बारे में वान ने न लिखा होता, क्योंकि असित को मेरी कोई आवश्यकता नहीं थी। वान बिना मेरे नहीं रह सकता इसलिए उसने ऐसा लिखा है, यह सोचकर मुझे वान पर बहुत क्रोध आया कि शायद इसी स्वार्थ के लिए उसने असित के पैदा होने के दिन से यह स्वाँग भरा था। वान के इतने बड़े कलात्मक रूप के पीछे इतना बड़ा स्वार्थ काम करता है और इसलिए उसने असित पर प्रेम का स्वाँग भरा—यहाँ तक कि असित, मेरा ही हाड़-मांस और रक्त मुझसे ही विद्रोह कर बैठा!! सबका कारण—इसके हृदय में रंजना के प्रति प्रेम नहीं वरन् उसका शरीर प्राप्त करने की भयंकर कापुरुषता एवं कुरूपता वास करती है, जिसे वह अपने यश, वैभव, रंगों और स्वरों के मोहक जाल से आच्छादित करके प्रस्तुत करता है।

मेरा मन वान के प्रति भयंकर 'छि:', 'छि:' से भर उठा। मैं उसे इसकी कुरूपता का उत्तर दूँगी, और मैंने निश्चय किया कि वान को आत्म-समर्पण नहीं कर सकती—कभी नहीं कर सकती!!

उसी क्षण कर्नल कुलकर्णी फूल की डाली लिये आया। मैंने मन-ही-मन निश्चय किया कि कर्नल से मुझे विवाह करके वान को उत्तर देना होगा कि जिसमें उसकी सारी कला, सारा वैभव, सारा दर्प रंजना के पैरों पर आकर झाड़फानूस की भाँति आवाज करता हुआ खण्ड-खण्ड हो जाये।

विवाह के पश्चात् मैंने असित को भी वापस बुलाने का निश्चय कर लिया था। मैंने उस साँझ पहली बार कर्नल कुलकर्णी को इस दृष्टि से देखा कि अगर मेरा पति बनता है, तो!!

और कर्नल, अपनी मटमैले गहरे हरे रंग की स्मार्ट बुशशर्ट की ड्रेस पहन—छाती पर रंगीन रिबनें लगाये हुए मुझे पहली बार सुन्दर लगा। मुझे वान की औरतोंवाली उस ऊँचाई पर हँसी आ गयी कि कहाँ वह और कहाँ यह कर्नल, छह फुट का ऊँचा व्यक्ति—जो केवल पुरुष है, चौड़े कन्धों का, फूली नसोंवाला, आँखों में सिंगापुरी अनुभवों की गम्भीरता लिये, भारी-भारी बूटों की आवाजें करता हुआ कितने रोब से चलता है। मुझे अपने-आप पर, इस व्यक्ति की इतने दिनों उपेक्षा करने पर कुछ क्रोध आया और आज मैंने पहली बार अपना हाथ इसे चूमने को दिया। उसने भद्रता के साथ मेरे उस हाथ का आदर करते हुए विनयशील हो चूमा। मुझे लगा कि मेरा यह हाथ बढ़ा देनेवाला आदर, इसे मिलिट्री में दिये जानेवाले सारे पदों से कहीं अधिक गौरव की गुरुता, यह मिलिट्री का कर्नल भी समझता है और समझकर विनयशील होना भी जानता है। मुझे अपने इस नये निर्णय पर प्रसन्नता हुई और हम लोगों

ने उस दिन 'ताज' में अपनी प्रसन्नता को डिशों और पेगों का रूप देकर आधी रात कर डाली।

मैं चाह रही थी कि वान को अपने निर्णय की सूचना दूँ, परन्तु मैं कोई ऐसा काम नहीं करना चाहती थी जिससे वह मेरे निर्णय में बाधा पहुँचा सके। उस-जैसे झुक जानेवाले व्यक्ति की बाधा से भी मुझे घृणा होती जा रही थी। मैंने उन दिनों घण्टों बैठकर वान का विश्लेषण करना चाहा। मैं हमेशा इसी निष्कर्ष पर पहुँचती थी कि मुझ-जैसी नारी, उसके उस समर्पणवाले भाव से कैसे प्रेम कर सकी!! और फिर क्या कोई स्त्री उसे प्रेम कर सकती है? जबकि साधारण नारी का भी आकर्षण सम्भव नहीं होता ऐसे झुक जानेवाले के प्रति—तो फिर मैं!! जिसे चित्रित करके वान को अपार यश मिला, सम्पूर्ण रंजना को कैसे दे सकती थी? छि: छि:, वान मुझे बहुत ही छोटा व्यक्ति लगा। उस-जैसे व्यक्ति के साथ मेरा पुत्र रहेगा इसकी कल्पना भी मेरे लिये सह्य नहीं रही।

वर्षा समाप्त हो रही थी और मैं शरद् की प्रतीक्षा में थी क्योंकि तभी मेरा विचार था कि कर्नल को प्रस्ताव रखने का अवसर दूँगी।

शायद रात के दो बज चुके हैं। रात में, प्रत्येक हलचल जो दिन में बहुत ऊँची चली जाती है वायुमण्डल में, वह नीचे उतर आती है ठीक ऊँची उड़नेवाली चिड़ियों की मानी!! इस समय वायुमण्डल बिलकुल शब्दहीन हो रहा है, इसलिए दो मील दूर के स्टेशन के इंजिन की हल्की-सी भी शण्टिग साफ सुनायी दे रही है। कभी-कभी सामने के पेड़ों में ऊँघते हुए कौवे पेड़ों की डालें हिला देते हैं और जिनके हिलने से काला स्वर सुनायी पड़ रहा है। या फिर उल्लुओं की 'घु-घु' इतनी डरावनी लगने लगती है कि रोम-रोम खड़ा हो जाता है। खिड़की से बाहर काले आसमान में तारों की बत्तियाँ जल रही हैं—आसमान बरसकर इस समय साफ हो गया है। सप्तर्षि चिर प्रश्न की तरह ध्रुव के चारों ओर परिक्रमा कर रहे हैं और ध्रुव को जैसे इस चिर प्रश्न का आज तक कोई उत्तर ही नहीं मिला है।

वह ध्रुव तारा आकाश की खिड़की पर अपनी कोहनी टिकाये किसी दार्शनिक की भाँति नीचे धरती की ओर झाँक रहा है—बेचारा प्रश्नों से घिरा ध्रुव!!

मैं मानता हूँ कि बहककर कुछ अन्य सोचने लगा हूँ। दिमाग में जैसे सुनते-सुनते रात हो गयी है। मैं जो कुछ भी सोचूँगा, गलत ही सोचूँगा इसलिए सोचने के स्थान पर रंजना को सुनना चाहता हूँ, जिसे अब मेरी सहानुभूति भी प्राप्त नहीं हो सकती। जो अपने को प्रज्ञाशील कहती है, प्रत्येक अदने समझौते पर वह अपने-आपको कितना गिरा चुकी है। कभी वह एक क्षण को भी सोच पाती, तो उसे लगता कि रंजना आज जहाँ पहुँची है—वह एक पीले-पीले पीप से भरा हुआ समुद्र है, जिसमें उसके दर्प की मीनार इसी तरह से घिरी है जैसे कोढ़ी की सफेद चट्टों से भरी असुन्दर बाँह, अपनी सहायता के लिए पुकार रही हो—परन्तु दर्प-युक्त!!

छि: छि:, रंजना क्या कभी इसे समझ पायेगी ?

रंजना ने फिर बोलना शुरू किया है।—

— मैंने तुमसे कहा न अकलंक! कि न्यायमूर्ति बनने का प्रयास मत करना क्योंकि समाप्त होती हुई नदी तूफान हो जाया करती है, और तुम्हारी महानता के प्रतीक ये राजदण्ड, न्यायदण्ड कुछ भी काम नहीं देते वहाँ पर, समझे ? तटस्थता का दावा करके तुम परिस्थिति को भले छल ले जाओ, परन्तु हम लोग तुम्हारी बातों से, चाल तक से समझ लेते हैं कि सोने में कहाँ और कितनी खोट है। हम अपनी ही सृष्टि को न पहचानेंगी? विद्रोह तुम कर लो, क्योंकि यह तुम लोगों का स्वभाव है, पर हमें संशय में डाल सकोगे, इसकी कल्पना भी मत करना। पुरुष के मन का पुण्य हम चाहे न समझ सकें, परन्तु उसके मन के पाप को सबसे पहले तुम्हारे घर का वह व्यक्ति समझ ले जाता है, जो गूँगा बना हुआ चूल्हे के पास, नीचा सिर किये, हौले से चूड़ियाँ बजाता हुआ तुम्हारे लिये रोटियाँ सेंकता होता है। तुमने उसे भले ही गूँगा कर दिया हो, पर गान्धारी बनने के लिए बाध्य नहीं किया है। वह व्यक्ति, चूल्हे की गरम-गरम आँच के सामने बैठा हुआ तुम्हारा विश्लेषण सम्पूर्ण रूप में उतनी ही सहजता से कर ले जाता है, जितनी सहजता से वह रोटियाँ बेल ले जाता है, अकलंक!

इसीलिए तो जिसकी वह उपेक्षा कर दे, फिर चाहे वह कोई क्यों न हो—कोई वस्तु उसे नारी के निकट मान नहीं दिला सकती है। नारी की अवहेलना गूँगी होती है अकलंक!

मैं कह रही थी कर्नल कुलकर्णी के विषय में। सच तो यह है कि कुलकर्णी बिलकुल फौजियों की भाँति उद्दण्ड स्वभाव का था, किन्तु मैं अपना निर्णय इसलिए नहीं बदल सकती थी कि वान कहीं किसी भाँति मुझे कमजोर न कर ले जाये। और मैं इसे भी अस्वीकार नहीं कर सकती अकलंक! कि मैं उसकी कला को उससे अधिक प्रेम करती थी और वह कहीं मेरी छाया से भ्रष्ट न हो जाये, इसलिए मैं उसके पा लेने की सभी सम्भावनाओं के पथ बन्द कर देना चाहती थी।

कुलकर्णी को मैंने अनेक अवसरों पर उसी तरह गन्दा पाया, जिस तरह फौजियों के गन्दे शरीर, उनकी करीने की वर्दियों में छिपे रहते हैं। कुलकर्णी को वान के इस प्रकार पत्र आना अच्छा नहीं लगता था, परन्तु वह अपना विरोध उसी तरह हँसकर अनभिव्यक्त रहने देता था जैसे कि राजदूत लोग हँसकर विरोध को प्रकट नहीं होने देते हैं। विवाह के पूर्व तक कुलकर्णी अपनी सीमाएँ जानता था और इसीलिए सब-कुछ सहन करना उसके लिए प्राथमिक आवश्यकतओं में से एक था। कदाचित् वह विवाह की प्रतीक्षा में था। और सत्य बात भी यही थी।

वान अपने पत्रों में नूतन चित्रों, नव आपेरा-संगीतों के बारे में लिखता रहता था, साथ ही यह भी कि उसका विन्सेण्ट किस सीमा तक रंगों के मेल और रूप देने में उन्नति कर चुका है। वान ने लिखा था कि विन्सेण्ट ने रंजना की एक छवि आँकी है। अकलंक! मैं एक क्षण को व्यग्र हो उठी कि मैं क्षणभर के लिए हालैण्ड पहुँच सकती होती, तथा मैं अपने पुत्र द्वारा बनाये गये अपने चित्र को देख सकती। यही सब सोचते कभी-कभी मैं अपने लान में बैठी हुई खो जाया करती थी। पिछला स्मरण हो आने लगता था और मैं कई बार इतनी तन्मय रहती थी कि कुलकर्णी कब आकर पास में बैठ गया—इसकी भी चेतना नहीं रह पाती थी। साँझ बादलों की रुई, पीली लाल होकर बम्बई के आकाश में छितरा जाती थी, और सम्मुख के समुद्र-किनारों पर हवा विकल मृगी मानी भटकती होती, परन्तु मैं संकल्प-विकल्प से परे होने के प्रयास में उलझती ही जाती थी। कुलकर्णी हँसकर कहा करता था......

'मालूम होता है आज के पत्र में अन्य दिन की अपेक्षा प्रेम की मात्रा अधिक है!'—और वह मेरा बढ़ा हुआ हाथ विश्वास के साथ पकड़कर चूमने लगता था। मैं उसके ओंठों की गरमी से पूरी भर उठती थी और मुझे वान पर हँसी आने लगती थी। मेरे मन का समस्त संघर्ष कुलकर्णी के हाथ में हाथ जाने पर वैसे ही समाप्त होने लगता था, जैसे सागर की फैली हुई बाँहों में नदी का शरीर पहुँच जाने पर सब मिटने लगता है। अनन्त काल तक के लिए व्यक्तित्व का समर्पण !! वान के पत्र, मेरे पत्रों के उत्तर नहीं हुआ करते थे। वरन् वे केवल अपनी कथा कहते थे और मेरे निर्णयों के शिखरों पर प्रहार होता था। कदाचित् कुलकर्णी, इस वस्तुस्थिति को समझ चुका था और उसने क्वार की एक हल्की ठण्डकभरी साँझ में चतुर सेनापति की भाँति उचित समय पर आक्रमण कर दिया।

मैं स्वयं क्वार के प्रारम्भ होते ही प्रत्येक दिन प्रतीक्षा करने लगी थी कि यदि अब कुलकर्णी प्रस्ताव करेगा तो मैं मान जाऊँगी। उस दिन एलीफैण्टा से लौटकर हम लोग स्टीमर की प्रतीक्षा में उस द्वीप के किनारे बैठे हुए प्रसन्न थे, दूर-दूर तक समुद्री तट वैसे ही खुले हुए छितरे थे जैसे कि प्रथम प्रेम की उज्ज्वल वासना—कि तभी कुलकर्णी ने मेरी कमर में हाथ डालते हुए और दूसरे हाथ से मेरी ठोड़ी को ऊँचा करते हुए कह डाला—

'रंजना! हमें विवाह कर लेना चाहिए—'

और मैं उस समय बहुत दूर बम्बई के आकाश को देखने में लगी हुई थी कि जहाँ पर विराट् वान, पूरे आकाश के कैनवस पर चित्र बनाता हुआ दिखायी पड़ रहा था। मैंने कितने घबराकर शीघ्रता में 'हाँ' भर दी थी और हमने कार्तिक तक विवाह कर लेने का निश्चय किया। स्टीमर तब तक आ चुका था। कुलकर्णी कितने प्रसन्न होकर मेरा हाथ थामते हुए सावधानी के साथ स्टीमर पर चढ़ते हुए मुझे अपने से सटाते हुए हँस दिया था।

--- परिवर्तन की उस रात को मैं फिर सो नहीं पायी अकलंक! अपने पति जांस्टीन की वह कब्र मुझे पुकारती हुई लगी---जैसे वह अपनी कब्र में से उठकर कह रहा हो---रंजना! ऐसा कभी मत करना---

और मैं भोरे होते-होते बहुत घबरायी हुई थी।

कार्तिक आ चुका था और---

उस दिन विवाह के बाद जब मैं चर्च से लौटकर आयी तो मुझे वान का पत्र मिला कि वह अगले पखवाड़े भारतवर्ष पहुँच रहा है क्योंकि वह रंजना के बिना नहीं रह सकता---एक बार वह रंग-स्वरों के बिना चाहे जी भी सके पर बिना रंजना के तो नहीं।

और मैं उस दिन जाने क्यों यह अनुभव करने लगी कि अपनी इच्छा से मैंने यह पहला काज किया है और जो बिना इच्छा या अपने उत्तरदायित्व से किये हुए दूसरे समस्त सम्बन्धों से अधिक गलत और भंयकर है!!

किन्तु अकलंक! मैं इतनी अग्रसरा थी कि लौटना सम्भव नहीं था और फिर वान जो कुछ चाहता है, वही एकमात्र सत्य और मैं स्वयं कुछ नहीं निर्णयों के आधार पर सोच सकती हूँ?

मैंने अपने पार्श्व में खड़े अपने नूतन पति कुलकर्णी को चुम्बनों से भर दिया। कितने गरम और नवजन्मा थे हमारे चुम्बन!!

मैंने अपने को कुलकर्णी की बाँहों में ढीला छोड़ दिया।

वान को मैंने अपने नव विवाह की सूचना तुरन्त भेज दी थी, क्योंकि सम्भव था, कहीं वह आने का पागलपन कर बैठे। मुझे ठीक स्मरण है कि प्रत्युत्तर में उसका एक बधाई का पत्र आया था तारपोर उसका कोई पत्र नहीं आया।

मैं न जानती थी, ऐसी बात नहीं, परन्तु जानकर भी अनजान बने रहना चाहती थी कि वान के पत्रों को लेकर कुलकर्णी को कुछ असन्तोष है। पर वह असन्तोष भयंकर घृणा बनकर कुलकर्णी के मन में नीचता का रूप ग्रहण कर लेगा, और वह भी इतने शीघ्र, यह न मालूम था। प्रारम्भिक दिनों में जब कभी असित के विषय में चर्चा करती थी तो कुलकर्णी उपेक्षा कर जाता था और जब कभी मैं असित को अपने पास बुलाने की बात उठाया करती तो धीरे-धीरे विरोध क्ररना शुरू कर दिया था। मैं उसके विरोध का कारण जानना चाहती थी और वह बिना कुछ उत्तर दिये चुप रह जाता था। उत्तर में असित के कभी-कभी पत्र आने लगे थे जिनमें वान के बीमार रहने के समाचार भी हुआ करते थे। प्रत्युत्तर में मैं वान की बीमारी की चर्चा हमेशा टाल जाती थी,

या एक व्यावहारिक ढंग से कुछ उल्लेख कर देती थी।

असित के पत्रों में वान की परिस्थितियों का चित्र बहुत ही हल्का होता था क्योंकि अभी वह बच्चा था, और मैं समझ रही थी कि वान को क्या दुःख है। असित के पत्र से धीरे-धीरे वान की बीमारी बढ़ने के समाचार मिलते रहे।

कुलकर्णी का वास्तविक कठोर रूप सामने आता जा रहा था अकलंक! वह अब बहुत शराब पीने लगा था और प्रतिदिन मुझसे लड़ता रहता। मैं अपनी भूल अनुभव कर रही थी। परन्तु, हम जब भूल कर चुकते हैं तो उस एक को ठीक करने के लिए हमें अन्य गलतियों का सहारा लेना पड़ता है और जिसका कोई भी अन्त नहीं हुआ करता। या तो हम पहली भूल को ही अनुभव करने पर उसे सड़े हुए अंग की भाँति काटकर फेंक दें, तभी स्वस्थ हो सकते हैं, अन्यथा इस वृत्त में हम बार-बार घूमकर वहीं पहुँच जाते हैं तथा पैरों में दुःखन, मन में आक्रोश भर जाता है—पर व्यर्थ होता है वह आक्रोश!! मैं अनुभव कर रही थी कि मैंने अपने चारों ओर के सब दुआर इस प्रकार बन्द कर लिये थे कि मुझे अब मात्र खड़े रहने का स्थान प्राप्त था—न आगे, न पीछे, कहीं कुछ भी तो नहीं!! और मैं घुटन अनुभव कर रही थी।

कुलकर्णी मुझे चिढ़ाने के लिए होटलों की लड़कियों या वेकाइयों को लेकर घूमा करता था। कई बार पार्कों में शराब और लड़कियों के साथ पकड़ा भी गया था—परन्तु उसके मिलिट्री पद ने उसे बचाया। वह बिल्कुल जंगली होता जा रहा था। उसे वान से, असित से घोर घृणा थी! जब तक वह पत्र पहले नहीं पढ़ लेता था, कभी मुझे पढ़ने के लिए नहीं देता था। मैं जब-जब भी असित को बुलाने की हठ करती, तब-तब वह मुझे डरा देता था कि असित के डेक से नीचे उतरते ही वह उसे निश्चय ही गोली मार देगा, और मैं काँप उठती थी। प्रत्येक क्षण पश्चात्ताप की आग में फुँकी जा रही थी कि अकलंक! वान से प्रतिशोध लेने में मैं ही होम हो गयी। फिर अकलंक! मैं प्रतिशोध किस बात का लेना चाहती थी? क्या इसी बात का कि वह मुझसे प्रेम करता था? और उसने अपने प्रेम को झुककर, विनम्र होकर अभिव्यक्त किया?? मेरी नारी का दर्प, पुरुष के झुक जाने पर और भी ऊँचा हो गया, परन्तु कुलकर्णी उस दर्प की मीनार पर अपने अशुभ चील के-से पंख लिये मँडराने लगा और मैं तब उसे समझ नहीं पायी थी—

मेरे अन्धड़ का कोई अन्त था अकलंक? परन्तु कुलकर्णी ने आकर बीन-बीनकर मेरी कामना की लहरों को जलाना प्रारम्भ किया। मैंने उसे अपने विगत की गाथा के कुछ पन्ने सुनाये और उस दिन से वह पागल हो गया, मैं अब उसे फूटी आँखों नहीं सुहाती थी। वह मुझे मेरे मुँह पर कहने लगा—

'तुम नारी नहीं हो रंजना! तुम नारी का शरीर हो, और मैं तुम्हारे इस सुन्दर शरीर के टुकड़े-टुकड़े कर दूँगा।'—

अकलंक ! कुलकर्णी, मेरे जीवन की सबसे पहली भूल का वह पत्थर था, जो मेरी दर्प की मीनार का अन्तिम, काला और सबसे ऊँचा शिखर बनकर आया। शिखर, एकदम काला घिनौना—रूप के व्यंग्य का सबसे बड़ा प्रतीक, एक पशु!!

किन्तु आज सब व्यर्थ, उस हुए में से न तो कुछ काटा ही जा सकता था और न उसमें जोड़ा ही जा सकता था। पन्थहीन जंगल की भाँति, जहाँ सूर्य की किरणें भी पेड़ों के ऊपरी शिखरों से नीचे नहीं उतरतीं अकलंक! मैं आज तक समझ नहीं पायी कि मुझे जीवन में ऐसा क्या पाना था जो खैबर के दर्रों से लेकर आम्सटरडम के समुद्री किनारों तक भटकना पड़ा और फिर भी मरुस्थली सरिता की मानी अपना ही जल पीकर रीती हो गयी—तब दूसरों के खेत क्या सींचती? बताओ, अकलंक ! इसका उत्तर है तुम्हारे पास? अनेक बार पत्नी बनने पर भी, पत्नी नहीं रह सकी अकलंक! अन्तिम दिनों में चाहने पर भी, रोने पर भी, अनुनय-विनय करने पर भी—परन्तु क्या किसी की पत्नी बनकर रह सकी? माँ भी बनी अकलंक! किन्तु क्या मैं कोख के सूनेपन का कलंक धो सकी? नेई, नेई!! निपूता!! मात्र निपूता ही रही।

कुलकर्णी ने स्पष्ट कह दिया था कि वह ऐसी औरत को लेकर क्या करे, जो चरित्रहीनता की पराकाष्ठा पर पहुँचकर मनुष्य मात्र के लिए धूमकेतु बन गयी हो!!

वह मुझे प्रत्येक क्षण उपेक्षित करता रहता और मेरी शरीर कभी-कभी वह उसी भाँति झकझोर डालता, जैसे भूखा व्यक्ति दाँत से बोटी के अन्दर के मुलायम मांस को पाने के लिए व्याकुल होकर हड्डी के टुकड़े-टुकड़े कर डालता है। और जब अपना मन भर जाता है, तब गन्दी बनिय.ा की मानी सब-कुछ फेंक देता है।

वह जानता था मेरी विवशता, क्योंकि मैं अब और कहीं भी नहीं जा सकती थी। मेरे लिये वह अनिवार्य था, परन्तु मैं उसके लिए वैसा ही बोझ थी, जैसे तीन दिन की सड़ी हुई लाश। घर के किसी भी प्रिय व्यक्ति की हो....बोझा ही नहीं, असहनीय भी नहीं, डर का कारण भी नहीं, जीवन के स्वास्थ्य की दृष्टि से हम अपने उस प्रिय की लाश को जला डालना चाहते हैं। और हम जला फेंकते भी हैं। कल तक जो मुख, हमें चिकने और सुखपूर्ण लगते थे...हम उन्हें हमेशा के लिए दूर कर देते हैं। अग्नि ही शरीर की गति है अकलंक!

वह मुझे काट फेंकने के लिए उतावला हो रहा था। मैं जान रही थी, परन्तु अब परिवर्तन मेरे द्वार नहीं आयेगा यह भी मैं मान चुकी थी। मैं जान रही थी कि ज्वार लौटकर सदा के लिए तटों को छोड़कर चला गया है। ऊब बेला पर बैठ मात्र शंख, सीपियाँ बटोरना ही भाग्यलेख शेष है। गये हुए समस्त

ज्वारों में अनेक बार पोत आये थे, बन्दरगाह पर जीवन लौट आता था किन्तु आज? ज्वार कहाँ? कहीं भी तो नहीं...

एक दिन असित का पत्र आया कि वान की अवस्था बहुत शोचनीय हो गयी है। कुलकर्णी ने पत्र मेरे मुँह पर फेंकते हुए कहा—

'जाओ....मुझे तुम्हारी कोई आवश्यकता न कभी थी, न है और न रहेगी। मुझे तुम्हारे शरीर की इच्छा थी, और वह मुझे मिला, मैंने उसे शराब के एक पेग से कभी अधिक नहीं समझा। मुझे तुम्हारे रूप की कोई आवश्यकता नहीं। अपने रूप के लिए जाओ किसी अन्य चित्रकार को खोजो, क्योंकि खोजना तुम्हारा धन्धा है। और ऐसे व्यक्ति को खोजो, जो तुम्हारे इस न जाने कितनों के त्याज्य शरीर को चित्रित कर स्वयं भी जले और शेष मानवता को जलाने के लिए वान की तरह रंगमयी रेखाओं को कैनवस पर उतारे....जाओ, तुम्हें पुरुषों की कमी कभी रही है? जाओ निकल जाओ यहाँ से।'

मैंने उस रात बम्बई से चलती वेला उसके सब सम्बन्धों को तन और मन से तोड़कर समुद्र के ज्वार में उसी भाँति फेंक दिये जैसे कि ज्वर के दिनों में गले में जो डोरा पहना जाता है और जिसे हम स्वस्थ होने पर तोड़ फेंकते हैं—

और मैं लखनऊ पहुँची।

प्रारम्भ में मैं कभी पार्टियों, शिष्ट-भेटों में जाया करती थी, परन्तु मैंने अपना आना-जाना बिल्कुल ही बन्द कर दिया था। तुम्हारे यह पुरी साहब, मैं कदाचित् ही कभी इनसे मिलती रही, परन्तु बहुत भले व्यक्ति हैं। लेकिन अब प्रत्येक व्यक्ति भले या बुरे की सीमा के बाहर जा चुका था। इसलिए मैंने अपने को समाज से, अपने उस वर्ग से भी, जो शुरू-शुरू में प्रतिदिन अपनी आठ गजी लम्बी-लम्बी मोटरों पर चढ़कर मेरे बँगले पर आया करता था, सबसे उसी भाँति अपने को अलग कर लिया मैंने, जैसे साँप अपने को केंचुल से अलग कर लेता है—जो कभी साँप थी तथा लोगों के डर का कारण भी हो सकती थी परन्तु अब एक निरर्थक वस्तु की भाँति, हल्की हवा की प्रतीक्षा में मृत पड़ी हुई यह देख रही थी कि, पता नहीं कब हवा आये और कहीं भी उड़ जाना पड़े। किन्तु क्या मैं इतनी असंगमयी हो सकी? क्योंकि यह दावा भी तो दम्भ से कम नहीं है अकलंक! कि मैं सब प्रभावों से ऊपर या प्रभाव चुम्बकों से हीन हुई....क्या ऐसा कभी सम्भव है?

तुम नहीं जानते अकलंक ! नारी का मन, प्याज के किसी छिलके में होता है। तुम मूर्ख की भाँति उसे केन्द्र की गाँठ में खोजते जाते हो, और वह छिलके के बीच में जाने कब का तुम्हारे हाथों में आ चुका होता है। फिर मुझ-जैसी सुन्दर स्त्री का मन, कहीं भी तो नहीं होता अकलंक! तुम उसके शरीर को लेकर समझ बैठते हो कि यही उसका गुलाबी रंग का मन है।...

मैं देख रहा हूँ घड़ी के काँटों को....जो सतर्कता से अपना काज करते चले जा

रहे हैं। मैं जानता हूँ कल दोपहर को एक बजे जो तूफान आरम्भ था वह अब भी बहता जा रहा हैं। मैं जो जान पाया हूँ वह यही कि किनारा कभी का छोड़ चुका हूँ। पूरी रात्रि समाप्त होने को आयी है, लगभग तीन हो चुके हैं और मैं थपेड़े खाकर उद्विग्न हो उठा हूँ।

परन्तु रंजना अपने विगत को परिस्थितयों पर नहीं छोड़ सकती है, क्योंकि वान ने परिस्थिति उपास्थित भी की और रंजना ने अपने से तथा अपने चारों ओर के समाज से खेलने की भावना में तिरस्कार नहीं किया? आज यह वान का तिरस्कार करके स्वयं तिरस्कृता नहीं हुई है? और आज जलते हुए अनावृत सत्य के बीच खड़ी सत्यासत्य से परे यह नारी, तर्क तथा दम्भ, पत्नी और मातृत्व की दुहाई दे रही है—क्यों?? मैं चाहने लगा हूँ कि यहाँ से जितनी जल्दी हो, भोर की गाड़ी मिलते ही चला जाऊँ और फिर कभी वापस नहीं आऊँ, कदापि नहीं!!

मुझे बिल्कुल भी ध्यान नहीं रहा कि पानी फिर से कब बरसना प्रारम्भ हुआ है, क्योंकि जो मुझे ज्ञात है वह यही कि एक बजे के लगभग आकाश साफ-चिकना था, जिसमें तारे वैसे ही लग रहे थे जैसे संगमूसा में रुपये-अठन्नी जड़े हुए हों। परन्तु पानी बहुत ही तेजी के साथ और जोरों से गरजकर बरस रहा है। काफी ठण्डी हवा चल रही है। पानी बरसने के ख्याल से मुझे ठण्ड का ख्याल हो आया है और मुझे सचमुच की ठण्ड लग रही है। बाहर पेड़, पत्तों, सड़कों, बिजली के तारों पर आकाश खूब सारा पानी बरसा रहा होगा और सड़कों के गड्ढों में पानी भर जाने से बिजली के लट्टू उनमें अपना मुँह झाँक रहे होंगे। सड़कों के दोनों ओर की कच्ची जमीन पर ताँगों के पहियों के लम्बे गड्ढे पानी की नालियों की तरह लग रहे होंगे और उनमें मिट्टी के कारण पानी भूरा गँदला हो गया होगा। हवा में उड़ता हुआ रंजना का नीला गाउन उसके अंगों की सीमाओं को स्पष्ट दरसा रहा है। मैं जानता हूँ, यदि मैं इस तरह रंजना के पास केवल बैठने का ही काज करता, तो मैं अब तक कहाँ बह जाता, पता नहीं।

परन्तु जान रहा हूँ कि फिर ऐसा सोचकर भूल कर रहा हूँ क्योंकि रंजना का सौन्दर्य जो आकर्षित करता है, वह सौन्दर्य भर होता तो कोई बात न होती; परन्तु क्या रंजना निरपेक्ष सुन्दरी है—जैसे कि फूल सुन्दर होते हैं? या साँझ सुन्दर होती है? लेकिन क्या निरपेक्ष सत्य या सौन्दर्य होता भी है?

> अकलंक ! जहाँ इतनी देर सुनने का अनुग्रह किया, केवल कुछ क्षण की बात और है—फिर तो मैं विगत की सभी कड़ियों को तोड़कर एक वर्तमान की काली नग्न जलती चट्टान पर खड़ी रहूँगी और तब शायद तुम रंजना को—अनावृत रंजना को सम्पूर्ण रूप में अछद्म वेश में देख सकोगे।

मैंने लखनऊ से वान को पत्र लिखे। असित के इधर के पत्रों में वान के बचने की भी कोई सम्भावना नहीं दिखायी दे रही थी। एक बार और तूफान आना चाहने लगा, परन्तु इस वेला मैंने बहुत ही निर्ममता के साथ अपने अन्दर

निवास करनेवाली असित की माँ को, वान की प्रेमिका को कुचलने का संकल्प कर लिया था।

और देखती हूँ कि हम कितने मूर्ख होते हैं कि प्रत्येक पल को अमर मान बैठते हैं, सोचते हैं यही सत्य है। विगत की हम उपेक्षा कर देते हैं, जो अनागत होता है उसे हम कभी नहीं आनेवाला मानकर, जो क्षण हमारे सामने होता है, उसे ही पूरे जीवन पर फैलाकर सुख तथा सन्तोष की साँस लेना चाहते हैं। क्या ऐसा कभी हुआ है अकलंक? मैं भी अपने इन कमरों में, परदों के पीछे बैठकर जीवन में से इस 'आज' को चुनकर इस आज में से जो 'अब' था, उसे ही जी रही थी और इस 'अब' को भी 'इस क्षण' बनाकर ही पिछले कुछ महीनों से जी रही थी अकलंक! तथा मूर्ख योगी की मानी आँखें बन्द किये समझ रही थी मुझे 'सिद्धत्व' प्राप्त हो रहा है; सिद्धत्व, दुःख का अनुचर है।

किन्तु, दिवस को खोजने आप नहीं जाते वरन् दिवस आपको खोजता हुआ आपकी छत पर, आपके कमरे की खिड़कियों में से आ जाता है जहाँ भी आप सोये हुए हों। उसी तरह जीवन परिवर्तन तथा बड़ी-से-बड़ी घटनाएँ लेकर आपके सम्मुख उपस्थित हो जाता है, चाहे आप उन बातों के लिए तैयार हों या न हों। 'क्षण' को जीनेवाला व्यक्ति सच तो यह है अकलंक! कि किसी भी बात के लिए तैयार नहीं होता है और...आज से तीन दिन पूर्व मैं अपने लान में बैठी हुई अनुभव कर रही थी कि आज की साँझ अत्यधिक लाल हो रही है। पुरी और उसकी पत्नी थोड़ी देर पहले 'मेरी, गेट यूवर गन' देखने गये हुए थे। झीने पतले बादल, रुई के ढेर की तरह जल रहे थे। इंजिन के बायलर की तरह गरम-गरम लाल आँच को वह आकाश, गाछों, मकानों के ऊपर-नीचे उतार लाया-सा लग रहा था। साँझ के इन अंगारों की लाल शिखाओं से दूर-दूर तक के हरे लान, यूकेलिप्टस के सफेद भूरे तने, बँगलों की दीवारें, इक्के-दुक्के आने-जानेवाले लोगों के उजले कपड़े सब-के-सब लाल दिखायी दे रहे थे। टेबल क्लाथ एकदम लाल हो रहा था, उस समय मेरे सामने काफी की ट्रे रखी हुई थी, जिस पर पूरे लाल आसमान की प्रतिच्छाया दिखलायी पड़ रही थी। फाल्गुन साँझ, वर्षभर में सबसे सुन्दर होती है। आज का एकलापन भयावना-सा लग रहा था। हवा बिलकुल नहीं चल रही थी। अपनी गुमसुम पत्तियाँ लिये हुए अशोक, यूकेलिप्टस जलती साँझ की लाल आँच में बहुत अधिक तप रहे थे। बरसाती के खम्भों पर एकदम घनी होकर बेलें चढ़ी हुई थीं। सब ऐसा लग रहा था अकलंक! कि किसी भी क्षण यह आकाश का बायलर फट सकता है और पूरी धरती पर उसमें के हजारों अंगारे बरस पड़ेंगे और सब जल जायेगा—गाछ, बाड़ियाँ, फूल, केशों के जूड़े, भद्र लोगों के सितार और बेला, पियानो—सब इस आग में भस्म हो जायेंगे। और मैंने देखा कि अहाते का फाटक खोलकर डाकिया आ रहा है।

मैं समझ गयी कि आज मैं निश्चय ही पत्र में अपने जीवन का सबसे बड़ा अशुभ पढ़ूँगी और काफी का प्याला मेरे हाथ में हल्के-हल्के काँप रहा था, जब मैंने दूसरे हाथ से डाकिये से पत्र लिया।

हालैण्ड के टिकटों से भरा वह लिफाफा असित के पत्र का था। मुझे वान का स्मरण हो आया, वह बीमार था—असित के अन्तिम पत्र में जो समाचार था, वह था कि वान की अवस्था बहुत ही अधिक खराब है।

पत्र वान का था, जिसके साथ असित का भी पत्र था।

वान का पत्र देखकर रंजना के अन्दर बैठी हुई वान की प्रेमिका उत्साह से भर गयी क्योंकि विवाह की बधाईवाले पत्र के बाद से उसका कोई पत्र नहीं आया था।

रंजना एकदम अपनी कुर्सी पर से उठी और उधर दूसरे कमरे में चली गयी। मैं इस समय बहुत-कुछ सोच सकता हूँ परन्तु इस नारी ने घटनाओं के भारी-भारी पत्थर रखकर मेरे सोचने को हमेशा के लिए बेकार कर दिया है।

वह एक बड़ा लिफाफा लेकर लौटी। उसके नीले हिलते हुए गाउन में उसके दोनों लम्बे गोरे पैर कितनी सुन्दरता के साथ इस कमरे की तरफ आ रहे हैं।

'यह है वह पत्र अकलंक! मैं अभी आयी।'

और मैंने वान का वह पत्र खोलना शुरू किया। जो पत्र मैं खोल रहा हूँ, कदाचित् बहुत बीमारी में लिखा होगा। लिखते समय अवश्य ही इस नारी का रूप, जिसे उसने चित्रित कर कला को एक महान् देन दी है—सामने आया होगा और धीरे-धीरे उसके मन में उस 'प्रतीक्षा गान' के स्वर गूँज गये होंगे क्योंकि इस नारी ने सदा के लिए उसके मन को ताश का ताजमहल समझकर ठुकरा दिया।

और मैं पत्र पूरा खोल चुका हूँ—

'रंजना!

'तुमने विवाह किया, मेरी बधाई भी मिली होगी। सोचा था, तुम अब प्रसन्न भी होगी किन्तु हम सबका भ्रम निकला। क्योंकि तुम्हारे पति कुलकर्णी ने मुझे एक पत्र भेजकर यह सूचना दी है कि उसने तुम्हें तलाक दे दिया है—सचमुच मुझे इससे बहुत पीड़ा हुई है।

मैं जानता हूँ कि तुम्हें वान क्या, वान की किसी भी वस्तु की अपेक्षा नहीं रही है—जबकि वान के लिए तुम सब-कुछ रही हो। इधर बहुत बीमार रहने से लगता है जीवन के तट पर पहुँच चुका हूँ। यदि तुम्हारे हाथ-में-हाथ डालकर एक बार भी उन्मुक्त होकर समुद्री हवा में मैं अपने केश तथा वस्त्र उड़ाते हुए घूम सकता तो मुझे सदा के लिए गहरा सन्तोष प्राप्त होता। क्योंकि सन्तोष ही मुक्ति है।

इस समय रात के एक बज रहे हैं, पूरा आम्सटरडम सोया हुआ है, केवल जाग रहे हैं तो मेरे कमरे के इन अभागे चित्रों का निर्माता दुर्भाग्यशाली मैं!!

सिरहाने की आरामकुर्सी पर सोया हुआ असित मौन है—जो कि अभी-अभी रोते हुए सोया है और जिसे नींद में कभी-कभी हिचकियाँ आ जाती हैं। पैरों की ओर नर्स, कुर्सी पर झपकियाँ लेते हुए ऊँघ रही है।

मैं जाग रहा हूँ, और यह मेरा जागना अन्तिम बार के लिए है। रंजना! मेरी मोमबत्तियों की तरह जलनेवाली पलकों में यदि किसी की श्वेत मौन छवि रह-रहकर नृत्य कर रही है तो वह है रंजना की!! तुम्हें पत्नी कहने का मुझे अधिकार नहीं है लेकिन जिससे मैं बातें कर रहा हूँ वह है मेरी पत्नी, जो मुझसे रूठकर चली गयी है। उसे नहीं ज्ञात कि आज मेरी अन्तिम रात्रि है और खिड़कियों के पल्लों के बाहर दूर-दूर तक बरफ झर रही है। कल यही बरफ मेरी कब्र पर उजले ठण्डे फूल की तरह हल्के-हल्के, बहुत ही हौले-हौले झरेगी। यह पत्र तुम्हें मिलने तक मैं कब्र में पहुँच जाऊँगा, मेरे असित की आँखों में मानसून होंगे और मेरी पत्नी रंजना जाने कहाँ, भारतवर्ष के एक नगर लखनऊ में होगी, और उसे सूचना भी तब नहीं होगी।

मैं जान रहा हूँ कि मेरे हाथ अब काँप रहे हैं। मेरे जीवन की मोमबत्ती पूरी तरह से समाप्त हो चुकी है, रंजना! मुझे अन्तिम बार कह लेने दो कि यदि तुम लौट आतीं, तो....किन्तु उस 'तो' की चर्चा भी चलाना व्यर्थ ही है, क्योंकि मुझे अपनी इस अन्तिम रात को दूर चली गयी अपनी पत्नी के जहाज के मस्तूलों को पुनः डाकने के लिए 'प्रतीक्षा गान' तो गाना ही होगा।

मैं तब गिरता-पड़ता उठा हूँ रंजना! और बहुत धीमे-धीमे पियानो पर गान शुरू किया। कण्ठ अवरुद्ध हो रहा है रंजना! इसलिए केवल यही गा पाया हूँ—

मेरा मन

तुम्हारे जहाज के गोल पालवाले ऊँचे मस्तूल को...

दूर-दूर तक आकाशों में खोजा करेगा।

मेरा हाथ पियानो के परदे पर झन्न से गिर पड़ा था और मैं तब बेहोश हो गया था।

पियानो के पर्दों पर मेरे बेहोश हाथों ने जो झन्न से आवाज की, उसे सुनकर नर्स और असित दोनों जाग पड़े, और उन्होंने दौड़कर मुझे बिस्तर पर लिटा दिया। रंजना! और मुझे पत्र बन्द करना ही पड़ेगा रंजना!! कदाचित् मैं अब कभी नहीं बोल पाऊँगा—बाहर सफेद उजले ठण्डे बरफ के फूल झर रहे हैं, जो कल मेरी कब्र पर ढेर-के-ढेर पिरेमिड के रूप में झरते रहेंगे—और मैं इन सफेद उजले फूलों में दबा हमेशा-हमेशा के लिए मौन हो जाऊँगा!! मेरी कब्र में मिट्टी डाली जा रही है—देख रही हो, रंजना? पादरी क्रास बना रहा है, और मेरे ओंठ जहाजों के मस्तूल खोजनेवाला गान प्रारम्भ कर रहे हैं—मैं एक यात्रा पर जा रहा हूँ रंजना!...'

मेरे सामने रंजना इस समय एक भयंकर रूप-प्रतिमा की तरह खड़ी हुई है, जिसके हृदय के स्थान पर जलते हुए लाल-लाल अंगारे भरे हुए हैं—जिनकी आग में वह स्वयं जली है और दूसरे भी जले हैं। आज यह रूपमयी, दर्परता 'श्रीमती कुलकर्णी' स्वयं के वस्त्रों में आग लगाये जैसे चीख-चीखकर चिल्लाकर कह रही है—

'अकलंक ! रूप और सौन्दर्य की उल्काएँ क्या नहीं कर सकतीं? किसे नहीं जला सकतीं?'

और मेरा मन काँप उठा है। रंजना का रूप, मात्र अग्निजा है!!

घड़ी में इस समय पौने चार बज रहे हैं। मैं कामना कर रहा हूँ कि शीघ्र ही सवेरा हो आये और अन्धकार के ये काले बाघनख जिन्होंने मुझे रातभर से बन्दी कर रखा है—टूट जायें और मैं फिर कभी न लौटने के लिए यहाँ से चल दूँ।

'....तीन रातें और दो दिनों से मैं सो नहीं पायी हूँ। वह वान की मृत्यु ही तो थी, जो उस दिन उस साँझ आकाश में देख रही थी। तुम समझोगे कि मैं और कुछ कहूँगी, है न? किन्तु अकलंक! मेरी गाथा अशेष हुई, जो कहना था कह चुकी। रही बात तुम्हारे बारे में, वह मैंने बहुत-कुछ तभी लिखकर रख ली थी अकलंक ! जब तुम यहाँ आये थे और नहाने गये थे कल दोपहर। लो, इसे समाप्त कर लायी हूँ। यह तुम्हारा पत्र है अकलंक! और मैं चाहती हूँ कि तुम यहाँ से अभी इसी क्षण साढ़े चार की गाड़ी के लिए रवाना हो सको तो उचित है। मैंने बैरा को ताँगा लाने के लिए कह दिया है। वह शायद ले भी आया होगा—रुको, मैं देखती हूँ कि वह लाया कि नहीं?'

और वह कमरे के बाहर तेजी से चली गयी है।

मैं बिस्तरे से उठ आया हूँ। मुझे लग रहा है कि मैं अवश्य ही अभी-अभी कोई भयंकर स्वप्न देख रहा था। किन्तु मात्र स्वप्न कहकर इस सबकी उपेक्षा भी कैसे कर सकता हूँ? क्योंकि श्रोता के रूप में ही सही, कहीं-न-कहीं भागी तो हूँ।

रंजना ने मुझे टाइमटेबल, वही कल का पुराना अखबार और एक चमड़े के थैले में कलवाले मेरे कपड़े लाकर दे दिये हैं।

— चलो अकलंक ! ताँगा बाहर आ गया है।

और वह आगे-आगे चल रही है।

मैं इस समय जहाँ से गुजर रहा हूँ, वह रंजना का वही ड्राइंगरूम है, जहाँ हब्शी का फौलादी मुख चित्र में गुर्रा रहा है—'लेकून्सक्राई' की मूर्तिवाला दार्शनिक इस समय भी अजगर के कुण्डल में फँसा चीखें लगा रहा है, उसके बच्चों की चीखों से तो जैसे मेरे कान ही फट जायेंगे। कमरे के गलीचे पर बने बारहसिंघे की नाक पर से मेरी चप्पल अभी-अभी गुजरी है। यह वही ऊँट की खाल के रंग का पाँवपोश है, जिस पर लाल अक्षरों में 'वेलकम' लिखा हुआ है जो कि कमरे की

बत्ती में इस समय भी दिखायी दे रहा है। रंजना के दोनों कुत्ते भी नींद से जागकर साथ-साथ चल रहे हैं।

हम परदा ऊँचा करके कमरे के दालान में पहुँच रहे हैं। इसी दरवाजे पर वह 'मिसेज रंजना कुलकर्णी' वाली नेम-प्लेट लगी है जिसे भ्रम से मैंने 'मिसेज रंजना पुरी' पढ़ा था। और यहीं वे बरसाती की तीन सीढ़ियाँ हैं कि जिसके दालान में वे दोनों हरे पुते हुए मोढ़े अभी भी रखे हुए हैं।

रंजना मुझे बरसाती में खड़ी-खड़ी विदा दे रही है। वह अपने नीले गाउन में, जिसके ऊपर हल्का ओवरकोट डाल रखा है—कदाचित्, अप्रतिम सुन्दर लग रही है। और अब मैंने कितने बनावटी ढंग से, बिलकुल खरबूजे की तरह फीकी हँसी के साथ अपने दोनों हाथ जोड़े हैं और ताँगा चल पड़ा है। ये फूल, क्यारियाँ, लताएँ, बेलें हैं, जिन्हें कल दोपहर में मैंने आती वेला देखा था, इस समय चार बजे के ऊँघते हुए आकाश के अन्धकार के नीचे सब मौन हैं, और भोर की पुरवा में धीमे-धीमे करवटें बदलने की तरह हिल रहे हैं। पानी थम चुका है, किन्तु आसमान साफ नहीं है। बादलों में ऊपर कहीं पर तारे होंगे। मैं आधे मिनट के अन्दर ही इस अहाते के बाहर पहुँच जाऊँगा, जहाँ कि मेरे मित्र के बँगले का पोरशन बन्द है, जहाँ मेरा मित्र अपनी पत्नी के साथ सुखी जीवन बिताता होगा।

मैं देख रहा हूँ कि रंजना बरसाती में खड़ी हुई है। और उसके कुत्ते दुम हिला रहे हैं। मुझे लगा कि जैसे उसके सुन्दर मुँह पर दोनों ओर से तूफान की पीली हथेलियाँ फिर रही हैं। मेरा ताँगा बँगले से निकल नार्थ एवेन्यू रोड पर आ गया है। सड़कें एकदम घुली हुई हैं। इस बड़ी-सी सड़क की लाइटें लम्बी पाँत में बहुत दूर तक चली गयी हैं, जिसका कि अब नाम भूल रहा हूँ, और गीली सड़क पर लाइटों की छायाएँ नीचे उतरकर सड़क पर फैल गयी हैं।

मैं जानता हूँ कि मेरी जेब में रंजना का पत्र है, जिसके लिए यह आदेश है कि मैं ट्रेन में ही पढ़ूँगा। रंजना के वे गुलाबी गाल, गोरी बाँहें कितनी मोहनेवाली हैं। पर मैं पत्र पढ़ने के लिए बहुत ही उत्सुक हूँ, क्योंकि यह कल जब मैं स्नानघर में था, तभी बहुत-कुछ लिखा गया था और इतनी बातें हो जाने के बाद भी असार्थक नहीं हुआ है, यही बात मुझे आश्चर्य में डाले हुए है।

बड़ी कठिनाइयों से स्टेशन पहुँचा हूँ। रास्ते भर मेरा दिमाग रंजना की महागाथा के चरित्रों के संग दौड़ता-घूमता रहा है। मैंने जल्दी से ताँगेवाले को पैसा देकर बिदा कर दिया है और टिकट लेकर ट्रेन के डिब्बे में पहुँच जाना चाह रहा हूँ, जहाँ पैर फैलाकर एक बार नये सिरे से बिल्कुल अकेला बैठकर वह पत्र पढ़ूँगा उस रमणी का, जिसने स्वयं के साथ क्या नहीं किया और अपनी सीमा में आये हुए दूसरों के साथ भी।

ट्रेन के डब्बे में पहुँचकर मैंने सबसे पहला काम जो किया है, वह है एक तरफ की सीट पर जाकर पैर पसारना। पत्र को उलट-पलट रहा हूँ। रंजना के अक्षर कदाचित् रंजना से भी बढ़कर सुन्दर हैं—

'श्री स्वामीनाथन,

मैं जानती हूँ कि तुम अकलंक नहीं हो, कारण कि अकलंक नाम के व्यक्ति को तो अण्डमान से भागने के अपराध में आज से दस वर्ष पूर्व गोली मार दी गयी थी—क्या तुम जानते हो कि तुम मुझे अकलंक के रूप में कैसे लगे?

जब मैं इस बँगले में आयी, तब तुम्हारे मित्र पुरी ने दूसरे दिन मुझे चाय पर बुलाया। हम लोग ड्राइंगरूम में बैठकर चाय पी रहे थे, जहाँ तुम्हारा चित्र दीवार पर टँगा हुआ था। मेरी आँखें सहसा उस पर गयीं और मुझे भ्रम हुआ कि वह चित्र 'अकलंक'-जैसे किसी का है। मैं तुमसे मिलने को उत्सुक थी, इसलिए नहीं कि मुझे कोई प्रेम हो गया था तुमसे, पर एक तो अकलंक-जैसे व्यक्ति को देखकर मैं उसके अभाव को पूरा कर पाऊँगी और तुम्हें जान-बूझकर 'अकलंक', 'अकलंक' कहकर अपने को कह पाऊँगी, तो मेरे मन का बोझ हल्का हो जायेगा। तुम कहोगे कि मुझ पर इतना बड़ा विश्वास करने को मैं कैसे तत्पर हो गयी—अपने रहस्यों को किसी अनजान पर प्रदर्शित करने पर वह अनजान व्यक्ति भी उसे रहस्य मानकर मन के गुप्त भण्डारे को बन्द कर लेगा।

स्वामीनाथन! तुम-जैसे लोग सीधे व्यक्तित्व के हुआ करते हैं और कोई भी नारी चाहे तो उन्हें अच्छी तरह छल सकती है—अब बोलो, मैंने तुम्हें पहचानने में भूल तो नहीं की?

तुम मेरे जीवन में एक ऐसे व्यक्ति के रूप में आये स्वामीनाथन ! कि मेरे जीवन के सबसे अन्तिम तथा महत्त्वपूर्ण व्यक्ति बने, किन्तु गोपन रहते हुए भी समानान्तर की रेखा मानी विलग रहोगे। क्योंकि तुमको मैं बचपन की रंजना से लेकर घोषित घिनौनी रंजना को एकदम सौंप दूँगी —यह मेरा निश्चय था। जिसने भी रंजना को देखा था या पाया वह विभाजित टुकड़ों का सौभाग्य था। अच्छी या बुरी जो कि रंजना है, जिसे आज तक केवल मैं ही सम्पूर्ण रूप में जानती थी, उसे मैंने तुम्हें कहकर प्रदर्शित किया है कि स्वामीनाथन! रंजना, नारी के पुण्य शरीर के रूप में पाप-जैसी ही तो है—न इससे कम, न इससे बेश।

—एक सम्बन्ध-हीना, रंजना!!

●●●